中国法院2024年度案例

国家法官学院　最高人民法院司法案例研究院 / 编

刑事案例二

（危害公共安全罪、破坏社会主义市场经济秩序罪）

中国法制出版社
CHINA LEGAL PUBLISHING HOUSE

《中国法院2024年度案例》通讯编辑名单

序

党的二十大擘画了全面建成社会主义现代化强国、以中国式现代化全面推进中华民族伟大复兴的宏伟蓝图，强调全面依法治国是国家治理的一场深刻革命，必须更好发挥法治固根本、稳预期、利长远的保障作用，在法治轨道上全面建设社会主义现代化国家。为落实习近平总书记“一个案例胜过一打文件”的重要指示精神，人民法院始终把完善中国特色案例制度，加强司法案例研究作为推进全面依法治国、支撑和服务中国式现代化的重要途径，通过发布具有普遍指导意义的典型案例，统一法律适用、提高审判质效，提升司法公信力，努力让人民群众在每一个司法案件中感受到公平正义。为更好满足社会各界和人民群众多元化司法需求，把习近平法治思想落实到人民法院审判工作全过程各方面，人民法院案例库于2024年2月27日正式上线并向社会开放，这是进一步完善中国特色案例制度的重要举措，是最高人民法院推出的新的“公共法律服务产品”。

“中国法院年度案例系列”丛书以及时记录人民法院司法审判工作新发展、新成就为己任，通过总结提炼典型案例的裁判规则、裁判方法和裁判理念，发挥案例鲜活生动、针对性强的优势，以案释法，以点带面，有针对性地阐释法律条文和立法精神，促进社会公众通过案例更加方便地学习法律，领悟法治精神，发挥司法规范、指导、评价、引领的重要作用，大力弘扬社会主义核心价值观，积极服务人民法院案例库建设，加强案例库案例研究，促进统一法律适用、提升审判质效，丰富实践法学研究，增强全民法治意识和法治素养，展现新时代我国法治建设新成就。

“中国法院年度案例系列”丛书自2012年编辑出版以来，已连续出版13年，受到读者广泛好评。为更加全面地反映我国司法审判执行工作的发展进程，顺应审判执行实践需要，响应读者需求，丛书于2014年度新增金融纠纷、行政纠纷、刑事案例3个分册，2015年度将刑事案例调整为刑法总则案例、刑法分则案例2个分册，2016年度新增知识产权纠纷分册，2017年度新增执行案例分册，2018年度将刑事案例扩充为4个分册，2022年度将土地纠纷（含林地纠纷）分册改为土地纠纷（含环境资源纠纷）分册。自2020年起，丛书由国家法官学院与最高人民法院司法案例研究院共同编辑，每年年初定期出版。在全国各级人民法院的大力支持下，丛书编委会现编辑出版《中国法院2024年度案例系列》丛书，共23册。

"中国法院年度案例系列"丛书以开放务实的态度、简洁明快的风格，在编辑过程中坚持以下方法，努力让案例书籍"好读有用"：一是高度提炼案例内容，控制案例篇幅，每个案例字数基本在3000字左右；二是突出争议焦点，尽可能在有限的篇幅内为读者提供更多有效、有益的信息；三是注重释法说理，大多数案例由法官撰写"法官后语"，高度提炼、总结案例的指导价值，力求引发读者思考，为司法审判提供借鉴，为法学研究提供启迪。

"中国法院年度案例系列"丛书编辑工作坚持以下原则：一是以研究案例库案例为首要任务。自今年起，"中国法院年度案例系列"丛书优先选用人民法院案例库案例作为研究对象，力求对案例库案例裁判要旨的基本内涵、价值导向、法理基础、适用要点等进行深入分析，增强丛书的权威性、参考性。二是广泛选编案例。国家法官学院和最高人民法院司法案例研究院每年通过各高级人民法院从全国各地法院汇集上一年度审结的典型案例近万件，使该丛书有广泛的精选基础，通过优中选优，可提供给读者新近发生的全国各地多种类型的典型性、疑难性案例。三是方便读者检索。丛书坚持以读者为本，做到分卷细化，每卷案例主要根据案由（罪名）分类编排，每个案例用一句话概括裁判规则、裁判思路、裁判理念、裁判方法或焦点问题作为主标题，让读者一目了然，迅速找到目标案例。

中国法制出版社始终全力支持"中国法院年度案例系列"丛书的出版，给了编者们巨大的鼓励。2024年，丛书将继续提供数据库增值服务。购买本书，扫描前勒口二维码，即可在本年度免费查阅往年同类案例数据库。我们在此谨表谢忱，并希望通过共同努力，逐步完善，做得更好，探索出一条充分挖掘好、宣传好人民法院案例库案例和其他典型案例价值的新路，为广大法律工作者和社会公众提供权威、鲜活、精准的办案参考、研究素材，更好地服务司法审判实践、服务法学教育研究、服务法治中国建设。

“中国法院年度案例系列”丛书既是法官、检察官、律师等法律工作者的办案参考和司法人员培训辅助教材，也是社会大众学法用法的经典案例读本，同时也为教学科研机构开展案例研究提供了良好的系列素材。当然，编者们在编写过程中也难以一步到位实现最初的编写愿望，客观上会存在各种不足甚至错误，欢迎读者批评指正。我们诚心听取各方建议，立足提质增效，不断拓宽司法案例研究领域，创新司法案例研究方法，助推实现中国特色司法案例研究事业的高质量发展。

国家法官学院　最高人民法院司法案例研究院

2024 年 5 月

目　录

Contents

一、危害公共安全罪

一、危害公共安全罪

1

明知自己患有随时可能发作的癫痫病仍驾驶机动车致使发生交通事故的，构成以危险方法危害公共安全罪

——祝某某以危险方法危害公共安全案

【案件基本信息】

1. 裁判书字号

山东省青岛市李沧区人民法院（2022）鲁 0213 刑初 467 号刑事判决书

2. 案由：以危险方法危害公共安全罪

【基本案情】

被告人祝某某于 2012 年 3 月向公安机关申领机动车驾驶证，2018 年 3 月换领机动车驾驶证。2019 年 10 月 31 日因发作性抽搐至医院就诊，被确诊为癫痫。截至 2021 年 2 月，祝某某多次因癫痫发作至青岛某医院和上海某医院就诊，诊断结论均为癫痫。祝某某明知自己癫痫发作时无法控制身体，但未向公安机关申请注销其驾驶证。

2021 年 8 月 15 日 20 时 31 分许，祝某某驾驶小型轿车沿青岛市李沧区重庆中路由南向北行驶至重庆中路唐山路路口南侧路段时，癫痫发作，其所驾驶车

辆失去控制，以约 54 千米/小时的行驶速度与同向行驶的惠某某驾驶的小型轿车右侧发生剐蹭，后祝某某驾驶的小型轿车继续沿重庆中路由南向北行驶，行驶过程中向右侧多个车道加速变道，行驶至重庆中路南岭三路路口南侧路段时，以约 142 千米/小时的行驶速度与同向行驶的辛某驾驶的小型轿车后侧接触碰撞，致辛某的小型轿车顺时针旋转，其车前侧与道路东侧绿化带内行道树、路灯杆接触，导致树木毁损、路灯杆折断，该车后侧先后与由南向北行驶的柳某某驾驶的小型轿车右侧前部和停车等待信号灯通行的刘某某驾驶的大型普通客车后侧右部接触碰撞。事故造成辛某当场死亡，五车受损。

经法医鉴定，死者辛某符合因交通事故致颅脑损伤及胸椎离断脊椎损伤死亡。《道路交通事故认定书》认定，祝某某承担该起事故的全部责任，惠某某、辛某、柳某某、刘某某不承担该起事故责任。

经公安机关电话通知，被告人祝某某到案接受调查并如实供述了自己的犯罪事实。祝某某积极赔偿被害人柳某某等和被害人辛某近亲属的损失并取得谅解。

【案件焦点】

1. 明知自己患有癫痫，属于驾驶禁忌疾病，且处于随时可能发病的情况下，仍然驾驶机动车导致发生交通事故的行为如何定性；2. 量刑时如何体现罪责刑相适应原则。

【法院裁判要旨】①

山东省青岛市李沧区人民法院经审理认为：《中华人民共和国刑法》第一百一十五条第一款规定："放火、决水、爆炸以及投放毒害性、放射性、传染病病原体等物质或者以其他危险方法致人重伤、死亡或者使公私财产遭受重大损失的，处十年以上有期徒刑、无期徒刑或者死刑。"本案中，被告人祝某某辩称，自己不具有主观故意，不构成以危险方法危害公共安全罪。但在案被告人供述与证人证言、门诊病历相互印证，均证实祝某某曾因多次抽搐发作至医

① 本书【法院裁判要旨】适用的法律法规等条文均为案件裁判当时有效，下文不再对此进行提示。

院就诊，其被确诊癫痫后虽服用药物但在2019年至2021年癫痫频繁发作，且发作无规律，甚至是案发前一月仍有发作，但本次发作后其并未主动就医。其明知自己癫痫随时可能发作，且发作时会丧失意识和身体控制能力，更无法有效控制车辆，仍独自在道路上驾驶机动车，对道路上的不特定对象造成重大安全隐患，其虽非主动追求危害后果的发生，但也未采取措施避免危害结果发生。故，祝某某明知自己的行为可能发生危害社会的结果，仍放任该危害结果的发生，系间接故意犯罪，其以其他危险方法致一人死亡，其行为构成以危险方法危害公共安全罪。因其经公安机关电话通知后主动到案，如实供述自己的犯罪事实，具有自首情节，可以减轻处罚；其积极赔偿被害人及被害人近亲属的损失并取得谅解，可以酌情从轻处罚。据此，判决：

被告人祝某某犯以危险方法危害公共安全罪，判处有期徒刑六年。

判决后，祝某某未上诉，公诉机关未提起抗诉，本判决现已生效。

【法官后语】①

本案的争议焦点在于明知自己患有癫痫，属于驾驶禁忌疾病，且随时可能发病，仍驾驶机动车致使发生交通事故的行为如何定性，量刑时如何体现罪责刑相适应原则。

癫痫患者驾车时疾病发作致交通事故时有发生，但因行为人主观心态的不同，行为可能构成的罪名也不同，且行为人对自己的主观心态多有辩解，因此，承办法官需要通过综合分析在案证据，进而确定行为人的主观心态，对行为性质作出正确认定，并在量刑时充分体现罪责刑相适应原则。具体应当根据以下裁判思路予以正确把握。

一、明知自己患有随时可能发作的癫痫病者仍驾驶机动车，致使发生交通事故的，构成以危险方法危害公共安全罪

罪名的确定应当严格按照主客观相统一的原则。患有癫痫等驾驶禁忌疾病

① 本书【法官后语】对此类法律问题涉及的法律法规等内容进行了时效性更新，下文不再对此进行提示。

者在道路上驾驶机动车，造成他人伤亡，客观上同时符合交通肇事罪、过失以危险方法危害公共安全罪的特征，故行为定性需从行为人主观心态上分析，如系故意，则应以危险方法危害公共安全罪定罪；如系过失，则须考虑行为破坏性是否与放火、决水等行为相当，确定是否能够认定为过失以危险方法危害公共安全罪，行为同等严重的情况下才考虑过失以危险方法危害公共安全罪与交通肇事罪的想象竞合，否则仅成立交通肇事罪。

具体到本案，祝某某不希望也不积极追求伤亡结果的发生，罪过形式需要认定是放任的间接过意还是过于自信的过失。根据《机动车驾驶证申领和使用规定》第十五条、第六十七条规定，患有癫痫病等妨碍安全驾驶疾病的，不得申请机动车驾驶证；机动车驾驶人身体条件发生变化，不适合驾驶机动车的，应当申请注销。祝某某辩解称其认为吃药可以控制病情，驾驶机动车上路存在侥幸心理，但其从高中时即癫痫发作，多次就医确诊，对癫痫发作的表现、突然性、不可预知性和不可自控性均系明知，且案发前两年其发病频率较高，案发前一个月亦曾病发，但并未入院治疗，其对于自身疾病发作的不可自控性是明知的，也完全能够认识到疾病发作后会失去对机动车的控制，进而可能危及他人生命安全，但仍然驾驶机动车上路，以致发生严重后果。其发病的频率及对待发病的态度可以反映出其不计驾驶机动车时发病的后果，对他人伤亡的危害结果持放任态度，主观上具有危害公共安全的间接故意，应当构成以危险方法危害公共安全罪。

应当注意的是，在不同的个案中，应当根据行为人癫痫等禁忌疾病的发作频率等客观情况，区分行为人对驾车造成的危害结果所持的心态，不能认为患有癫痫等驾驶禁忌疾病的行为人主观上对危害结果的发生一概是故意，进而一律认定为以危险方法危害公共安全罪。

二、量刑上罪责刑相适应的把握

决定被告人的刑罚，要综合考虑犯罪的事实、性质、情节、危害后果及主观恶性、人身危险性等。本案中，祝某某以危险方法危害公共安全，造成一人死亡，其量刑应当在十年以上有期徒刑的幅度内，且其积极赔偿被害方经济损失并取得谅解、具有自首情节，可以从轻、减轻处罚。综合案发原因、主观恶性、认罪悔罪等，祝某某癫痫病发作导致其失去机动车控制能力是导致本案结果发生的客观原因，其已服用药物，罪责的可谴责性有所降低；从主观来说，其并不希望、追求危害结果的发生，属于间接故意犯罪，与直接故意犯罪相比，主观恶性相对较小，在适用刑罚上应有所区别。故对其减轻处罚判处有期徒刑六年，符合罪责刑相适应原则。

综上，对于患有随时可能发作的癫痫等禁忌疾病者驾驶机动车发生交通事故的案件，应首先对行为人的主观“明知”进行分析，根据行为人癫痫等禁忌疾病的发作频率等客观情况，区分行为人对驾车造成的危害结果所持的心态，同时考量行为的破坏性，严格按照主客观相统一的原则认定行为性质。在此基础上，承办法官秉持罪责刑相适应原则，根据法律规定，综合考量案发原因、行为人的主观恶性、认罪悔罪态度等，正确适用刑罚。本案根据上述法律适用的原则，最终以危险方法危害公共安全罪判处被告人有期徒刑六年，既惩罚了犯罪，维护了社会公共安全，又罚当其罪，使被告人更好地接受判决，保障了刑罚的公正性和合理性。

编写人：山东省青岛市中级人民法院　岳薇

山东省青岛市李沧区人民法院　宋健

2

为逃避酒驾检查逆行冲撞行为的定性与处理

——叶某某以危险方法危害公共安全案

【案件基本信息】

1. 裁判书字号

广东省广州市中级人民法院（2022）粤 01 刑终 1560 号刑事裁定书

2. 案由：以危险方法危害公共安全罪

【基本案情】

2022 年 1 月 15 日 2 时许，被告人叶某某饮酒后驾驶小轿车由北往南途经某大桥路段时，遇交警设卡查处酒驾。被告人叶某某为逃避检查，驾车逆行逃离现场。其间，执勤民警、辅警对被告人叶某某依法进行拦截，但被告人叶某某驾车撞向执勤民警、辅警，因警察们躲避及时而未造成伤害。后其又驾车先是撞损正常行驶的粤 AF××××小型越野客车，继而逃逸至某路 34 米处时，车辆冲进路边居民区，致公共绿化区、居民区的铁门及停放在居民区内的车牌号为粤 A8××××、粤 A1××××、粤 A6××××3 辆小型普通客车不同程度损坏。被告人叶某某弃车逃跑到广东省人民医院进行治疗，后被公安人员抓获归案。经对在 2022 年 1 月 15 日 6 时 40 分提取的被告人血液进行鉴定后，确定案发时被告人叶某某血液中乙醇含量低值为 156.8 毫克/100 毫升。经统计，被告人叶某某的行为造成公私财物损失共 196028 元。截至 2022 年 1 月 19 日，被告人叶某某的家属向全部被害方共赔偿 185998 元，均已获得对方谅解。

【案件焦点】

1. 被告人叶某某在酒驾过程中为逃避检查逆行冲撞毁损公私财物的行为构成交通肇事罪还是以危险方法危害公共安全罪；2. 是否应当进行数罪并罚。

【法院裁判要旨】

广东省广州市越秀区人民法院经审理认为：被告人叶某某醉酒后驾驶机动车，在发现交警依法设岗检查醉驾时罔顾道路上执勤的交警、辅警以及在道路上正常行驶的其他车辆和群众的人身安全，在相对狭窄的桥梁道路上强行逆行，最终冲撞损毁公私财物，危害了公共安全，尚未造成严重后果，其行为已构成以危险方法危害公共安全罪。被告人醉驾后为逃避检查而实施以危险方法危害公共安全的行为，应择一重罪处之，故本案只以危险方法危害公共安全罪对被告人叶某某定罪量刑。鉴于被告人叶某某归案后能够如实供述罪行，依法可以从轻处罚。另考虑其能够赔偿被害人的损失，并取得被害人的谅解，可酌情从轻处罚。公诉机关对被告人犯以危险方法危害公共安全罪建议判处有期徒刑三年二个月恰当，可予采纳。

广东省广州市越秀区人民法院依照《中华人民共和国刑法》第一百三十三条之一第三款、第一百一十四条、第六十七条第三款之规定，作出如下判决：

被告人叶某某犯以危险方法危害公共安全罪，判处有期徒刑三年二个月。

叶某某提出上诉。广东省广州市中级人民法院经审理认为：原审判决认定的事实清楚，证据确实、充分，适用法律及定性准确，量刑适当，审判程序合法。

广东省广州市中级人民法院依照《中华人民共和国刑事诉讼法》第二百三十六条第一款第一项的规定，作出如下裁定：

驳回上诉，维持原判。

【法官后语】

本案焦点为如何对被告人的行为进行定性，即认定被告人构成何种犯罪以及如何对其定罪处罚？

一、准确区分为躲避酒驾检查逆行逃离冲撞情况下的交通肇事罪、以危险方法危害公共安全罪、妨害公务罪和袭警罪

1. 被告人构成危险驾驶罪

根据《中华人民共和国刑法》第一百三十三条之一第一款第二项的规定，醉酒驾驶机动车的，构成危险驾驶罪。被告人构成危险驾驶罪并无争议。

2. 被告人不构成交通肇事罪

从犯罪主观方面来看，交通肇事罪要求行为人主观上是出于过失。本案中，被告人遇到交警设卡检查酒驾后逆行逃离，明显具有躲避交警查处的意图，且为了躲避查处在公共道路上逆向行驶，撞向执勤警察，撞到正常行驶的车辆后仍不停车，直至冲进路边居民区后逃离。被告人对其犯罪行为和可能造成的危害后果是明知的，即使认为其主要目的是躲避检查并不追求危害后果的发生，也无法否认其存在放任这种危害后果发生的间接故意。

从犯罪客观方面来看，《中华人民共和国刑法》第一百三十三条规定，违反交通运输管理法规，因而发生重大事故，致人重伤、死亡或者使公私财产遭

受重大损失的，才构成交通肇事罪。《最高人民法院关于审理交通肇事刑事案件具体应用法律若干问题的解释》第二条第一款第三项对“使公私财产遭受重大损失”进行了明确规定：“造成公共财产或者他人财产直接损失，负事故全部或者主要责任，无能力赔偿数额在三十万元以上的。”被告人驾车冲撞并未造成人员伤亡，造成公私财物总损失196028元，其家属向全部被害方共赔偿185998元，均已获得对方谅解，并不属于“使公私财产遭受重大损失”的情况。因此，被告人不构成交通肇事罪。

3. 被告人构成以危险方法危害公共安全罪

从犯罪主观方面看，以危险方法危害公共安全罪的主观形式为故意。被告人明知其在公共道路上驾车逆行冲撞的危害性，且在撞到正常行驶的车辆后仍然继续逆行，即使认为其并不积极追求危害公共安全，但对危害公共安全也存在放任的心理态度。

从犯罪客观方面看，《中华人民共和国刑法》第一百一十四条规定的“其他危险方法”，是指在危险程度上与放火、决水、爆炸、投放危险物质等行为的危险性具有相当或者超过上述行为危险性的方法，行为客观上对不特定多数人的生命、健康或者重大公私财产安全产生了威胁，具有发生危险后果的现实可能性。本案中，被告人在公共道路上驾车逆行、冲撞车辆、冲进居民区的行为，危险性极高，对不特定多数人的生命、健康产生了现实危险且已经造成了公私财产损毁的危害后果，符合《中华人民共和国刑法》第一百一十四条规定的以危险方法危害公共安全罪的客观要件。因此，被告人构成以危险方法危害公共安全罪。

4. 被告人构成妨害公务罪但不构成袭警罪

根据法院查明的事实，被告人为躲避检查逆行逃离时，驾车撞向依法对其进行拦截的执勤民警、辅警。妨害公务罪要求行为人主观上具有阻碍国家机关工作人员等依法执行职务的故意，客观上以暴力、威胁方式实施了阻碍依法执行职务的行为。本案被告人主观上存在躲避和抗拒检查的意图，明知执勤警察是依法对其拦截，但仍以驾车撞向警察的暴力方式阻碍执勤警察执行公务。因此，被告人构成妨害公务罪。

根据实践中的通说观点，袭警罪要求行为人主观上具有暴力袭击依法执行职务的人民警察的直接故意。“袭击”是指“出其不意的攻打”“突然打击”，可见袭击行为带有明显的主动性和针对性。根据刑法解释原理，对刑法用语的解释不能超过国民可预测性，因此放任状态或过失不能构成袭警罪中的“暴力袭击”。结合本案，被告人躲避酒驾检查驾车逆行逃离，其主要目的是不受到酒驾查处，在逆行逃离过程中撞向依法对其进行拦截的执勤民警，可见其并不积极追求撞到执勤民警但放任这种危害结果发生，认定其主观上是出于间接故意更为恰当。被告人驾车撞向执勤警察的行为主观上并不存在暴力袭击的直接故意，所以不构成袭警罪。

二、对被告人应当以危险方法危害公共安全罪一罪定罪处罚而非数罪并罚

被告人构成危险驾驶罪、以危险方法危害公共安全罪、妨害公务罪，但应当以以危险方法危害公共安全罪一罪对被告人定罪处罚。

根据《中华人民共和国刑法》第一百三十三条之一第三款的规定，有醉酒驾驶机动车的行为，同时构成其他犯罪的，依照处罚较重的规定定罪处罚。被告人醉酒驾驶机动车的行为具有持续性，从其醉酒后驾驶机动车开始到其弃车逃离结束。在其醉酒驾驶机动车的状态持续过程中，实施了在公共道路上逆行冲撞的行为。危险驾驶罪的法定刑为“拘役，并处罚金”，第一百一十四条规定的以危险方法危害公共安全罪的法定刑为“三年以上十年以下有期徒刑”，《中华人民共和国刑法》第二百七十七条规定的妨害公务罪的法定刑为“三年以下有期徒刑、拘役、管制或者罚金”。以危险方法危害公共安全罪与妨害公务罪法定刑均重于危险驾驶罪，因此不以危险驾驶罪对被告人定罪处罚。另外，被告人在公共道路上驾车撞向民警、冲撞车辆、冲进居民区均发生在被告人驾车逆行的过程中，在时间上具有持续性，在性质上具有一致性，均附属于被告人意图驾车逆行这一个意思决定，应当被认定为一个行为，而不能因侵犯了两个不同的法益而将其分为前后两个行为。因此，被告人构成以危险方法危害公共安全罪与妨害公务罪，属于想象竞合，应当以处罚较重的前者定罪处罚。

三、对处理同类案件的启示

近些年，醉驾犯罪案件数量居高不下，社会上为躲避酒驾检查逆行逃离或者抗拒检查冲撞卡口的情况频频发生，这种情况下驾驶员的行为可能涉及危险驾驶罪、妨害公务罪、袭警罪、以危险方法危害公共安全罪、故意伤害罪、故意杀人罪等多种罪名，审判实践中该类案件的处理存在一定的难度。对此，可以采取“定性—定罪—量刑”的办案思路。定性，就是要判断行为人是否构成犯罪，构成何种犯罪。要严格贯彻主客观相统一的原则，准确把握各种犯罪的犯罪构成，重点判断犯罪主观方面和客观方面。对行为人心理态度的认定，要结合其行为严格予以把握。定罪，即以何罪定罪处罚，主要考虑是否数罪并罚。对此要重点把握《中华人民共和国刑法》和司法解释中规定的某些犯罪之间的竞合处理规则，如《中华人民共和国刑法》第一百三十三条之一第三款，《最高人民法院、最高人民检察院、公安部关于依法惩治袭警违法犯罪行为的指导意见》第三条。此外，还要厘清多个犯罪之间是否存在想象竞合，重点是判断行为人构成的多个犯罪的行为是否属于一个行为，应当根据“主观上是否一个意思决定”与“客观上身体举动状态是否有一致性”来认定，而不应因行为侵犯不同法益而对其强行分割。量刑，要严格把握法定情节和酌定情节进行量刑，确保量刑适当和罪责刑相适应，实现良好的法律效果和社会效果。

编写人：广东省广州市越秀区人民法院　丁帅　龙文庭

3

醉酒驾车一次性冲撞多辆车辆，造成二人重伤，三人轻伤严重后果的定性

——江某以危险方法危害公共安全案

【案件基本信息】

1. 裁判书字号

四川省高级人民法院（2022）川刑再13号刑事判决书

2. 案由：以危险方法危害公共安全罪

【基本案情】

2020年12月24日21时20分许，被告人江某醉酒驾驶一辆小型越野客车沿着某大道由南向北超速行驶，行至某大道与某路十字路口处，与同向由被害人杨某某驾驶的二轮摩托车尾部相撞，而后又与路口对面等待交通信号灯的由被害人汪某某驾驶的二轮电动车（搭乘姚某某、朱某、赵某某）前部相撞，随后小型越野客车在距离事发现场约一百米处停下。在此次事故中造成被害人杨某某、汪某某、姚某某（13岁）、朱某、赵某某（6岁）五人不同程度受伤，二轮摩托车严重受损以及一辆出租车受损。公安局交警大队出具的道路交通事故认定书认定此次事故由江某承担全部责任，杨某某、汪某某、姚某某、朱某、赵某某无责任。经司法鉴定所鉴定，被害人杨某某、汪某某、朱某的损伤程度属于轻伤一级，被害人姚某某、赵某某的损伤程度属于重伤二级。另外，现场视频监控资料证实，江某撞到第一辆摩托车时有下意识的刹车制动行为，其车向前行驶到路口对面撞到第二辆电动车时也有下意识的刹车制动行为。案发后，被告人江某近亲属对五名被害人进行了全额

赔偿并取得了谅解。

【案件焦点】

被告人江某醉酒后，不听他人劝阻强行在人流量极大的道路上超速行驶、闯红灯等，造成两名未成年人重伤、三名成年人轻伤及一辆出租车受损，其行为是构成交通肇事罪还是以危险方法危害公共安全罪。

【法院裁判要旨】

四川省仪陇县人民法院经审理认为：被告人江某不听他人劝阻强行醉酒驾车，在繁华路段超速行驶、闯红灯，连续撞击车辆及人员后，没有下意识的刹车动作，造成两重伤三轻伤的严重后果，系明知醉酒驾车会发生危及不特定多数人的生命、健康安全的严重后果，却对危害后果持放任态度，具备以危险方法危害公共安全罪的构成要件。据此，四川省仪陇县人民法院作出判决如下：

被告人江某犯以危险方法危害公共安全罪，判处有期徒刑十年。

宣判后，被告人江某不服并提出上诉。四川省南充市中级人民法院经审理认为：被告人江某醉酒驾车虽然超速行驶和闯红灯，但其在冲撞过程中有下意识的刹车行为；从肇事的时间和空间上看，应认定为一次肇事，其行为不能反映出对危害结果的发生持希望或放任态度，对交通事故的发生主观上仍属于过失，故其行为不构成以危险方法危害公共安全罪，应当以交通肇事定罪处罚。据此，四川省南充市中级人民法院作出判决如下：

一、撤销四川省仪陇县人民法院（2021）川 1324 刑初 59 号刑事判决；

二、上诉人（原审被告人江某）犯交通肇事罪，判处有期徒刑二年十个月。

2022 年 7 月，四川省人民检察院向四川省高级人民法院提起抗诉。四川省高级人民法院再审认为：本案现场监控视频，不能证实江某先后冲撞过程中有下意识的刹车行为。江某饮酒后，其情绪开始失控，已经进入严重醉酒状态，其对此亦明知。江某经他人竭力劝阻，仍执意醉酒驾车，并具有在车辆密集的繁华地段超速行驶、闯红灯、逆向行驶等多个严重危害道路交通安全行为，其一次性冲撞多辆车辆，造成二人重伤、三人轻伤的严重后果。足以说明，江某主观上对本次行为可能造成严重危害公共安全的后果完全能够预见，虽不是积极追求这种结果发生，但对发生危害后果持放任态度，应以以危险方法危害公共安全罪定罪处罚。四川省高级人民法院作出判决如下：

一、撤销四川省南充市中级人民法院（2021）川13刑终302号刑事判决；

二、维持四川省仪陇县人民法院（2021）川1324刑初59号刑事判决。

【法官后语】

司法实践中，对于醉酒驾车造成危害后果的行为，应认定为以危险方法危害公共安全罪还是交通肇事罪需要把握两罪区别并结合案例具体分析。

一、两罪定性界分

正确区分交通肇事罪与以危险方法危害公共安全罪，首先要厘清两罪之间的关系。两罪均规定在《中华人民共和国刑法》分则第二章危害公共安全罪，侵犯的法益均为公共安全。主体方面均系一般主体，所以，二者区分重点在于两罪的客观构成要件及相应的主观心理。

从客观行为来看，以危险方法危害公共安全罪具有兜底性质，认定此罪，不仅要求相应危险方法客观上危害到公共安全，更要求该危险方法与刑法所明文列举的放火、决水、爆炸、投放危险物质等危险方法具有同质性或相当性。交通肇事罪客观上需要实施违反交通运输管理法规的行为，因此发生重大事故，违规行为和重大事故之间具有因果关系。也就是说，其客观方面需要具备两个要素：实施违反交通法规的行为且发生交通事故。其虽然具有公共危险，但不具有与放火、决水、爆炸、投放危险物质相当的具体的公共危险。

从主观来看，交通肇事罪的主观方面是过失，即指行为人对所造成的严重后果的心理态度是过失。一般认为，对违反交通运输管理法规是明知，但对于危害结果的发生则是过失的心理态度。而以危险方法危害公共安全罪的主观方面是故意。具体到危险犯中，就应是对危害行为所引起的危险状态的明知。因此，以危险方法危害公共安全罪作为一种故意犯罪，在意识因素上，应当要求行为人预见到自己的危害行为可能造成的具体危险状态。由此可见，对该类案件正确定性应当从被行为人的客观行为、主观心态上进行分析。

二、危险相当性判断

判断行为是否符合以危险方法危害公共安全罪中的“行为”，应当从以下两方面入手：第一，危险方法行为本身具有危险性，且侵害的对象具有非特定性。放火、决水、爆炸、投放危险物质等行为本身即属于危险行为，具有极大的危险性，且危害的对象往往是不特定多数人的生命、健康或财产安全。如果相关的危险行为只是行为人用于针对特定对象实施犯罪所采取的手段，而对不特定多数人的生命、健康或财产安全并未造成危险或实际损害，则不能认定为以危险方法危害公共安全罪中的危险方法。第二，必须是具体危险犯，危险方法行为造成的应当是明确的、具体的危险，而不是抽象的危险。抽象危险犯只要行为人实施了法律规定之特定行为，立法则直接推定相关犯罪成立所要求的危险状态即形成，而无须司法人员在个案中就是否具备危险状态作出判断。如醉酒驾车构成危险驾驶罪的，只要经检测，驾车人的血液中酒精含量达到法定标准从而构成醉驾的，就一律构成该罪，而无须考察其醉驾行为是否实际产生危险。而具体危险犯则不同，尽管危险犯中的危险状态都表示实害结果发生的一种可能性，但具体危险犯中的危险是一种迫在眉睫、离实害结果更接近且极有可能发生的一种状态，因而具有现实性、具体性和明确性。以危险方法危害公共安全罪即属于具体危险犯，是否具备危险状态需要在个案中进行具体的判断。

进行上述判断则可考虑两个因素：一是判断行为发生危害结果的概率。概率越高，则危险程度越高。这一判断也涉及对行为人主观心理的推定。如果行为基本上均会导致危害结果的发生，那么可以推定一旦行为人实施此类行为，主观上至少是放任的心理态度。二是判断结果发生影响的范围。即可能影响到多大范围内不特定多数人的生命财产安全。这一问题的判断是个案中的事实问题。

本案中，被告人江某聚餐时已经醉酒，后因醉酒与他人发生纠纷，几乎动手打架，在他人劝诫不要醉酒驾车，且建议雇人代驾时仍然坚持自己驾车，将车辆驶入人员密集、车辆较多的繁华地段，该行为发生危害结果的概率很高、影响范围也较大，具有具体、现实、迫在眉睫的公共危险性，与放火、决水、爆炸、投放危险物质等行为具有相当性。

三、主观心态识别

主观心理的判断，向来是司法实践中的难点。按照“主观支配客观，客观反映主观”的原理，对行为人主观罪过的判断，应结合被告人的供述和案件的客观事实情况来判断，也就是说正确分析行为人主观心理还需综合考虑客观行为及因素。在该类案件中，推断行为人是间接故意还是过于自信的过失时应考虑的客观因素包括事故是否属于一次性撞击、行为地点是否在繁华人多路段、车速如何、事故发生时行为人是否采取紧急制动措施以及事故发生后的情绪、表现等。

第一，事故是否属于一次性撞击。因为行为人在发生第一次事故后，为了逃避法律制裁或者害怕而逃跑，虽然行为人可能不希望再次发生交通事故，但是为了逃跑已经“管不了那么多了”，表现的是一种放任的态度，构成间接故意。二次冲撞在本质上已经属于一种新的、独立的犯罪行为，虽然原发于交通肇事行为，但是，只是形式上具有关联性，在本质上已经不能为交通肇事罪所涵盖，一般而言，宜定性为以危险方法危害公共安全罪。醉酒驾驶机动车发生交通事故其实是一种概率性事件，并非必然发生，通常情况下，是因为行为人盲目相信自己的驾驶技术，轻信能够避免危害结果的发生，主观上表现为过于自信的过失。因此，醉酒驾车一次性撞击造成重大人员伤亡的情况下，以定交通肇事罪为宜。当然，这并不必然，还应结合其他因素，例如有无高速逆行行为、有无行驶路线横冲肆意行为等。

第二，行为地点是否在繁华人多地段。在繁华人多等路段高速或逆向行驶，对公众的生命财产安全造成极大威胁，其产生的公共危险与防火、爆炸等行为产生的公共危险相当，即使没有造成危害结果，也应按照《中华人民共和国刑法》第一百一十四条的规定以危险方法危害公共安全罪定罪处罚。当然，致人重伤、死亡或者使公私财产遭受重大损失的，亦构成以危险方法危害公共安全罪，适用第一百一十五条规定。这也就是前面提到的若该行为基本上均会导致危害结果的发生，那么可以推定一旦行为人实施此类行为，主观上至少是持放任的心理态度。

第三，事故发生时行为人是否采取紧急制动措施。如果行为人根本未采取紧急制动措施，除行为人醉酒程度已达到完全失去控制能力的程度外，表明行为人已克服本能反应，对危害结果是一种“管不了那么多了”的心态，意志控制表现为放任，属于间接故意，宜定性为以危险方法危害公共安全罪。如果行为人采取了紧急制动措施，无论其出于本能还是意志控制，都表明其对该事故感到意外或排斥，是一种过失心态。

当然，上述因素只是推定主观心理的几个方面，判断行为人对危害结果属于过失还是间接故意，不可单一判断，还应综合考量。

本案被告人江某在事故发生前后，与他人发生争吵，拒绝代驾，醉酒驾车行驶在人流多、车辆多的繁华地段，且有超速行驶、闯红灯、连续冲撞，造成二人重伤、三人轻伤、车辆损失等客观行为，足以认定其具有放任危害公共安全后果发生的间接故意，以危险方法危害公共安全罪追究其刑事责任符合主客观相统一原则，属于罚当其罪。

编写人：四川省仪陇县人民法院　彭华

4

公共场所及公共安全系判定行为人放火行为是否构成放火罪的两大条件

——欧某某放火案

【案件基本信息】

1. 裁判书字号

湖南省湘西土家族苗族自治州中级人民法院（2022）湘31刑终74号刑事裁定书

2. 案由：放火罪

【基本案情】

2020年8月21日22时许，被告人欧某某（1954年2月出生，退休职工，身患多种疾病）因家庭矛盾与其儿子欧某赌气，来到欧某所住的某局宿舍楼外楼梯下，用酒精引燃其出资为欧某购买的摩托车座凳后离开，致相邻的摩托车被烧坏。火后来被他人扑灭。着火现场位于吉星楼1单元、2单元共用外楼梯平台下，着火的三辆摩托车车尾部可见燃火痕迹，位于中间的欧某的摩托车车尾部烧毁严重，座凳后部毁坏变形，车后轮被烧黑，后备厢被烧融掉在地面；两侧摩托车后备厢被烧坏变形。被烧摩托车两侧为水泥立柱，左侧立柱外为上平台楼梯，右侧立柱与墙体之间堆放着水泥砖，右侧立柱外为过道，车头一方为楼房外墙，外墙与停车平台（着火现场）之间有较大间隙，外墙上挂有三台空调外机，车尾一方为人车通道，通道外边停放有车辆。

8月23日0时许，欧某某亲属带领民警在宿舍将欧某某抓获。欧某某后来赔偿被烧坏的相邻两部摩托车车主的损失，取得对方谅解。

公诉机关认为，被告人欧某某在公共场所放火，危害公共安全，尚未造成严重后果，但其行为已触犯《中华人民共和国刑法》第一百一十四条，应当以放火罪追究其刑事责任。

欧某某辩称其因法律意识淡薄导致犯罪，现很后悔，同时其身患各种疾病，请求从宽处罚。

【案件焦点】

被告人欧某某的行为有无危害公共安全的可能，是否构成放火罪。

【法院裁判要旨】

湖南省吉首市人民法院经审理认为：被告人欧某某在公共场所故意放火烧车，并引燃其他摩托车，有危害公共安全的主观过错和危害公共安全的可能。欧某某采用医用酒精引火的方式焚烧摩托车，燃烧中心在独立楼梯平台下，四周无重大易燃易爆物品，未造成严重后果，犯罪情节较轻，结合其本人及妻子身患严重疾病、亲属带领民警抓获等情况及悔罪表现，宣告缓刑对所居住社区没有重大不良影响，决定对欧某某从轻处罚、适用缓刑。该院依照《中华人民共和国刑法》第一百一十四条、第六十七条第三款、第七十二条，《中华人民共和国刑事诉讼法》第十五条之规定，经审判委员会讨论决定，作出判决：

欧某某犯放火罪，判处有期徒刑三年，缓刑三年。

欧某某不服一审判决，提起上诉。

湖南省湘西土家族苗族自治州中级人民法院经审理认为：欧某某的放火行为已致包括其子在内的三辆摩托车严重烧毁，并将周围居民的人身及财产安全置于现实危险之中，虽然是要烧毁其子的摩托车，但放火后离开现场的行为，足以说明对自己的放火行为会危害公共安全的结果是放任不管的，具有危害公共安全的故意，其行为符合放火罪的构成要件。原审在量刑时已经考虑了其具有的坦白、认罪认罚，无违法犯罪前科，本案因家庭矛盾引起，事后赔偿了其他被害人的损失、取得谅解等从轻的量刑情节。本罪最低法定刑为三年有期徒刑，原审对其在最低法定刑量刑的情况下，又对其适用了缓刑，已无再从轻的空间。该院依照《中华人民共和国刑事诉讼法》第二百三十六条第一款第一项之规定，裁定如下：

驳回上诉，维持原判。

【法官后语】

行为人在居民楼道等公共场所放火，足以使公共安全处于危险状态且造成了一定经济损失，其行为就构成放火罪。

本案一、二审法院均认定欧某某的行为构成放火罪。对此，应该着重把握住以下两点：

一、放火行为是否发生在公共场所

放火罪属于危害公共安全的犯罪，侵犯的客体是公共安全，这是放火罪区别于其他通过放火行为实施的犯罪的关键，故公共场所的判定对于是否构成放火罪至关重要。刑法意义上“公共场所”的界定，按照文理解释应是具有公共性质，为社会公众所用，其界定应当符合一般社会公众认知，并非法律专业含义。本案着火地点位于某局宿舍楼两单元共用外楼梯平台下，属于居民楼的一部分，供居民停车、通行等使用，完全符合公共场所的特征。

二、放火行为是否有危害公共安全的危险

危害公共安全的危险是指危害的人员、危害的范围具有不特定性，这与故意毁坏财物等针对特定对象实施的犯罪不同。判定是否危害公共安全，要结合放火的地点以及放火时周围的具体环境等因素来分析。本案中，欧某某虽是要烧毁其子的摩托车，但其放火的地点系居民楼内，其子摩托车旁停有他人车辆，放火地点外墙上挂有三台空调外机，停放的摩托车尾一方为人车通道，通道外边停放有车辆。欧某某的放火行为已致包括其子在内的三辆摩托车严重烧毁，并将周围居民的人身及财产安全置于现实危险之中，且其放火后直接离开现场，对自己的行为会危害公共安全的结果放任不管，具有危害公共安全的故意。根据主客观一致原则，欧某某的行为符合放火罪的构成要件。另根据刑法条文规定，放火罪中行为人的行为足以危害公共安全或者已经造成严重危害后果。欧某某的放火行为虽未造成严重后果，但其行为足以危害公共安全，故构成放火罪。

综上所述，判定行为人的放火行为是否构成放火罪，关键点在于行为是否发生在公共场所及是否危害公共安全。本案行为人虽只是为泄愤要烧毁自己儿子的财物，未造成重大危害后果，但其放火地点在公共场所，同时结合着火地点及当时现场环境综合评判其放火行为具有危害公共安全的危险，其作案动机并不影响其行为构成放火罪。

编写人：湖南省吉首市人民法院　向金君

5

放火罪中缓刑适用条件具体情形的认定

——刘某放火案

【案件基本信息】

1. 裁判书字号

云南省昆明市中级人民法院（2022）云01刑终518号刑事裁定书

2. 案由：放火罪

【基本案情】

2022年1月24日8时30分许，因和妻子徐某某吵架生气，刘某从家里拿了一瓶汽油到自家房子三楼徐某某的卧室里，把汽油倒在徐某某的床上后用随身携带的打火机点燃被子准备把家烧毁，其叫在家帮忙装修房子的徐某等离开现场后，自己也离开现场，并主动到茂山派出所投案。茂山派出所联合县消防大队从刘某家一楼商铺救出了还在里面睡觉的崔某某，随后，经过消防大队人员近30分钟的救援，火势才被扑灭，现场无人员伤亡。刘某放火造成三楼徐某某的卧室内物品及床铺被烧毁，其他卧室和客厅被烟火熏黑。一审被告人刘某及配偶徐某某、儿子对被告人刘某表示谅解。二审期间由社区矫正机构评估其亦符合社区监管条件。

【案件焦点】

1. 被告人刘某是否构成放火罪；2. 对被告人刘某是否适用缓刑。

【法院裁判要旨】

云南省禄劝彝族苗族自治县人民法院经审理认为：被告人刘某的放火行为足以危害周围不特定多数人的生命及财产安全，其行为已触犯国家刑律，构成放火罪。被告人刘某犯罪后自动投案，如实供述其罪行，属自首，可以对其从轻或者减轻处罚。被告人刘某自愿认罪认罚，可以依法从宽处理。被告人刘某系初犯、偶犯，主观恶性小，有悔罪表现，酌情从轻处罚。本案系夫妻矛盾引发，案发后被告人刘某获得被害人徐某某及家人谅解，可酌情从轻处罚。

判决如下：

刘某犯放火罪，判处有期徒刑三年，缓刑三年。

禄劝彝族苗族自治县人民检察院提出抗诉。云南省昆明市中级人民法院经审理认为：原审被告人刘某构成放火罪。原审法院充分考虑到本案系夫妻矛盾引发，案发后原审被告人刘某自动投案，如实供述其罪行，具有自首情节，自愿认罪认罚，获得被害人徐某某及家人谅解，二审期间由社区矫正机构评估其亦符合社区监管条件。故原审法院综合刘某的犯罪事实、情节及认罪、悔罪态度，对其适用缓刑并无不当。

云南省昆明市中级人民法院作出如下裁定：

驳回抗诉，维持原判。

【法官后语】

《中华人民共和国刑法》第七十二条规定，对于被判处拘役、三年以下有期徒刑的犯罪分子，同时符合犯罪情节较轻、有悔罪表现、没有再犯罪的危险、宣告缓刑对所居住社区没有重大不良影响四个条件的，可以宣告缓刑。但对

"犯罪情节""悔罪表现""没有再犯罪的危险""对所居住社区没有重大不良影响"的表述笼统抽象。司法实践中，法官的自由裁量空间大，容易主观随意。

本案行为人构成放火罪。一般来说，任何人对自己所有的财产都有处分权，包括将其毁坏使其失去使用价值或者价值，行为人烧毁自己的财物本身并不构成犯罪。但若焚烧财物侵害了刑法所保护的法益，就可能构成犯罪。本案行为人因夫妻吵架泄愤，放火焚烧自家财物，火势较大，且地点位于小镇街区，周围有邻里住户，其放火行为危及公共安全的法益，足以危及邻里房屋等财产和他人的生命、健康安全，构成放火罪。《中华人民共和国刑法》第一百一十四条和第一百一十五条第一款规定，放火罪是故意引起火灾，危害公共安全的行为。其犯罪构成要件为：(1) 实施放火行为，使对象物燃烧，足以危害公共安全（具体危险犯）；(2) 责任形式为故意，包括直接故意和间接故意。处罚上，如放火行为没有造成任何实害后果或者实害后果不严重，适用第一百一十四条之规定，处以三年以上十年以下有期徒刑；如放火行为致人重伤、死亡或者使公私财产遭受重大损失时，适用第一百一十五条之规定，处以十年以上有期徒刑、无期徒刑或者死刑。行为人的放火仅造成自家财物损毁的实害后果，尚未造成严重后果，适用《中华人民共和国刑法》第一百一十四条规定，处以三年以上十年以下有期徒刑。根据行为人的犯罪事实、性质、情节和对于社会的危害程度，决定判处行为人有期徒刑三年适当，但是否适用缓刑存在重大争议。

笔者认为，适用缓刑的条件可以从以下几方面综合分析：(1) 犯罪情节方面，行为本身的危险性，行为的性质、结构、价值，行为的动机是卑鄙的还是社会观念可以接纳的，主观是过失还是故意，是受到引诱还是因生活所迫参与的等，均会影响缓刑的适用。本案焚烧对象房屋系砖混建筑，地点位于小镇街区，消防车辆等救助设备可以直达现场扑救，交通较为方便，扑救难度不大，火灾实际损害只有行为人自家财物。(2) 悔罪表现方面，可以从行为人主观上是否有追求危害社会法益的直接故意，犯罪行为发生后是否认罪认罚，有无自首、坦白，是否揭发共同犯罪人，有无悔罪表现，是否及时制止损害发生，是否及时返还赃款赃物，是否及时赔偿被害人损失等方面进行判断。(3) 再犯罪的危险方面，需对行为人品行表现，有无前科劣迹，犯罪是一念之差偶然犯罪还是一贯表现，是否是预备犯、胁从犯，是否是正当防卫、紧急避险等进行综合分析。(4) 对所居住社区有无重大影响，要综合判断对社区的影响度，可以询问听取社区意见。(5) 其他有关的特定因素。如本案系家庭内部矛盾引发，以后家庭成员间还要共同生活，适用缓刑可在一定程度上缓解、消除行为人家庭成员间的对立情绪，有利于夫妻感情及家庭亲情的重塑，有利于激起行为人改过迁善的决心。

编写人：云南省禄劝彝族苗族自治县人民法院　康玉洪

6

购买原材料违法制造烟花爆竹的行为应认定构成非法制造、买卖爆炸物罪

——苏某非法制造、买卖爆炸物案

【案件基本信息】

1. 裁判书字号

广东省茂名市中级人民法院（2022）粤 09 刑终 43 号刑事裁定书

2. 案由：非法制造、买卖爆炸物罪

【基本案情】

被告人苏某在湖南省株洲市务工时，学到配制火药制作爆竹的技能，并在湖南购买了制造爆竹的铝银粉、高氯酸钾粉、导火索等原材料。2021 年 2 月 21 日，苏某向被告人陈某某租用其位于某村家中的养鸡棚用于加工制作私炮并进行销售。2021 年 4 月 1 日凌晨，茂名市公安局治安大队联合茂名市公安局电白

分局治安大队在某村陈某某家屋内抓获苏某、陈某某，现场扣押疑似黑火药22市斤、硫黄粉54市斤、高氯酸钾20市斤、火药引线7.8市斤、七斤装炮头46个、两斤装炮头190个、一斤装炮头800个、半斤装炮头370个及半成品炮头156个。上述物品除了现场取样，剩余部分由茂名市茂南区应急管理局依法处理。此外，公安机关还扣押了导火线1捆（300米）、磅秤1个、市称1个、切纸刀2把、包装绳1捆，上述物品均由茂名市公安局电白分局保管，未随案移送。

经检验，所检样品药物为烟火药，具有易燃易爆性质，其中查扣的炮头共1406个，含烟火药13958.16克，查扣的导火索3650条，共长540.5米。

【案件焦点】

1. 苏某的行为构成非法制造、买卖爆炸物罪还是非法经营罪；2 苏某在本案中的行为是否属"情节严重"。

【法院裁判要旨】

广东省茂名市茂南区人民法院经审理认为：被告人苏某非法制造、买卖爆炸物，其行为已构成非法制造、买卖爆炸物罪，情节严重，依法应当在十年以上有期徒刑的量刑幅度内进行处罚；被告人陈某某为苏某非法制造爆炸物提供帮助，其行为已构成非法制造爆炸物罪，依法应当在三年以上十年以下有期徒刑的量刑幅度内进行处罚。在非法制造爆炸物共同犯罪中，被告人苏某起主要作用，是主犯，应当按照其所参与的全部犯罪处罚。被告人陈某某起辅助作用，是从犯，依法应减轻处罚。被告人苏某归案后如实供述自己的主要犯罪行为，有坦白情节，依法可从轻处罚。被告人苏某、陈某某是初犯，依法可对其二人酌情从轻处罚。公安机关扣押的导火线1捆（300米）、磅秤1个、市称1个、切纸刀2把、包装绳1捆，是违禁品和作案工具，依法应当予以没收，由公安机关依法处理。其他扣押物品已由相关部门依法处理，不再作处理。据此，判决如下：

一、被告人苏某犯非法制造、买卖爆炸物罪，判处有期徒刑十年；

二、被告人陈某某犯非法制造爆炸物罪，判处有期徒刑一年六个月；

三、公安机关扣押的导火线 1 捆（300 米）、磅秤 1 个、市称 1 个、切纸刀 2 把、包装绳 1 捆，予以没收，由公安机关依法处理。

苏某不服一审判决，提出上诉。广东省茂名市中级人民法院经审理认为：原判认定上诉人苏某犯非法制造、买卖爆炸物罪，原审被告人陈某某犯非法制造爆炸物罪的事实清楚，证据确实、充分，定罪准确，量刑适当，审判程序合法，应予维持。裁定如下：

驳回上诉，维持原判。

【法官后语】

本案的争议焦点：1. 苏某购买原材料违法制造烟花爆竹的行为应当认定为非法制造、买卖爆炸物罪还是非法经营罪；2. 非法制造、买卖爆炸物犯罪“情节严重”应如何认定。

一、上诉人的行为应认定为非法制造、买卖爆炸物罪

根据《最高人民法院、最高人民检察院、公安部、国家安全监管总局关于依法加强对涉嫌犯罪的非法生产经营烟花爆竹行为刑事责任追究的通知》第一条规定：“非法生产、经营烟花爆竹及相关行为涉及非法制造、买卖、运输、邮寄、储存黑火药、烟火药，构成非法制造、买卖、运输、邮寄、储存爆炸物罪的，应当依照刑法第一百二十五条的规定定罪处罚……非法生产、经营烟花爆竹及相关行为构成非法经营罪的，应当依照刑法第二百二十五条的规定定罪处罚……”行为人在非法生产、经营烟花爆竹过程中买卖的原材料及制作的成品等是否属于刑法意义上的“爆炸物”，是认定行为人构成非法经营罪还是非法制造、买卖爆炸物罪的关键。

本案中，苏某为生产烟花爆竹而购买引火线、化学原料等，并将购买的原材料用于非法生产烟花爆竹，在其被公安机关现场扣押的物品中，经检验鉴定含有引火线、烟火药等。根据《最高人民法院关于审理非法制造、买卖、运输枪支、弹药、爆炸物等刑事案件具体应用法律若干问题的解释》（以下简称《解释》）第一条规定，非法制造、买卖、运输、邮寄、储存炸药、发射药、

黑火药一千克以上或者烟火药三千克以上、雷管三十枚以上或者导火索、导爆索三十米以上的，依照刑法第一百二十五条第一款的规定定罪处罚。可见，刑法意义上的“爆炸物”包含炸药、发射药、黑火药和雷管、导火索、导爆索等。苏某被现场查扣的炮头所含烟火药、引火线等符合上述《解释》对爆炸物的定义范围，故均应认定为爆炸物。苏某为非法牟利，购买化学原料直接配制烟火药数量达到三千克以上，另购买引火线数量达到三十米以上，已违反国家对爆炸物的管理规定，是刑法所禁止的行为，符合非法制造、买卖爆炸物罪的构成要件。苏某在未取得许可资格的情况下将烟火药、引火线等用于制作烟花爆竹并销售，并不能改变其非法制造、买卖爆炸物的行为性质，故对其行为应以非法制造、买卖爆炸物罪定罪处罚。

二、关于非法制造、买卖爆炸物“情节严重”的认定

根据《解释》第一条规定，非法制造、买卖、运输、邮寄、储存炸药、发射药、黑火药一千克以上或者烟火药三千克以上、雷管三十枚以上或者导火索、导爆索三十米以上的，以非法制造、买卖、运输、邮寄、储存枪支、弹药、爆炸物罪定罪；第二条规定，达到上述最低数量标准五倍以上，属于非法制造、买卖、运输、邮寄、储存枪支、弹药、爆炸物“情节严重”。本案中，苏某非法制造、买卖爆炸物行为具有潜在的公共安全危害性，涉案物品经公安机关现场扣押并依法送检，证实苏某非法配制烟火药13958.16克，购买导火索540.5米，已达到《解释》第二条所规定的情节严重标准，故认定苏某的犯罪行为已达情节严重，符合法律规定。

编写人：广东省茂名市中级人民法院　林小群　张驰

7

要求他人替自己保管枪支的行为人与实际代保管枪支的行为人构成共同犯罪

——张某、张某某非法制造、储存枪支案

【案件基本信息】

1. 裁判书字号

江苏省无锡市中级人民法院（2022）苏 02 刑终 232 号刑事判决书

2. 案由：非法制造、储存枪支罪

【基本案情】

2020 年 5 月，被告人张某从网络上购买无缝钢管、钉管套、枪托、射钉弹、钢珠等配件后，在某村家中非法制造枪支一支。10 月 12 日，被告人张某邀请被告人张某某在山上试枪，被告人张某开了两枪，并打死一只野鸡。后被告人张某将该枪交由被告人张某某保管。被告人张某某明知被告人张某交其保管的枪支系被告人张某非法制造，仍将枪支存放在一洗车店内。同年 10 月 15 日，该枪支被公安机关查获。经鉴定，该枪支以火药为动力，系由射钉器改制，认定为枪支。

【案件焦点】

被告人张某要求被告人张某某替自己保管枪支，并实际将枪支交给张某某保管，在认定张某某构成非法储存枪支罪的同时，是否应当认定张某构成非法储存枪支罪的共犯。

【法院裁判要旨】

江苏省无锡市惠山区人民法院经审理认为：被告人张某非法制造以火药为动力发射枪弹的非军用枪支一支，后又将该枪支委托被告人张某某储存；被告人张某某明知该枪支系被告人张某非法制造仍为其储存，被告人张某的行为已构成非法制造、储存枪支罪，被告人张某某的行为已构成非法储存枪支罪，该二人在非法储存枪支罪中系共同犯罪。在该共同犯罪中，被告人张某系主犯，被告人张某某系从犯，应当减轻处罚。被告人张某、张某某到案后能如实供述自己的罪行，愿意接受处罚，故可从宽处理。根据被告人张某某的犯罪情节及悔罪表现，符合适用缓刑的条件，可宣告缓刑。

江苏省无锡市惠山区人民法院依照《中华人民共和国刑法》第一百二十五条第一款，第二十五条第一款，第二十六条第一款、第四款，第二十七条，第六十七条第三款，第七十二条第一款；《中华人民共和国刑事诉讼法》第十五条及《最高人民法院关于审理非法制造、买卖、运输枪支、弹药、爆炸物等刑事案件具体应用法律若干问题的解释》第一条第一款第二项之规定，判决：

一、被告人张某犯非法制造、储存枪支罪，判处有期徒刑三年；

二、被告人张某某犯非法储存枪支罪，判处有期徒刑一年，缓刑一年。

一审宣判后，检察机关提出抗诉，认为：（1）被告人张某不构成非法储存枪支罪，与被告人张某某不成立共同犯罪。（2）被告人张某某不是非法储存枪支罪的从犯，不能引用有关从犯的条款减轻处罚。（3）原审判决对涉案枪支未予处理。综上，原审判决对原审被告人张某定罪错误，导致共同犯罪认定错误、对原审被告人张某某重罪轻判，且未对涉案枪支进行处理，应当依法纠正。

江苏省无锡市中级人民法院经审理认为：张某违反枪支管理规定，非法制造以火药为动力的枪支一支，后又将该枪支交给原审被告人张某某存放保管，其行为已构成非法制造、储存枪支罪；原审被告人张某某应张某要求，明知是张某非法制造的枪支而为其存放保管，其行为已构成非法储存枪支罪。在非法储存枪支的共同犯罪中，张某起主要作用，系主犯；原审被告人张某某起次要作用，系从犯。上诉人张某、原审被告人张某某到案后均如实供述了自己的罪行，在一审时自愿认罪认罚。综上，原审判决审判程序合法，认定的事实清楚，适用法律正确，量刑适当，但遗漏对涉案枪支等违禁品的处理，应予改判。

江苏省无锡市中级人民法院依照《中华人民共和国刑事诉讼法》第二百三十三条、第二百三十六条第一款第二项、第十五条，《中华人民共和国刑法》第一百二十五条第一款、第二十五条第一款、第二十六条第一款及第四款、第二十七条、第六十七条第三款、第七十二条第一款、第六十四条以及《最高人民法院关于审理非法制造、买卖、运输枪支、弹药、爆炸物等刑事案件具体应用法律若干问题的解释》第一条第一款第二项之规定，判决：

一、维持江苏省无锡市惠山区人民法院（2022）苏 0206 刑初 209 号刑事判决的第一项和第二项，即被告人张某犯非法制造、储存枪支罪，判处有期徒刑三年；被告人张某某犯非法储存枪支罪，判处有期徒刑一年，缓刑一年；

二、扣押在案的枪支、射钉弹、钢珠等物品，均予以没收，由公安机关依法处理。

【法官后语】

本案中，张某因担心其非法制造的枪支被发现，主动提出把枪支存放在原审被告人张某某处，在此情形下，张某某同意了张某的要求并接收了枪支存放在其经营的洗车店内，对于张某某明知是张某非法制造的枪支而为其存放构成非法储存枪支罪没有争议，而是否应当对张某的相关行为进行法律评价，如何评价，是本案的争议焦点。

第一种观点认为，张某客观上未实施存放枪支的行为，其行为不构成非法储存枪支罪。第二种观点认为，存放枪支是张某制造枪支的后续附随行为，因此根据主行为吸收从行为的原则，只需认定张某构成非法制造枪支罪即可，不必再评价其存放枪支的行为。第三种观点认为，应当按照刑法总则共同犯罪的规定，认定主动提出非法储存枪支犯意并要求张某某具体实施该行为的张某系非法储存枪支罪的共犯，笔者赞同这一观点。主要考虑以下三个方面的理由。

1. 应当在刑法总则的指导和制约下来研究刑法分则的个罪，不能脱离刑法的总分则体系片面、孤立地研究个罪的成立与否。《最高人民法院关于审理非法制造、买卖、运输枪支、弹药、爆炸物等刑事案件具体应用法律若干问题的解释》第八条对非法储存枪支罪的"非法储存"进行了解释，认为非法储存是指"明知是他人非法制造、买卖、运输、邮寄的枪支、弹药而为其存放的行为"。从字面意义看，张某某符合该解释的规定，张某不符合该解释的规定。但应当注意的是，刑法分则规定的一般是具体个罪的实行犯或者正犯，犯罪构成要件讨论的一般也是具体的实行行为，对于非实行行为类型的共同犯罪（如教唆、帮助等）的认定，需要依据总则的规定。因此不能仅以分则条文的解释情形来否定总则的共犯情形的存在。

故意唆使并引起他人实施符合构成要件的违法行为的，是教唆犯。教唆犯的成立有教唆对象、教唆行为、教唆故意三个条件。本案中张某主动提出并将涉案枪支交给原审被告人张某某保管，是故意唆使并引起张某某实施了储存枪支的犯罪行为，符合我国法律规定的教唆犯的成立条件，应当按照其教唆张某某实施的犯罪即非法存储枪支罪定罪处罚。

2. 非法制造、买卖、运输、邮寄、储存枪支罪是选择性罪名。对同一支涉案枪支，有两种以上犯罪行为并有相应确凿证据的，应当按照被告人所实施的犯罪行为的性质并列确定罪名，但枪支数量不重复计算，也不实行数罪并罚。

3. 对张某要求他人保管枪支的行为认定非法存储枪支罪，符合人民群众的朴素情感和法律认知。张某制造枪支后，出于害怕被打击查处的动机，提出犯意，要求张某某替自己保管枪支，客观上导致了他人犯意的产生和犯罪行为的实施，是他人实施犯罪的源头。如果对犯罪的源头不予以刑法打击，仅仅将刑罚聚集于听命者身上甚至对听命者判处与犯罪源头同等的刑罚，显然会严重背离人民群众的朴素情感和法律认知。而法院的判决通过认定共同犯罪，准确区分了犯罪的源头和听命者之间的地位作用，并通过从犯的量刑情节对张某某的刑罚进行调节适用缓刑，取得了三个效果较好的统一。

编写人：江苏省无锡市中级人民法院　蒋璟　徐海宏

8

作为计算非法买卖枪支数量的非成套枪支散件的认定

——陈某某非法买卖枪支案

【案件基本信息】

1. 裁判书字号

江苏省扬州市中级人民法院（2022）苏10刑终137号刑事裁定书

2. 案由：非法买卖枪支罪

【基本案情】

2020年9月左右，被告人陈某某因经济拮据，在明知气排阀系组成气枪的零配件的情况下，仍联系五金加工厂制造气排阀，欲销售气排阀牟利。2020年10月至2021年3月，陈某某在购物网站先后开设“五金”“各种五金精密加工”店铺，以“包臀裙”及各种五金配件的图片上架产品，实际以人民币150元至225元、300元至425元不等的价格分别销售两种规格气排阀。同时发展被告人黄某、韩某、李某等人作为销售代理。被告人陈某某主要通过社交软件线上与买家沟通，从快递服务站线下发售气排阀套件。

其间，被告人陈某某通过上述快递站发售气排阀记录合计2522条。经核实，其中销售给李某、赵某、孙某、王某等人的气排阀共计68套，其均欲组装气枪，组装成功合计36支，用于打鸟等。被告人陈某某非法所得人民币约18万元。公安机关在被告人陈某某家中查获气排阀零配件（包括阀体、堵头、气压表、开关、活塞、转接头、握把、手柄、气室、气筒等）4000余个，在上述快递点查获被告人陈某某存放的快递，共装有气排阀配件60套。经鉴定，该

36支气枪均系以气体为动力、发射弹丸非军用枪支，对人体具有致伤力。

被告人陈某某否认其明知气排阀是用于组装气枪的配件。

【案件焦点】

1. 陈某某所销售的气排阀能否认定为刑法意义上的枪支配件；2. 用于计算枪支数量的非成套枪支散件数如何认定；3. 未证实系组装枪支的气排阀出售记录、库存零散件如何认定。

【法院裁判要旨】

江苏省扬州经济技术开发区人民法院经审理认为：被告人陈某某销售的68套气排阀系被用于组装枪支，其行为已构成非法买卖枪支罪。此外，作为计算非法买卖枪支数量之外的已售气排阀销售记录2522条、侦查机关查获的陈某某未销售的气排阀及零配件4000余个，作为酌定从重处罚的量刑情节予以考虑。公诉机关指控被告人陈某某犯非法买卖枪支罪的事实清楚，证据确实、充分，指控罪名成立，量刑建议恰当。据此，以非法买卖枪支罪判处被告人陈某某有期徒刑五年。

被告人陈某某提出上诉。江苏省扬州市中级人民法院经审理认为：原审判决认定的事实清楚，证据确实、充分，定罪正确，量刑适当，依法应予维持。上诉人陈某某所销售的气排阀应认定为枪支配件；有证据证明销售为组装枪支的气排阀为68套，已折合为2支气枪的数量。原判决未直接将查实的上诉人陈某某邮寄气排阀数量认定为其销售枪支配件数量，已属充分考虑有利于被告人原则，并不存在量刑过重的情况。据此，裁定如下：

驳回上诉，维持原判。

【法官后语】

本案的争议焦点在于陈某某所销售的气排阀能否认定为刑法意义上的枪支配件；用于计算枪支数量的非成套枪支散件数如何认定；未证实系组装枪支的气排阀出售记录、库存零散件如何认定。

一、行为人的主观明知系认定一个配件为刑法意义上的枪支配件的关键

行为人所销售的配件能否认定为枪支配件，由两方面决定：(1) 该配件是否为枪支的主要配件；(2) 行为人主观上是否明知该配件为枪支配件。一个配件能否认定为枪支配件，要从其属性、功能、常规用途等来分析，只有系枪支的主要配件（相对于零小部件而言），主要用途为组成枪支的才能认定为枪支配件。具体到本案，第一，陈某某所销售的气排阀所组装成功的36支气枪均被鉴定为以气体为动力、发射弹丸的非军用枪支，对人体具有致伤力，气排阀系这些气枪的核心配件，且主要用于组装气枪，除此之外没有常规用途，故应认定为枪支的主要配件。第二，因为枪支配件为散件，不会天然具备枪支的属性，所以必须要求行为人明知是枪支配件而予以出售才能算刑法意义上的买卖枪支。根据陈某某手机聊天记录、证人证言等证据，足以反映其主观上对其所销售的气排阀为组装气枪的主要配件系明知。根据以上两方面分析，应认定陈某某所销售的气排阀系刑法意义上的枪支配件。

二、用于计算枪支数量的非成套枪支散件须为有证据证明系用于组装枪支的散件

(1) 对《最高人民法院关于审理非法制造、买卖、运输枪支、弹药、爆炸物等刑事案件具体应用法律若干问题的解释》（以下简称《解释》）的类推理解。根据《解释》第七条的规定，非法制造、买卖、运输、邮寄、储存、盗窃、抢夺、持有、私藏、携带成套枪支散件的，以相应数量的枪支计；非成套枪支散件以每30件为一成套枪支散件计。非成套枪支散件是与成套枪支散件相对而言的，成套枪支散件显然是组装枪支的，综合该条解释，非成套枪支散件认定的暗含条件，也必须有证据证明其是用于组装枪支的散件。因为枪支散件除主要功能为组装枪支外，不能排除还有其他非常规用途，这种用途要由购买人的实际需求决定。本案中认定陈某某所售枪支数量的68套散件，均有证据证实是买受人欲组装枪支所购，其中36套已组装成枪支。故决定陈某某法定量刑档的枪支散件数的认定证据确实充分。(2) 从量刑出发，也应对认定枪支数量的散件从严认定。根据《解释》第一条第一款第二项、第二条第一项、第七条

的规定，销售非成套枪支散件 300 件以上，行为人的法定刑就为十年以上，可见其量刑非常重，故对非成套枪支散件系用来组装枪支这一事实必须有充分证据证明。

三、未查证系用于组装枪支的气排阀出售记录、库存零散件如何认定

在 2522 条销售记录中，有证据证实购买者欲组装枪支的仅为 68 套。综合全案证据看，虽不能认定其他 2000 余名购买者均欲组装枪支，但能够证明陈某某明知气排阀主要用途系组装气枪，仍积极联系生产并向组装枪支的购买群体出售，其非法出售枪支配件的主观故意明显。此类气排阀售出后潜在社会危害性较大。故对于陈某某已售气排阀销售记录 2522 条、侦查机关查获的陈某某未销售的气排阀及零配件 4000 余个，应作为酌定量刑情节对陈某某酌情从重处罚。该酌情从重处罚系综合考虑了认定枪支数量的合理性、行为人的主观恶性、社会危害性、量刑均衡性等多方面因素后得出的。

编写人：江苏省扬州经济技术开发区人民法院　魏继霞

9

交通肇事罪中因逃逸致人死亡的认定

——邹某某交通肇事案

【案件基本信息】

1. 裁判书字号

广西壮族自治区梧州市中级人民法院（2022）桂 0481 刑初 122 号刑事裁定书

2. 案由：交通肇事罪

【基本案情】

2021 年 9 月 4 日，被告人邹某某驾驶桂 NS×××× 号小型轿车沿国道 324 线

由罗定往岑溪方向行驶。1时31分许，邹某某驾车行驶至国道324线岑溪市筋竹镇筋竹街路段时与行人陈某（被害人，殁年83岁）发生碰撞，其下车察看后即倒车避开并驾车逃离事故现场。1时32分许，唐某某驾驶粤WS××××号轻型自卸货车经过事故现场碾轧到陈某，造成陈某当场死亡。经鉴定：邹某某承担此事故主要责任，唐某某承担此事故次要责任，陈某不承担此事故责任；被害人陈某系因交通事故致开放性颅脑损伤死亡。事故发生后，被告人邹某某在交警通知下到岑溪市交通管理大队接受处理。

【案件焦点】

如何认定交通肇事中"因逃逸致人死亡"情节。

【法院裁判要旨】

广西壮族自治区岑溪市人民法院经审理认为：被告人邹某某违反交通安全法规，导致发生交通事故负事故主要责任，且肇事后逃逸致人死亡，其行为已构成交通肇事罪。依法应在"处七年以上有期徒刑"的幅度内量刑。

关于道路交通事故责任认定的问题。经查，依照法律规定，根据当事人的行为对发生道路交通事故所起的作用以及过错的严重程度确定当事人的责任，本案中，道路交通事故现场位于岑溪市筋竹镇筋竹街路段，案发时为凌晨时分，事发路段路灯照明较暗，过往车辆较多。被告人邹某某驾驶小型轿车与被害人发生碰撞，造成被害人受伤摔倒在路面后，未履行保护现场、设置警示标识、抢救伤员并报警的法定义务，反而驾车逃逸。显然被告人邹某某驾车逃逸的行为具有导致被害人陈某遭遇二次事故的高度危险性，而且交通事故责任认定书、鉴定意见、被告人供述、视听资料、证人证言、现场勘验、检查笔录反映被害人的死亡是由两次事故行为共同导致。因此，唐某某驾驶的粤WS××××号轻型自卸货车经过事故现场碾轧到受伤躺在路面上的陈某不属于异常的介入因素，未隔绝被告人邹某某的碰撞、驾车逃逸行为与被害人死亡结果之间的因果关系，交警部门根据当事三方的行为对发生道路交通事故所起的作用以及过错的严重程度，认定被告人邹某某负本案事故的主要责任，唐某某负次要责任，被害人陈某无责任。该道路交通事故认定事实清楚、适用法律正确、责任划分公正、程序合法，应予采信。应当认定被告人邹某某构成“因逃逸致人死亡”的情节。

广西壮族自治区岑溪市人民法院依照《中华人民共和国刑法》第一百三十三条、第六十七条第一款，《最高人民法院关于审理交通肇事刑事案件具体应用法律若干问题的解释》第三条、第五条第一款的规定，判决如下：

被告人邹某某犯交通肇事罪，判处有期徒刑四年六个月。

邹某某不服一审判决，提出上诉，广西壮族自治区梧州市中级人民法院经审理裁定：

驳回上诉，维持原判。

【法官后语】

本案的处理重点是如何认定交通肇事中“因逃逸致人死亡”情节，笔者认为，可以从以下三个方面评析。

一、交通肇事犯罪构成

交通肇事罪要符合以下四个条件：(1) 犯罪主体。本罪的犯罪主体是一般主体，只要驾驶机动车的，均可成为本罪的主体。(2) 主观方面。本罪的行为人对造成交通肇事的主观必须是过失。如果是故意制造交通事故，则有可能涉及故意伤害、故意伤人等罪名，不适用本罪条款。(3) 行为人必须实施了违反交通运输管理法规的行为。这里所说的“违反交通运输法规”，是指违反国家有关交通运输管理方面的法律、法规以及国家有关部门制定的各种规定，如《中华人民共和国道路交通安全法》《中华人民共和国道路交通安全法实施条例》等。(4) 行为人的行为必须造成了重大事故，即致人重伤、死亡或者使公私财产遭受重大损失的，才能构成本罪。本案主要就致人死亡这一结果展开讨论。

二、交通肇事罪的量刑

我国刑法对交通肇事罪规定了三档刑期。(1) 违反交通运输管理法规，因而发生重大事故，致人重伤、死亡或者使公私财产遭受重大损失的，处三年以下有期徒刑或者拘役，这是交通肇事罪的犯罪构成和基本刑期。(2) 交通运输肇事后逃逸或者有其他特别恶劣情节的，处三年以上七年以下有期徒刑。

(3) 因逃逸致人死亡的，处七年以上有期徒刑。

从上述法律规定可以看出，三档刑期根据社会危害性和主观恶性的增加，其刑期也逐档加重。

三、“因逃逸致人死亡”的正确理解

本案中辩护人提出，如果认定被告人属于“因逃逸致人死亡”为重复评价。其理由是，根据本案案情，必须有致人死亡这一结果才能构成交通肇事罪，本案中将致人死亡这一结果作为交通肇事罪入罪条件已经评价了一次，如果将“因逃逸致人死亡”再次使用，在七年以上有期徒刑幅度内量刑，就等于将致人死亡的结果重复使用，这实际上就造成了重复评价的情况，违反了刑法禁止重复评价的基本原则。但是笔者认为这样理解会带来以下问题：一是罪责刑不相符，如果将致人死亡这一结果作为入罪条件，因为死亡结果已经评价过一次，不能再评价，所以只能按照三年以下有期徒刑来量刑，这会导致量刑失衡。毋庸置疑，一般的交通肇事的社会危害程度和主观恶性比因逃逸致人死亡的交通肇事的社会危害程度和主观恶性小，但二者均在三年以下有期徒刑幅度内量刑，显然是不符合法理的。二是没有基本犯的加重犯，如果直接将因逃逸致人死亡作为结果加重犯来量刑，会发现没有基本犯只有加重犯，因为死亡结果只能评价一次，这样理解显然是错误的。

因逃逸致人死亡的正确理解。因逃逸致人死亡首先不应理解为结果加重犯，因为交通肇事入罪至少要求致一人死亡（致人重伤、使公私财产遭受重大损失情形暂不讨论），死亡结果只有一个，故不管是一般的交通肇事或交通肇事后逃逸均是致人死亡这一个结果，不同之处在于致人死亡的形式。因逃逸致人死亡强调的是致人死亡的原因，如果是一般交通肇事致人死亡则在三年以下有期徒刑幅度内量刑，如果是因逃逸致人死亡的，则在七年以上有期徒刑幅度内量刑。类似的情形在故意伤害罪的刑法规定中也存在。《中华人民共和国刑法》第二百三十四条规定：“故意伤害他人身体的，处三年以下有期徒刑、拘役或者管制。犯前款罪，致人重伤的，处三年以上十年以下有期徒刑；致人死亡或者以特别残忍手段致人重伤造成严重残疾的，处十年以上有期徒刑、无期徒刑或者死刑。本法另有规定的，依照规定。”此处同样强调的是致人重伤的形式。如此理解则不存在重复评价问题，也符合罪责刑相适应原则，符合立法精神。

编写人：广西壮族自治区岑溪市人民法院　欧阳豪

10

交通肇事罪中特殊路段是否属于“公共交通管理的范围”

——宋某某交通肇事案

【案件基本信息】

1. 裁判书字号

云南省昆明市东川区人民法院（2022）云 0113 刑初 208 号刑事判决书

2. 案由：交通肇事罪

【基本案情】

2022 年 1 月 13 日 14 时许，被告人宋某某驾驶小型越野客车同车载乘吕某、杨某某、王某某、李某某行至东川区汤丹镇原滥泥坪矿区雪碑垭口废弃磷矿山便道附近结冰路段时，因未尽到安全驾驶的义务且操作不当导致所驾车辆发生侧滑后翻坠于右后方山坡下，致车上乘客吕某、杨某某现场死亡，王某某、宋某某受伤，车辆毁损的重大交通事故。经鉴定：吕某、杨某某系重大交通事故致颈椎闭合性骨折死亡，王某某损伤属轻伤二级，宋某某的损伤属轻微伤。经昆明市东川区公安局交通警察大队认定：被告人宋某某承担事故的全部责任。事故发生后，被告人宋某某在现场寻找受伤人员，同车人员李某某打电话向所在公司报告，公司员工梁某拨打 120 急救电话及 110 报警电话。2022 年 3 月 2 日，被告人宋某某经公安机关电话通知后到达东川区公安局执法办案中心接受调查。

【案件焦点】

案发矿山便道是否属于“公共交通管理的范围”，是应以过失致人死亡罪定罪处罚，还是应以交通肇事罪定罪处罚。

【法院裁判要旨】

云南省昆明市东川区人民法院经审理认为：被告人宋某某驾驶机动车上道行驶，应当注意和保障驾驶安全，预见和避免危险事故的发生，但因其过于自信，导致车辆在上坡过程中后滑翻于路面上坡之下，造成二人死亡、一人轻伤、一人轻微伤以及车辆毁损的后果，其行为构成交通肇事罪，属“有其他特别恶劣情节”，依法应处三年以上七年以下有期徒刑。公诉机关指控其罪名成立，本院予以支持。被告人宋某某在交通事故发生后积极寻找、抢救伤者，由同车人员向公司报告，公司在接到报告后拨打120急救电话及110报警电话，在公安机关的后续调查过程中经电话通知后到案，系自动投案；并如实供述了主要犯罪事实，系自首，应依法对其从轻处罚。据此判决如下：

被告人宋某某犯交通肇事罪，判处有期徒刑三年，缓刑四年。

判决后，当事人未提出上诉，公诉机关未提出抗诉，本判决生效。

【法官后语】

本案的争议焦点是：案发地为东川区汤丹镇原滥泥坪矿区雪碑垭口废弃磷矿山附近便道路段，该便道是否属于“公共交通管理的范围”；是应以交通肇事罪定罪处罚，还是应以过失致人死亡罪定罪处罚。可从以下四点分析：

第一，从该便道公共属性看。案发路段为原滥泥坪矿区雪碑垭口废弃磷矿山便道，不属于各级公路管理部门管养、监管的城市道路或村道以上等级公路。但该便道一是具备通行条件，是某村连接“妖精塘”的通道，是现实客观存在的可供车辆长期连续行驶的道路；二是面向社会不特定对象开放，并未设置禁止通行标志，相关行政机关亦未发布禁止通行公告，日常生活中仍有一定数量社会车辆自由通行；三是有不特定的、一定数量的车辆、行人自由通行，符合社会大众对于“公共区域”的普遍认知。故该便道具有公共属性。

第二，从侵犯的法益看。交通肇事罪为结果犯，其结果即是对公共安全产生的实际侵害。因此对交通肇事罪中“公共交通管理的范围”的认定不应当完全依靠“场所”，而应当着重考虑该罪保护的法益“公共安全”。案发便道是对社会不特定对象开放的道路，允许车辆、人员自由出入，来往人员和车辆具有不确定性，如果在该便道内违反交通运输管理法规驾驶机动车显然对公共安全具有较大的危险性。

第三，从公共交通管理的对象看。任何参与公共交通活动的人员和交通工具都属于公共交通管理的对象。国家对汽车及驾驶人员实行严格管理是为避免汽车高速行驶的特性危害公共安全。本案中被告人宋某某驾驶的车辆虽未在《中华人民共和国道路交通安全法》列明的“道路”上行驶，但并不能据此否认宋某某及其驾驶的车辆属公共交通管理的对象。

第四，从该便道的现实通行情况看。随着我国经济社会的发展和国家乡村振兴战略的不断深入，交通工具行驶的范围呈现出向更广阔的空间扩展的趋势，逐渐向乡村道路、小区、高校、单位大院等特殊封闭场所及山间道路扩展。本案中的事故发生地为某村与“妖精塘”风景地的连接通道，随着今后对该区域的持续开发，进入该区域的人员、车辆不断增加，该便道交通隐患将更加凸显。故结合法律的滞后性和当前便道的通行趋势，应做适当的扩大解释，将该便道扩大解释为纳入公共交通管理的“道路”并不违背立法本意。

综上，案发道路虽为原滥泥坪矿区雪碑垭口废弃磷矿山附近便道路段，未纳入行政管理系统内，也非法定的“道路”形式，但该便道是对社会不特定对象开放，具有公共属性，在该便道上违反交通运输管理法规会对公共交通安全产生现实危险，随着该区域的持续开发行驶的机动车数量不断增加，该便道已逐渐具有“道路”属性，并且被告人宋某某及其驾驶的车辆亦属公共交通管理的对象，因此将案发便道认定为“公共交通管理的范围”，不仅符合立法的价值取向，也顺应了司法实践的发展需要。

编写人：云南省昆明市东川区人民法院　李江　张静　马习锦

11

醉酒型危险驾驶罪量刑需要考量的因素

——林某危险驾驶案

【案件基本信息】

1. 裁判书字号

福建省厦门市中级人民法院（2022）闽02刑终381号刑事判决书

2. 案由：危险驾驶罪

【基本案情】

2022年6月2日18时45分，被告人林某携带大瓶玻璃瓶装自酿酒与朋友林某1等人至某餐饮店吃饭喝酒。其间，林某饮用若干自酿酒。同日23时19分，林某携带空酒瓶与朋友一同走出餐饮店，后醉酒驾驶闽D5××××号小型轿车沿某路由北往南行驶。23时31分38秒，林某驾车至临近某幼儿园路段时，见前方有民警设卡检查，为逃避检查，即右转进入某巷子内并于31分47秒将车辆停下。民警在执勤点见闽D5××××号小型轿车驾驶轨迹异常，当即上前查看，并于32分04秒打开上述车辆驾驶室车门，见林某独自一人躺靠在驾驶室座位上。民警怀疑林某有酒后驾车嫌疑，遂要求其下车并对其进行酒精呼气检测，结果显示酒精呼气数值为101毫克/100毫升。随后，民警将林某带至医院抽取血样。经检测，林某案发时血液中乙醇含量为99.8毫克/100毫升。

到案后，林某从侦查阶段至庭审时均否认酒后驾车。

【案件焦点】

危险驾驶案件的量刑考量因素。

【法院裁判要旨】

福建省厦门市翔安区人民法院经审理认为：在案视频监控、执法记录仪等视频资料连续且完整，与在案证人证言等能够相互印证，足以证实林某酒后驾驶闽D5××××号车辆见民警设卡拦查遂将车辆右拐进入巷子内，停车后佯装在车内休息被随后赶至的民警查获，且是在案发后才通过手机叫来代驾的事实。林某违反交通安全法规，在道路上醉酒驾驶机动车，案发时血液中乙醇含量为99.8毫克/100毫升，其行为已构成危险驾驶罪。依照《中华人民共和国刑法》第一百三十三条之一第一款第二项之规定，判决如下：

林某犯危险驾驶罪，判处拘役二个月又十五日，并处罚金人民币3000元。

一审宣判后，林某提起上诉。

福建省厦门市中级人民法院经审理认为：原判认定事实清楚，定罪准确，审判程序合法。综合考虑上诉人林某的血液中酒精含量、情节及认罪悔罪表现，原判对林某的量刑偏重，予以调整。鉴于上诉人林某的血液中酒精含量低，在二审期间能真诚认罪认罚，积极缴纳罚金，有悔罪表现，其主观恶性及社会危害性较低，结合厦门市翔安区社区矫正管理局的调查评估意见及上诉人家庭情况，可以对上诉人林某适用缓刑，上诉人林某请求改判并适用缓刑的上诉意见有理，予以采纳。依照《中华人民共和国刑法》第一百三十三条之一第一款第二项、第七十二条、第七十三条，《中华人民共和国刑事诉讼法》第二百三十六条第一款第一项及第二项、第十五条之规定，判决如下：

一、维持厦门市翔安区人民法院（2022）闽0213刑初416号刑事判决对林某之定罪部分；

二、撤销厦门市翔安区人民法院（2022）闽0213刑初416号刑事判决对林某之量刑部分；

三、上诉人林某犯危险驾驶罪，判处拘役一个月又十五日，缓刑三个月，并处罚金人民币3000元。

【法官后语】

近年来，随着汽车的普及，酒后驾驶行为已然成为一种潜在的社会风险。

将醉酒驾驶机动车纳入刑法调整范围对公众的行为起到了明显的震慑作用，同时也对维护交通秩序和公共安全起到了一定作用。在危险驾驶的案件中，醉酒驾驶占较高的比重，此类案件情节比较简单，在查获的过程中能够实现第一时间取证、固定证据，使其在审理过程中比较容易达到入罪标准，所以对于此类案件的审理重点往往在于定罪之后的量刑活动。而量刑不仅关乎被告人的切身利益，而且决定着醉驾入刑后能否实现法律效果与社会效果的统一，需要深入研究。量刑不平衡不仅与刑法罪责刑相适应原则相悖，而且可能导致司法腐败，难以保障法律面前的人人平等，从而影响刑罚功能的实现。

根据危险驾驶罪案件的特点，研究醉酒型危险驾驶罪量刑有价值的因素包括犯罪主体个人情况（有无驾驶资格证、驾驶的车辆有无牌照、有无前科劣迹等）、醉酒程度、案发经过、认罪态度、赔偿情况等，这些也都是量刑过程中需要重点审查的内容。本案中，被告人林某酒后驾驶机动车，为躲避侦查将车辆开进断头路内后在车上被查获，其到案后否认酒后驾车，提出有代驾的辩解意见，但无法提供代驾的相关信息。公诉机关从公安机关调取的道路监控视频、执法记录仪等视听资料多角度还原完整、连续的案发经过，并没有所谓代驾的身影。最终，一审法院认为被告人林某虽然血液中酒精含量不足100毫克/100毫升，但其到案后认罪态度差、严重浪费司法资源，对其量刑应与酒精含量相同但认罪认罚案件当事人所判处的刑罚相区别，故对其判处拘役二个月又十五日，并处罚金人民币3000元。

一审宣判后，林某提起上诉。二审审理期间，林某表示愿意认罪，并预缴罚金。二审法院认为林某在二审期间有积极的悔罪表现，其主观恶性和社会危害性低，故对其改判为拘役一个月又十五日，缓刑三个月，并处罚金人民币3000元。本案一审、二审法院在量刑上存在的分歧点主要在于此类轻罪案件在案情相同但未签署认罪认罚具结书的情况下量刑是否应当更重及在行为人认罪态度存在变化的情况下能否对其适用缓刑。实践中，重惩罚轻预防的刑罚思想是阻碍此类案件实现个案公正和量刑精准化的一个重要因素。具有相似量刑情节的当事人在不同刑罚思想的作用下已然容易造成同案不同判的后果，刑罚思想的差异是造成此类案件量刑失衡的重要原因。因此，在危险驾驶罪案件量刑的把握上应当注意以下三点。

首先，应当认清危险驾驶罪量刑上存在的难点。危险驾驶罪属于轻罪案件，量刑情节的刑罚增减幅度对于最终刑期的影响并不明显。根据《中华人民共和国刑法》第一百三十三条之一的规定，对于犯危险驾驶罪的，应处以拘役，并处罚金。按照司法解释及相关量刑指导意见，血液中酒精含量80毫克/100毫升以上即构成危险驾驶罪，基准刑一般为拘役一个月。以本案为例，行为人血液中酒精含量不足100毫克/100毫升，在不认罪的情况下，除逃避侦查可酌情从重（一般来说因前科或劣迹所增加的刑罚幅度不高于10%，就逃避侦查的恶性程度相对于前科劣迹来说较小，故至多可酌情增加10%的刑罚）外，即不存在其他任何从重或从轻处罚情节，则最终拟宣告刑即为1个月×（1+10%）=1.1个月。若行为人是认罪认罚的，则在被抓获的情况下仍可认定具有坦白情节，可酌情减少30%的刑罚，则最终拟宣告刑即为1个月×（1+10%-30%）=0.8个月。四舍五入后，是否认罪认罚对于最终刑期基本没有影响。这是法官量刑的难点，却也是民众关心的重点。

其次，应当领会认罪认罚制度真正的意义和价值。对于危险驾驶这种轻罪案件，在相同情节的情况下行为人是否认罪认罚所计算出来的刑期趋近相同，但是否认罪认罚对于案件的处理方式及行为人最终所得到的处理结果完全不同，也就是说认罪认罚制度的意义并不是简单的有认罪认罚从轻，否则从重。认罪认罚从宽制度，是实体规范和程序保障一体构建的刑事法律制度，其基本精神是对认罪认罚案件区分对待、分流处理，实体从宽、程序从简，推动宽严相济的刑事政策制度化和深化发展。这是在践行全面依法治国、加快推进社会治理现代化的时代背景下，以更好满足社会多元司法需求、更好回应人民群众对司法公正期盼为导向，在更高层次上实现司法公正与效率相统一、惩罚犯罪与保障人权相统一的制度探索，具有重大的时代意义和实践价值。以本案为例，若林某在到案后即主动认罪认罚，则根据其酒精含量较低、有驾驶资格证、驾驶有牌照的车辆、没有违法犯罪的前科劣迹等情节综合考虑，公诉机关通常会对其作出酌定不起诉决定，也就是从实体上林某将得到没有留下案底的从宽、程序上案件在审查起诉阶段即被消化不再进入审判阶段避免诉累。但因林某在侦查、审查起诉、一审阶段均拒不认罪，故其在一审阶段被判处拘役实体刑。从一审的量刑结果和量刑理由来看，为了区分认罪认罚与否在刑期上的区别，显然在对林某未认罪认罚这一情节的认定上加重了处罚，这有违认罪认罚制度设立的初衷，同时也是司法实践中重惩罚轻预防刑罚理念在量刑问题上的直接体现。二审法院在量刑时综合考虑林某的认罪悔罪态度将其刑期调整为拘役一个月又十五日，该量刑结果显然是建立在血液中酒精含量、行为人认罪悔罪等客观情节上，更能体现罪责刑相适应的刑罚理念。

最后，应当秉持轻罪轻判及教育为主、惩罚为辅的刑罚理念。增设危险驾驶罪的 11 年来，充分发挥了其立法本意，涉酒交通事故上升的势头得到遏制，涉酒事故起数和死亡人数近几年呈逐年下降趋势，确实减少了酒驾事件的发生，但随之而来的是居高不下的犯罪率和每年高达 30 余万人因“醉酒型”危险驾驶罪而被判刑。在刑法理论中，刑罚的功能不仅应体现在对犯罪分子的惩罚上，还应该对普通的民众起到震慑作用。刑罚的执行除惩罚犯罪外，还需要起到预防的作用。想要实现刑罚的均衡，就要树立惩罚与预防并重的刑罚理念。对于醉酒型危险驾驶罪这一轻型犯罪，刑罚的功能更应该侧重于教育与预防，行为人是否能认罪认罚是能否实现刑罚教育与预防功能的关键，所以，对于此类犯罪应该给予认罪认罚情节更多的“量刑优惠”，以鼓励行为人积极认罪认罚。鉴于此类犯罪多数刑期较短，对于情节较轻的行为人，可以将认罪认罚作为适用缓刑的重要参考因素。同时，为鼓励行为人“知错就改”，若其在二审中认罪悔罪态度有明显改变，且犯罪情节本身较轻，同时具备社区矫正条件的，亦可对其适用缓刑。当然，为了惩处其认罪悔罪的态度和行为相较于其他在侦查阶段便认罪悔罪行为人较晚的情形，可适当提高缓刑考验期的时长，如此亦能实现教育为主、惩罚为辅的刑罚理念。

编写人：福建省厦门市翔安区人民法院　黄晓慧

12

追逐竞驶致财产损失的行为定性

——张某某、罗某危险驾驶案

【案件基本信息】

1. 裁判书字号

上海市第二中级人民法院（2021）沪 02 刑终 686 号刑事裁定书

2. 案由：危险驾驶罪

【基本案情】

2020 年 8 月 24 日 10 时 20 分许，被告人张某某驾驶沪 JY××××的小型汽车行驶至高架路处，偶遇送妻子贾某某就医途中的被告人罗某驾驶赣 FL××××的小型汽车沿南北高架路由北向南行驶。张某某因双方行驶车道合并时，罗某未让行而产生不满。后两人从某路下匝道驶出南北高架路，并沿某路由北向南继续行驶过某路口时，张某某在前方道路畅通且无须变道的情况下，故意驾驶车辆从左侧强行插入罗某车辆前方并制动。罗某被迫驾驶车辆向左变道后避开张某某车辆。当双方行驶过某路口时，张某某再次驾驶车辆加速行驶超过罗某车辆，后又连续两次向左变道逼迫罗某车辆减速。罗某为报复张某某，不顾贾某某的劝阻，亦驾车加速向右变道与张某某车辆相撞。张某某在车辆被撞击后仍沿原车道行驶，罗某随即再次加速撞击张某某车辆左侧后门部位，并导致张某某的车辆失控，横停在主干道上。经查，该路段限速为 30 千米/小时，事故导致案发地点及附近路段交通堵塞。

经鉴定，张某某的车辆与罗某的车辆撞击前，张某某驾驶车辆车速达到 67~73 千米/小时，罗某驾驶车辆车速达到 75~81 千米/小时。被告人罗某妻子贾某某案发当日的流产系自身因素导致，与本次外伤无因果关系，不宜进行损伤程度鉴定。经勘验，张某某驾驶的沪 JY××××小型轿车直接物质损失为 13263 元；罗某驾驶的赣 FL××××小型轿车直接物质损失为 11298 元。

【案件焦点】

被告人张某某和罗某追逐竞驶致财产损失的行为应当认定为危险驾驶罪、故意毁坏财物罪还是以危险方法危害公共安全罪。

【法院裁判要旨】

上海市静安区人民法院经审理认为：现有证据可以证明，被告人张某某、罗某为斗气泄愤，置公共交通安全于不顾，在公共道路上先后为超越对方而超速驾车后强行变道。其中，被告人张某某先后三次恶意别车，挑起事端；被告人罗某为报复张某某亦两次变道撞击张某某的车辆，导致事故的发生，并造成一定程度上公共秩序的混乱。两名被告人追逐竞驶的行为均符合危险驾驶罪的构成要件。

被告人罗某在追逐竞驶的过程中，虽具有撞击张某某车辆的主观故意，但综观全案，张某某为泄愤驾车加速超越罗某并别车，在罗某主动避让之后，又连续两次加速强行变道，共计三次连续的恶意别车，已证明其主动将自己和他人的生命健康与财产安全置于危险境地，甚至对于危害结果具有间接故意。因此，张某某也应对罗某撞击车辆而造成的财产损失承担部分责任，不应独立评价罗某追逐竞驶行为造成的危害后果，对于公诉机关认为被告人罗某构成故意毁坏财物罪的意见，法院不予采纳。

而根据现场的监控录像显示，虽然两名被告人均在公共路段驾驶车辆超速，但二人追逐竞驶时，周围路况较好，并未存在大量车辆和行人。二人驾驶车辆发生碰撞也未造成其他财产损失和人员伤亡。结合二人的犯罪行为，并不能证明二人具有危害公共安全的直接故意，而对于危害公共安全的间接故意，需要有直接的损害结果，本案中亦不存在。故从主观和客观两个方面均无法认定两名被告人追逐竞驶的行为符合以危险方法危害公共安全罪的构成要件。

据此，上海市静安区人民法院依照《中华人民共和国刑法》第一百三十三条之一第一款第一项和第六十七条第一款之规定，判决如下：

一、被告人张某某犯危险驾驶罪，判处拘役五个月，并处罚金人民币10000 元；

二、被告人罗某犯危险驾驶罪，判处拘役五个月，并处罚金人民币8000 元。

一审宣判后，上海市静安区人民检察院提起抗诉。

上海市第二中级人民法院依照《中华人民共和国刑事诉讼法》第二百三十六条第一款第一项之规定，作出如下裁定：

驳回抗诉，维持原判。

【法官后语】

车辆在公共交通道路上追逐竞驶的危险性极大，不仅是对公共交通秩序的侵害、对驾驶者生命财产安全的潜在隐患，更有可能危害公共安全，造成恶劣的社会影响。追逐竞驶犯罪行为根据不同的情形、造成不同的损失，可能构成不同犯罪。其中涉及危险驾驶罪、以危险方法危害公共安全罪、故意伤害罪、故意毁坏财物罪。从侵害的法益是否具有公共性可以将前两罪和后两罪进行区分，但前两罪之间的区分则比较困难。同时，如危险驾驶罪实际造成财产损失，是否应当对造成相关物损的行为单独认定为故意毁坏财物罪？上述两个问题无论在理论上还是在实践中，都是存在较大争议，也是本案审理过程中的难点问题。

一、关于应当认定为危险驾驶罪还是以危险方法危害公共安全罪

犯罪行为侵害的是交通道路安全还是公共安全，应当根据行驶道路、周围环境、车辆、人流量等的不同，在行为性质上进行区分。从危险性上来讲，以危险方法危害公共安全罪为具体危险犯，要求行为有侵犯法益的具体危险，而危险驾驶罪为抽象危险犯，要求行为包含侵害法益的可能性。由于两者侵害的法益不同，所以在危险性上，危险驾驶罪远小于以危险方法危害公共安全罪，这在两者的量刑上也得以体现。具体到司法实践中，往往在较为狭窄的道路上

追逐竞驶、在周围车辆较多的地方追逐竞驶以及车辆过弯的过程中发生的恶意撞击，由于这些类型的犯罪行为极易对不特定多数人造成人身安全损害的危险，认定为以危险方法危害公共安全罪较为适宜。在本案中，两名被告人驾驶车辆虽然在主干道上超速行驶，但是由于驾车相互别车时，没有周围车辆，也并没有撞击到其他车辆以及其他人员的较高概率，则该追逐竞驶的行为可能造成的危害结果和前述的情况就完全不同，不宜认定为以危险方法危害公共安全罪，以危险驾驶罪评价犯罪行为比较适宜。

二、关于是否应当对造成相关物损的行为认定为故意毁坏财物罪

对于危险驾驶罪造成财产损失及人身损害的主观故意有两种观点：一是认为危险驾驶罪的行为人在驾驶过程中，明知自己危险驾驶的行为可能会造成实质的损害后果，但仍然放任自己的危险驾驶行为，对于财产损失及人身损害主观上是间接故意，同时车辆碰撞损失的结果也包含在间接故意之中，属于危险驾驶行为的一种后果表现；二是认为危险驾驶的行为人对于危险驾驶的行为所造成的财产损失及人身损害是避免的心理，即使最终造成了实质的损害后果，也是过于自信或疏忽大意的过失，理由是危险驾驶的法定量刑是拘役，而交通肇事的法定量刑是三年以下有期徒刑，故行为人对于危险驾驶行为是主观故意，对于造成的后果的主观故意不应恶于交通肇事的主观故意，即同为过失。

由于该两种观点在理论界并没有统一的意见，故也是本案危险驾驶罪与故意毁坏财物罪分歧之处。持观点一的人认为，张某某先别车的时候也对于造成两车碰撞具有一定的认知，属于间接故意，只是因为其不是积极地希望这样的结果发生，所以并未实际造成两车事故；同理，罗某别车时亦存在同样的主观故意，只是其别车行为实际造成了两车的撞击。无论是否发生车辆碰撞，均为危险驾驶后果的一种表现，且撞击过程中，张某某也有往罗某车辆方向变向的动作，很难认定第一次撞击为罗某单方面撞击张某某还是两车互撞，故认定两人均为危险驾驶罪，更能平衡二人的行为与性质。持观点二的人认为，罗某庭上供述，已经交代其主观上就是为了报复张某某而撞击其车辆，即使是危险驾驶行为过程中另起犯意而故意毁坏财物，也应当认定想象竞合从一重罪，以更

重的故意毁坏财物罪认定犯罪，何况根据罗某的供述，其加速的目的就是撞击，直接故意和间接故意的撞击均不在危险驾驶罪的主观故意涵盖的范围内，故应当认定罗某为故意毁坏财物罪。

在本案中，罗某被张某某反复别车时，由于被激怒，采取不再躲避而是往右打方向和张某某车辆争抢车道的行为，进而和张某某车辆发生碰撞，此时可认定罗某对张某某产生了追逐竞驶的主观故意，成立危险驾驶罪，且车辆碰撞损失后果也是危险驾驶行为过程中产生的，应将该车损后果作为危险驾驶罪的后果一并考量，而非单独成立故意毁坏财物罪。且根据罗某的车上有需紧急送医的妻子，情绪激动易被激怒，其为泄愤而故意驾车和张某某争抢车道，追逐竞驶，并发生车辆碰撞事故。从犯罪的主观故意和客观行为上看，适用危险驾驶罪比故意毁坏财物罪更能完整涵摄、恰当评价罗某的犯罪心理、行为和后果，且危险驾驶罪中规定的“情节恶劣”罪状也可涵盖本案的车损。

综上，在追逐竞驶的过程中，应当充分考虑车辆周围的情况，包括道路情况、周围车况以及行人情况等，再予以认定是构成以危险方法危害公共安全罪还是危险驾驶罪；对于车辆造成的物损，由于双方主动将自身安全以及财产置于危险的境地，对可能产生的危害后果具有间接故意，且车辆碰撞损失后果也是危险驾驶行为过程中产生的，结合行为的主观故意，应将该车损后果作为危险驾驶罪的后果一并考量，而非单独成立故意毁坏财物罪。

编写人：上海市静安区人民法院　顾正仰　周子扬

13

醉驾型危险驾驶罪之共同犯罪的认定

——赵某危险驾驶案

【案件基本信息】

1. 裁判书字号

江苏省徐州市鼓楼区人民法院（2022）苏0302刑初212号刑事判决书

2. 案由：危险驾驶罪

【基本案情】

2021年7月16日19时许，被告人徐某、赵某与他人共同饮酒后，赵某将自己的苏CF××××号小型汽车交与徐某驾驶并一同乘坐，徐某驾驶机动车上道路行驶至某小区东门口时，与高某驾驶的电动自行车（车上乘坐李某）发生碰撞，致被害人李某胸部重伤二级，脊柱、右上肢、面部均轻伤一级，头部轻伤二级。经鉴定，被告人徐某血液中乙醇含量为196.5毫克/100毫升。市公安局交通警察支队出具的事故责任认定书认定，被告人徐某负事故的主要责任。被告人赵某在发生事故后及时报警，并与徐某一同在现场等候处理。另查明，在案件审理期间，被告人徐某、赵某赔偿了被害人李某的损失，并取得了被害人的谅解。

【案件焦点】

被告人赵某是否构成危险驾驶罪共犯。

【法院裁判要旨】

江苏省徐州市鼓楼区人民法院经审理认为：被告人徐某违反交通运输管理

法规，酒后驾驶机动车发生交通事故，致一人重伤，负事故的主要责任，其行为已触犯刑法，构成交通肇事罪，依法应予刑事处罚。公诉机关指控被告人徐某犯交通肇事罪的事实清楚，证据确实、充分，罪名成立，适用法律正确，予以采纳。被告人赵某明知被告人徐某饮酒，仍将机动车交与其上道路行驶，其行为触犯了刑法，构成危险驾驶罪，依法应予刑事处罚。公诉机关指控被告人赵某犯危险驾驶罪的事实清楚，证据确实、充分，罪名成立，适用法律正确，予以采纳。被告人徐某、赵某系共同犯罪，其中被告人徐某的行为同时触犯了两个罪名，属于竞合犯，按照法律规定，应择一重罪即按照交通肇事罪定罪处罚。被告人徐某、赵某系自首且自愿认罪认罚，依法从轻处罚。被告人徐某、赵某赔偿了被害人李某的损失，并取得了被害人的谅解，酌情从轻处罚。鉴于被告人徐某、赵某犯罪情节较轻，认罪态度较好，适用缓刑对所居住社区无重大不良影响，不致再危害社会，经征求公诉机关及社区意见，可以对其适用缓刑。

据此，江苏省徐州市鼓楼区人民法院判决如下：

一、被告人徐某犯交通肇事罪，判处有期徒刑六个月，缓刑一年（缓刑考验期从判决确定之日起计算）；

二、被告人赵某犯危险驾驶罪，判处拘役一个月，缓刑二个月，并处罚金人民币1000元（缓刑考验期从判决确定之日起计算；罚金已缴纳）。

一审判决后，被告未提起上诉，检察机关未提起抗诉，该判决已发生法律效力。

【法官后语】

自2011年危险驾驶罪入刑以来，国家对酒驾行为的打击一直呈现严厉态势。醉驾型危险驾驶罪的定罪问题，《中华人民共和国刑法》第一百三十三条之一第一款第二项规定得较为简单，即在道路上“醉酒驾驶机动车”。本案行为人徐某饮酒后在道路上驾驶机动车，其行为完全符合危险驾驶罪的客观要件，对此无争议无须赘述。本案的特殊之处在于，赵某并未亲自驾驶，而只是在明知徐某饮酒的情形下将车交与徐某驾驶并一路随行，此时是否认定其为危险驾驶罪的共同犯罪人，值得深思。

一、醉驾型危险驾驶罪之共同犯罪故意的认定

共同犯罪是指二人以上共同故意犯罪，即各共同犯罪人在对共同犯罪行为、客体、可能造成的结果等犯罪客观方面具有同一认识，对其所会造成的法益侵害结果持希望或者放任的心理态度。危险驾驶罪是故意抽象危险犯，行为人的主观罪过为故意而非过失，故行为人可在该罪范围内成立共同犯罪。本案中，行为人徐某和赵某对自身饮酒的事实有认识，对饮酒后自身辨认控制能力减弱有认识，对辨认和控制能力减弱时驾驶机动车可能会造成危害公共安全的危险后果亦具有认识，故应认定徐某和赵某对危险驾驶行为具有共同认识。值得注意的是，酒精含量并非故意的认识内容，司法实践中通常以驾驶者血液中酒精含量≥80 毫克/100 毫升认定为醉酒驾车，其虽是客观构成要件要素，但确实客观地超过要素，不要求行为人对此有具体认识，只要共同犯罪人对此有概括的、推定的认识，就可成立本罪。即只要行为人对饮酒的事实有所认识，且根据检测结果确定血液中酒精含量达到醉驾标准，就推定行为人认识到驾驶者在实施危险驾驶行为。

二、醉驾型危险驾驶罪之共同犯罪的客观层面

在探讨本案赵某是否成立醉驾型危险驾驶罪共同犯罪的问题时，应当判断各被告人之间是否具有危险驾驶罪的共同犯罪行为，这是各共犯人共同承担同一罪名之刑事责任的客观基础。共同犯罪的成立并不要求各犯罪人实施的均是相同犯罪行为，许多共同犯罪中，行为人之间存在明确分工，有的实施实行行为，有的实施教唆、帮助行为，因此并未亲自实施构成要件行为的人也可以是共同犯罪人。认定共同犯罪人关键要判断两个因素：一是诸行为指向相同犯罪客体，二是诸行为合成犯罪发生原因。本案中，赵某将自己的小型汽车交与徐某驾驶并一同乘坐，为徐某的醉酒驾驶提供了主要犯罪工具，这不但是危险驾驶行为得以顺利实施的前提条件，也表明二人对醉驾行为存在通谋，二人联合制造了危害公共安全的抽象乃至具体危险，故应认定赵某为危险驾驶罪的共同犯罪人。

三、危险驾驶罪与关联罪名的区分

危险驾驶行为可能因法条竞合、想象竞合、结果加重等而牵连到多项罪名，此时应根据行为人行为的危险程度、对醉驾行为与拟发生结果各自的主观心态及客观产生的危害结果等因素之间的相互匹配组合来定罪量刑。醉驾行为的定性应首先判断行为人对醉驾行为的主观心态，若为过失，则在发生了符合《中华人民共和国刑法》第一百三十三条和第一百一十五条第二款要求的实害结果时分别认定为交通肇事罪和过失以危险方法危害公共安全罪；若为故意，则进一步判断醉驾行为是否与以危险方法危害公共安全罪的行为危险性相当，行为人对拟造成危害公共安全结果的主观心态如何。本案中，行为人即驾驶人徐某违反交通运输管理法规，酒后驾驶机动车发生交通事故，致一人重伤，其行为同时触犯交通肇事罪和危险驾驶罪，属于竞合犯，按照法律规定，应择一重罪即按照交通肇事罪定罪处罚。而此时，行为人赵某仍应按照危险驾驶罪定罪处罚。

编写人：江苏省徐州市鼓楼区人民法院　韩正元　王涵

14

危险作业罪中生产作业行为的认定

——禹某危险作业案

【案件基本信息】

1. 裁判书字号

上海市金山区人民法院（2022）沪 0116 刑初 754 号刑事判决书

2. 案由：危险作业罪

【基本案情】

2021 年 8 月 14 日凌晨，被告人禹某在无危险化学品道路运输资质的情况下，驾驶宁 E6××××重型半挂牵引车（后拖鲁 H××××挂重型低平半挂车）装载袋装 31.56 吨的碳化钙（俗称电石，属危险化学品）从宁夏运输到上海市金山区，将车辆停在发展公司大门口。至当日 17 时 50 分许，因未做好防雨措施导致车上碳化钙遇水起火，接报警后出动消防车等 10 余辆，火灾造成车辆及货物损坏价值人民币 16 万余元。着火后被告人禹某打电话报警并等在现场，到案后如实供述了上述事实。

【案件焦点】

危险作业犯罪中，运输行为是否属于生产作业。

【法院裁判要旨】

上海市金山区人民法院经审理认为：被告人禹某在作业中违反有关安全管理的规定，未经许可擅自经营运输、存放危险化学品导致着火造成财物损失，其行为已构成危险作业罪。被告人禹某犯罪后能主动投案，到案后如实供述自己的罪行，系自首，可以从轻处罚。被告人禹某认罪认罚，可以从宽处理。综上情节，可对被告人禹某适用缓刑。

上海市金山区人民法院依照《中华人民共和国刑法》第一百三十四条之一第一款第三项、第六十七条第一款、第七十二条第一款、第七十三条及《中华人民共和国刑事诉讼法》第十五条之规定，判决如下：

被告人禹某犯危险作业罪，判处有期徒刑六个月，缓刑一年。

一审判决后，被告未提起上诉，检察机关未提起抗诉，该判决已发生法律效力。

【法官后语】

本案处理重点主要在于对危险作业罪中生产作业的认定。危险作业罪的设立，意味着刑法对危害生产安全犯罪的调整关口由事后发生的安全事故，部分前移至事前的违规行为。这种转型强化了对安全生产的刑法保护。根据《中华人民共和国刑法》第一百三十四条之一的规定，危险作业罪有三种行为方式，具体表现为掩饰隐瞒事故隐患、拒不消除事故隐患和擅自从事高危作业三种类型。本案属于第三种类型，也就是擅自从事高危作业，即未经依法批准或许可，擅自从事矿山开采、金属冶炼、建筑施工，以及危险物品的生产、经营、储存等高度危险的生产作业活动。高度危险作业因其本身的“高危性”，应当设置较高的门槛，实行严格的准入制度。未经许可而擅自从事高危作业往往伴随着巨大的安全隐患，严重危及生产安全。

本案中，需要讨论的问题在于从事“危险物品生产、经营、储存等”的生产作业活动是否包括在公共道路上的“运输”活动，也就是说，违规运输危险物品，危及公共安全的，是构成《中华人民共和国刑法》第一百三十三条之一的危险驾驶罪，还是构成第一百三十四条之一的危险作业罪？“生产、经营、储存等”的表述，是否包含运输行为？如何区分两罪？笔者认为，应该从以下四点进行区分：第一，是否属于生产、作业。危险作业罪中的运输行为必须是生产作业活动，危险驾驶罪中的运输行为则没有此项要求，所以，运输行为如果不属于生产、作业，可能构成危险驾驶罪，但不可能构成危险作业罪。第二，是否属于危险化学品。危险驾驶罪仅限于危险化学品，危险作业罪除危险化学品外，还包括其他危险物品罪。所以，如果运输的是危险化学品以外的危险物品，可能构成危险作业罪，但不可能构成危险驾驶罪。第三，是否存在重大损害的现实危险。运输危险化学品构成的危险驾驶罪是具体危险犯，危险作业罪也是具体危险犯，但二者对于危险的要求不同。危险作业罪的“危险”在内容上是“重大损害”，在程度上是“现实的”，较之于危险驾驶罪的“危险”要求更高。第四，两罪竞合时认定为危险作业罪。例如，在生产、作业中，未经依法批准、许可运输危险化学品，具有发生重大伤亡事故或造成其他严重后果的现实危险的，既符合危险驾驶罪的构成也符合危险作业罪的构成。从两罪的关系来看，危险作业罪属于特殊法条，应该认定为危险作业罪；从两罪的轻重来看，危险作业罪属于重罪。

值得注意的是，《中华人民共和国刑法》第一百三十六条规定了危险物品肇事罪，运输危险物品违反管理规定发生重大事故，造成严重后果的行为，构成危险物品肇事罪。其与运输危险物品构成的危险作业罪的区别在于：危险物品肇事罪是结果犯，而危险作业罪是危险犯。运输危险物品仅仅具有造成重大损害现实危险的构成危险作业罪，实际造成了重大损害后果的则构成危险物品肇事罪。根据相关的司法解释，本案造成的后果尚未达到危险物品肇事罪的标准，故认定为危险作业罪。

编写人：上海市金山区人民法院　亓淑云

二、破坏社会主义市场经济秩序罪

（一）生产、销售伪劣商品罪

15

非法经营伪劣卷烟同时触犯销售假冒注册商标的商品罪、销售伪劣产品罪，择一重罪处罚

——齐某、刘某销售伪劣产品案

【案件基本信息】

1. 裁判书字号

广西壮族自治区防城港市港口区人民法院（2022）桂 0602 刑初 45 号刑事判决书

2. 案由：销售伪劣产品罪

【基本案情】

2010 年 10 月，被告人齐某开始从他人手中购进伪劣卷烟，再通过微信或线下的方式进行售卖，从中赚取非法利益。齐某还让其女朋友石某某（另案处理）帮忙联系客户进行售卖或邮寄卷烟给客户。2021 年 11 月 1 日，齐某及石某某在仓库整理卷烟时被执法人员抓获，从齐某身上查获 3 台手机、现金

20070 元，从该仓库内查获“南京”等品牌卷烟共计 1841.5 条。随后，执法人员在齐某租赁的房屋内查获其囤放的“中华”等品牌卷烟共计 240.3 条。经鉴定，上述被查获的卷烟均为假冒注册商标且伪劣卷烟，认定价值共计 800827.06 元。齐某销售假冒注册商标且伪劣卷烟非法获利 10 万元。

被告人刘某从 2021 年初开始接触非法贩卖卷烟的生意，后从被告人齐某以及他人手中购进整件非法卷烟，同样通过其或其女朋友席某某（另案处理）的微信或线下联系交易的方式进行售卖，从中赚取非法利益。2021 年 11 月 1 日，刘某在地下室装运卷烟时被执法人员查获，从其身上查获 3 台手机，从其驾驶的哈弗牌汽车上查获“南京”等品牌卷烟 110 条、人民币 13000 元。随后，执法人员还在刘某租赁的房屋和一辆汽车上查获其囤放的“南京”等品牌卷烟共计 1259.9 条。经鉴定，上述被查获的卷烟中 4 条阿里山（景泰典蓝 1905）为真品卷烟（价值 1120 元）、5.8 条阿里山（秘境）和 5 条 ESSE 香烟为霉变的真品卷烟，认定的价值分别为 1516.53 元、682.20 元，其余均为假冒注册商标且伪劣卷烟或伪劣卷烟，认定价值共计 539471.61 元。刘某销售假冒注册商标且伪劣卷烟非法获利 3 万元。

【案件焦点】

非法经营伪劣卷烟同时触犯销售假冒注册商标的商品罪、销售伪劣产品罪，择一重罪处罚。

【法院裁判要旨】

广西壮族自治区防城港市港口区人民法院经审理认为：被告人齐某、刘某违反国家烟草专卖管理法律法规，未取得烟草专卖零售许可证，非法经营香烟，扰乱市场秩序，情节特别严重，两被告人的行为已构成非法经营罪；同时齐某、刘某销售明知是假冒注册商标的商品，以不合格产品冒充合格产品销售，查获的货值达 50 万元以上，两被告人的行为亦构成销售假冒注册商标的商品罪、销售伪劣产品罪。根据《最高人民法院、最高人民检察院关于办理非法生产、销售烟草专卖品等刑事案件具体应用法律若干问题的解释》第五条的规定，依照处罚较重的规定定罪处罚。从两被告人处查获的香烟货值达50万元以上不满200万元，比较上述三个罪名的规定，以销售伪劣产品罪处罚较重，故应当以销售伪劣产品罪定罪处罚。查获未销售伪劣香烟，两被告人已经着手实行犯罪，因客观原因未得逞，是犯罪未遂，可以比照既遂犯从轻或者减轻处罚，予以减轻处罚。齐某、刘某到案后如实供述其罪行，是坦白，可以从轻处罚。

广西壮族自治区防城港市港口区人民法院依照《中华人民共和国刑法》第一百四十条、第二百一十四条、第二百二十五条、第五十二条、第五十三条、第六十四条、第二十三条、第六十七条第三款；《关于办理非法生产、销售烟草专卖品等刑事案件具体应用法律若干问题的解释》第一条第一款、第三款、第五款，第二条，第五条；《最高人民法院、最高人民检察院关于办理生产、销售伪劣商品刑事案件具体应用法律若干问题的解释》第一条第四款、第二条；《中华人民共和国刑事诉讼法》第十五条之规定，作出如下判决：

被告人齐某犯销售伪劣产品罪，判处有期徒刑五年六个月，并处罚金人民币50万元；被告人刘某犯销售伪劣产品罪，判处有期徒刑五年，并处罚金人民币30万元；继续追缴被告人齐某、刘某的违法所得。

判决后，当事人均未上诉，公诉机关未提出抗诉，本判决现已生效。

【法官后语】

本案中尽管被告人自愿认罪认罚并签署具结书，但对于罪名定性问题，是否定罪准确，合议庭认为公诉机关指控有问题，故予以改变定性。非法经营假烟案件中会触及生产、销售伪劣产品罪，假冒注册商标罪，销售假冒注册商标的商品罪、非法经营罪，依照法律规定择一重罪处罚。

对于非法经营罪，定罪量刑的标准主要是非法经营金额、违法所得、涉案烟草数量等，而生产、销售伪劣产品罪是以销售金额作为量刑情节进行判断。在涉案假烟金额相同或接近的情况下，非法经营罪的量刑起点一般会比生产、销售伪劣产品罪高，这也是为什么大部分非法经营假烟案件会以非法经营罪追究刑事责任。虽然非法经营罪基础量刑高于生产、销售伪劣产品罪，但是当非法销售金额超过50万元时，生产、销售伪劣产品罪量刑更重，尤其是销售金额超过200万元，非法经营罪的最高刑期是十五年，而生产、销售伪劣产品罪的最高刑期是无期徒刑。

本案中从查扣的卷烟中提取送检的均为假冒注册商标且伪劣卷烟，或伪劣卷烟。控辩双方对涉案香烟的真假鉴别不存在异议，鉴定为假烟的程序合法。而对于涉案香烟的数额问题，《最高人民法院、最高人民检察院关于办理非法生产、销售烟草专卖品等刑事案件具体应用法律若干问题的解释》第二条第三款规定“查获的未销售的伪劣卷烟、雪茄烟，能够查清销售价格的，按照实际销售价格计算。无法查清实际销售价格，有品牌的，按照该品牌卷烟、雪茄烟的查获地省级烟草专卖行政主管部门出具的零售价格计算”。本案中虽然齐某、刘某均对其购买、销售的香烟进行了供述，但二人供述的价格与其二人实际通过微信售卖的价格不能完全对应，无法查明进货或者销售价格。公诉机关提供并经庭审质证的价格认证中心价格认定结论书，该认定结论书认定价格的程序合法，认定的方法、依据符合规定，可以作为定案依据。根据齐某、刘某的供述均能证实二人明知销售的是假冒注册商标的商品，是以不合格产品冒充合格产品销售，查获香烟的认定货值达50万元以上，两被告人的行为同时触犯了销售假冒注册商标的商品罪、销售伪劣产品罪。故根据被告人齐某、刘某行为性质、社会危害性，比较生产、销售伪劣产品罪，假冒注册商标罪，销售假冒注册商标的商品罪、非法经营罪的规定，销售伪劣产品罪处罚较重，以销售伪劣产品罪定罪处罚更为合适。

编写人：广西壮族自治区防城港市港口区人民法院　余樊　谭帮益

16

官方网站数据信息滞后并不必然阻却被告人的犯罪故意成立

——庄某、庄某某生产、销售伪劣产品，假冒注册商标案

【案件基本信息】

1. 裁判书字号

上海市第三中级人民法院（2022）沪03刑终29号之二刑事裁定书

2. 案由：生产、销售伪劣产品罪，假冒注册商标罪

【基本案情】

1. 被告人庄某、庄某某生产、销售假劣奶粉的犯罪事实

自2019年7月起，被告人庄某、庄某某等人为谋取不法利益，批量购进乳粉、含乳食品基料粉、乳蛋白饮料粉等原料，委托他人进行灌装，包装成美某某奶粉销售给网店分销商。至案发，庄某、庄某某共计生产假冒美某某奶粉20余万罐，其中以含乳食品基料粉、乳蛋白饮料粉为原料生产的伪劣美某某奶粉10余万罐。2020年5月22日，公安机关在奶粉生产、仓储窝点共查扣美某某奶粉8644罐，经检测均不符合国家标准。

2. 被告人庄某生产、销售假冒注册商标巧克力的犯罪事实

被告人庄某伙同他人自2018年下半年起，未取得商标权利人授权许可，设立巧克力生产窝点，用巧克力粒、淡奶油、牛油、葡萄糖浆等原料生产巧克力，委托他人假冒糖果公司“NAMA CHOCOLATE×××”注册商标的巧克力包装盒，组织工人进行封装、打码，并以代发货的方式销售给网店店主。

自2019年2月至案发，被告人庄某等人生产、销售假冒巧克力49万余盒，

销售金额约1800万元。2020年5月22日，公安机关在涉案生产窝点、发货仓共查获假冒巧克力2784盒，包装盒225490个。

【案件焦点】

世界知识产权组织网站、国家商标局网站部分数据信息滞后，是否影响对被告人假冒注册商标主观明知的认定。

【法院裁判要旨】

上海铁路运输法院经审理认为：关于涉案巧克力商标未在中国获注册保护、庄某假冒巧克力一节犯罪系无罪的辩护意见，经查，根据国家知识产权局商标局出具的《复函》《驳回复审决定书》《商标注册证明》及微信聊天记录等，涉案巧克力商标在中国获注册保护。庄某假冒巧克力系无罪的辩护意见与查明的事实不符，不予采纳。被告人庄某与他人结伙生产、销售伪劣奶粉，销售金额200万元以上，其行为已构成生产、销售伪劣产品罪；与他人结伙非法经营假冒注册商标的奶粉、巧克力，情节特别严重，其行为已构成假冒注册商标罪，应当数罪并罚。

上海铁路运输法院依照2020年《中华人民共和国刑法修正案（十一）》施行前的《中华人民共和国刑法》第二百一十三条；《中华人民共和国刑法》第一百四十条，第十二条第一款，第二十五条第一款，第二十六条第一款、第四款，第六十七条第一款，第六十九条第一款、第三款，第五十二条，第五十三条，第六十四条之规定，作出如下判决：

一、被告人庄某犯生产、销售伪劣产品罪，判处有期徒刑十五年，并处罚金人民币275万元；犯假冒注册商标罪，判处有期徒刑五年，并处罚金人民币700万元，决定执行有期徒刑十七年，并处罚金人民币975万元；

二、被告人庄某某犯生产、销售伪劣产品罪，判处有期徒刑九年，并处罚金人民币100万元；犯假冒注册商标罪，判处有期徒刑二年，并处罚金人民币120万元，决定执行有期徒刑九年六个月，并处罚金人民币220万元；

三、违法所得予以追缴，查获的假劣产品及供犯罪所用的被告人财物予以没收。

庄某不服一审判决，提出上诉，上海市第三中级人民法院经审理认为：原判认定上诉人庄某、原审被告人庄某某生产、销售伪劣产品、假冒注册商标的犯罪事实清楚，证据确实、充分，适用法律正确，量刑适当，审判程序合法。依照《中华人民共和国刑事诉讼法》第二百三十六条第一款第一项的规定，作出如下裁定：

驳回上诉，维持原判。

【法官后语】

本案的处理重点主要在于涉案巧克力商标是否在中国获得保护、庄某是否具有假冒注册商标的主观故意。

原国家工商行政管理总局商标评审委员会（以下简称商标委）《关于国际注册第 126×××号“NAMA CHOCOLATE×××及图”商标驳回复审决定书》（以下简称《驳回复审决定书》）及该决定书所依据的北京知识产权法院行政判决书，证实商标委曾以涉案商标与其他商标构成使用在相同或类似商品上的近似商标为由，驳回其在中国的领土延伸保护申请。后商标权利人糖果公司提起行政诉讼。北京知识产权法院于 2018 年 12 月判决撤销商标委《驳回复审决定书》，责令商标委重新决定。商标委于 2019 年 1 月决定核准涉案商标在中国的领土延伸保护申请。侦查机关的《关于商请说明涉案商标有关情况的函》、国家知识产权局商标局的复函、《商标档案》、《商标注册证明》等书证相互印证，证实涉案商标在中国享有注册商标专用权，专用期限自 2015 年 5 月 29 日起至 2025 年 5 月 29 日止。

世界知识产权组织网站以及国家商标局网站系统数据信息滞后，不影响该商标在中国领土延伸并受到专有权保护的事实。根据在案证据，相关微信聊天记录中多次出现如何假冒涉案巧克力商标等提示内容，庄某系微信群内负责人之一且参与聊天，足以证明庄某具有假冒涉案巧克力的主观故意。庄某到案后如实供述了假冒注册商标巧克力的主要犯罪事实，原判亦据此认定庄某在该节犯罪事实中构成自首。因此，庄某具有假冒注册商标犯罪的主观故意。

假冒注册商标罪是故意犯罪，要求行为人明知假冒的商品属于注册商标的商品，未经注册商标所有人许可仍然在同一种商品、服务上使用与注册商标相同的商标，如果无法证明行为人的主观明知，则阻却犯罪的成立。值得注意的是，如果在案证据缺少相关微信聊天记录和庄某到案后的供述，世界知识产权组织网站、国家商标局网站系统部分数据信息滞后可能阻却庄某假冒注册商标的犯罪故意。行为人出于对国家官方网站公布信息的信赖而从事某种行为，不宜据此认定为犯罪，如果仅仅从客观事实中推断行为人具有主观故意，可能会忽略行为人的真实意思。

编写人：上海市第三中级人民法院　曹芬芳　宋典

17

未经许可经营药品的刑法规制

——姜某某等妨害药品管理案

【案件基本信息】

1. 裁判书字号

江苏省南京市中级人民法院（2021）苏01刑终214号刑事判决书

2. 案由：妨害药品管理罪

【基本案情】

2017年至2018年，被告单位某公司法定代表人姜某某、总经理张某、市场总监张某某为了公司转型发展、谋取利益，未取得药品经营许可证，共谋决定销售抗癌原料药，并由医疗管家杨某某寻找渠道、对接抗癌原料药的销售上家，市场总监张某某、医疗管家杨某某、销售管家钟某、李某某、徐某某通过某公司上线运营的抗癌应用程序（APP），向癌症患者及家属销售乐伐替尼、曲美替尼等多种抗癌原料药，销售金额总计122万余元，获利59.9万余元。经药品监管部门认定，涉案原料药应按假药论处。2019年5月，公诉机关以被告单位和被告人涉嫌销售假药罪提起公诉；2020年4月，公诉机关变更指控罪名为非法经营罪。

【案件焦点】

1. 被告单位、被告人未取得药品经营许可证，就经营药品的行为应如何定性；2. 被告单位、被告人未取得药品销售许可，明知乐伐替尼等药品在我国未取得药品批准证明文件仍予以销售，且该药品以患有癌症的危重病人为使用对象，是否构成妨害药品管理罪的“足以严重危害人体健康”。

【法院裁判要旨】

江苏省南京市六合区人民法院经审理认为：被告单位某公司非法经营药品，扰乱市场秩序，情节特别严重；被告人姜某某、张某、张某某系直接负责的主管人员，被告人杨某某、钟某、李某某、徐某某系其他直接责任人员，其行为均构成非法经营罪。据此，以非法经营罪，分别判处被告单位某公司罚金人民币60万元；判处被告人姜某某有期徒刑三年六个月，罚金人民币16万元；判处被告人张某有期徒刑三年四个月，罚金人民币15万元；判处被告人张某某有期徒刑三年三个月，罚金人民币10万元；判处被告人杨某某有期徒刑三年二个月，罚金人民币10万元；判处被告人钟某有期徒刑二年，缓刑三年，罚金人民币5万元；判处被告人李某某有期徒刑一年五个月，缓刑二年，罚金人民币2万元；判处被告人徐某某有期徒刑一年四个月，缓刑二年，罚金人民币2万元。禁止被告人钟某、李某某、徐某某在缓刑考验期内从事药品生产、销售及相关活动。

被告单位某公司、被告人姜某某、张某某、杨某某提出上诉。江苏省南京市中级人民法院经审理认为：上诉单位某公司违反国家药品管理法规，明知所销售的药品系未取得相关批准证明文件生产的药品而销售，足以严重危害人体健康，上诉人姜某某、张某某、原审被告人张某系直接负责的主管人员，上诉人杨某某、原审被告人钟某、李某某、徐某某系其他直接责任人员，其行为均构成妨害药品管理罪。因一审宣判后，《中华人民共和国刑法修正案（十一）》增加了妨害药品管理罪的规定，依法对本案罪名与量刑予以调整。据此，判决如下：

一、维持南京市六合区人民法院（2020）苏0116刑初118号刑事判决第二项、第三项；

二、撤销南京市六合区人民法院（2020）苏0116刑初118号刑事判决第一项；

三、上诉人某公司犯妨害药品管理罪，判处罚金人民币60万元；上诉人姜某某犯妨害药品管理罪，判处有期徒刑二年八个月，罚金人民币16万元；原审被告人张某犯妨害药品管理罪，判处有期徒刑二年七个月，罚金人民币15万元；上诉人张某某犯妨害药品管理罪，判处有期徒刑二年六个月，罚金人民币10万元；上诉人杨某某犯妨害药品管理罪，判处有期徒刑二年六个月，罚金人民币10万元；原审被告人钟某犯妨害药品管理罪，判处有期徒刑一年八个月，缓刑三年，罚金人民币5万元；原审被告人李某某犯妨害药品管理罪，判处有期徒刑一年二个月，缓刑二年，罚金人民币2万元；原审被告人徐某某犯妨害药品管理罪，判处有期徒刑一年一个月，缓刑二年，罚金人民币2万元。

【法官后语】

一、未取得许可经营药品的行为不应以非法经营罪论处

在《中华人民共和国药品管理法》对药品管理制度以及《中华人民共和国刑法修正案（十一）》对药品犯罪的罪名体系做了重大调整之后，对于未取得许可经营药品的行为不应再以非法经营罪论处。理由如下：《中华人民共和国刑法修正案（十一）》对未取得药品批准证明文件生产、进口药品或者明知是上述药品而销售的行为，专门规定了妨害药品管理罪。对于不符合妨害药品管理罪入罪条件的未取得许可经营药品行为，易言之，如果经营的药品符合国家药品标准，不足以严重危害人体健康，那么该行为本就不符合妨害药品管理罪，转而却要适用刑罚更重的非法经营罪，最高可判处有期徒刑十五年，这既会架空妨害药品管理罪的适用，导致妨害药品管理罪形同虚设，又会造成比较突出的罪刑倒挂问题，不符合罪责刑相适应的刑法基本原则的要求。对此类案件不

以非法经营罪论处并不意味着不处罚，符合妨害药品管理罪的，可以按照妨害药品管理罪定罪处罚，如果未取得许可经营的药品是假药或劣药，则可以按照刑罚更重的生产、销售、提供假药罪或生产、销售、提供劣药罪论处，不构成犯罪的，还可以作行政处罚处理。

二、被告单位和被告人的行为构成妨害药品管理罪

《中华人民共和国刑法修正案（十一）》增设妨害药品管理罪，对于违反药品管理法规的四种特定情形，足以严重危害人体健康的，以妨害药品管理罪论处。妨害药品管理罪属于具体危险犯，以行为足以严重危害人体健康为入罪条件。违反药品管理法规的行为是否足以严重危害人体健康是认定妨害药品管理罪的关键，应从案涉药品的安全性、有效性、质量可控性和药品的适应症、使用对象两方面予以综合判断。

一是从药品的安全性、有效性和质量可控性方面分析。《中华人民共和国药品管理法》将安全性、有效性和质量可控性作为药品研发生产和药品管理的核心要求。足以严重危害人体健康一般是指可能对药品使用人的人身健康造成较大危害，只有药品不具有相应的安全性和有效性，才可能会产生此种危害。药品不具有安全性、有效性和质量可控性主要表现在两方面：其一，药品本身缺乏安全性、有效性和质量可控性。《最高人民法院、最高人民检察院关于办理危害药品安全刑事案件适用法律若干问题的解释》第七条将药品本身的安全性、有效性和质量可控性作为认定“足以严重危害人体健康”的重要标准。其中，以下情形的药品缺乏安全性、有效性和质量可控性：(1) 药品适应症、功能主治或成分不明；(2) 药品没有国家药品标准且无核准的药品质量标准，但检出化学药成分；(3) 进口或销售的药品在境外未合法上市；(4) 国家禁止使用的药品。其二，研发生产药品的客观环境和条件难以保障药品的安全性、有效性和质量可控性。《中华人民共和国药品管理法》规定从事药品生产，应当具备与药品生产相适应的厂房、设施和卫生环境，禁止使用未按照规定审评、审批的原料药、包装材料和容器生产药品。这是因为生产药品的环境、条件以及原料、包装、容器等客观因素均会影响药品的安全性、有效性和质量可控性。

如实践中的“黑作坊”往往生产条件简陋、卫生条件不达标，生产的药品存在较大安全隐患。

二是从药品的适应症和使用对象分析。药品应具有明确的适应症和不同的使用对象。根据药品适应症和使用对象不同可将药品分为普通药品和特殊药品。普通药品用于诊断、治疗一般疾病，适用于一般病患或轻微疾病。特殊药品具有特殊适应症或特殊使用对象，用于诊断、治疗危重疾病或属于国家重点监管、管控或适用于特殊人群的药品。特殊药品的使用涉及特殊人群利益、社会公共利益或社会伦理秩序，法律对此类药品的研发生产、销售和使用规定了更严格的标准和要求。如麻醉药品、精神药品或放射性药品等特殊种类的药品具有特殊的适应症或功能主治，往往涉及社会公共利益，应由国家重点管控；又如孕产妇、儿童或危重病人等特殊对象使用的药品往往涉及特殊群体利益。相较于普通药品，生产、进口或销售的药品是未取得药品批准证明文件的特殊种类的药品或特殊对象使用的药品，该行为往往具有较大社会危害性，容易严重危害人体健康。如行为人未取得药品批准证明文件生产药品或销售未取得药品批准证明文件的药品，该药品的适应症、功能主治不明确或者该药品属于麻醉药品、注射药品等特殊种类的药品或适用于特殊对象，应认定该行为足以严重危害人体健康。

具体到本案中，被告单位、被告人未取得药品销售许可，明知乐伐替尼等药品在我国未取得药品批准证明文件仍予以销售，且该药品以患有癌症的危重病人为使用对象，应认定其行为足以严重危害人体健康，应以妨害药品管理罪论处。

编写人：江苏省南京市六合区人民法院　李永超　王丽

18

涉案产品属于药品还是保健食品的认定方法

——李某某等生产、销售有毒、有害食品案

【案件基本信息】

1. 裁判书字号

河北省石家庄市中级人民法院（2021）冀 01 刑终 1216 号刑事判决书

2. 案由：生产、销售有毒、有害食品罪

【基本案情】

2016 年 7 月至 2018 年 1 月，被告人李某某在未取得任何资质的情况下，租用民房作为厂房，购买机器设备、包装材料、胶囊壳、标签、中药以及禁止在保健食品中添加的“格列本脲、格列齐特、盐酸苯乙双胍、盐酸二甲双胍”等物质，伙同被告人李某 1 组织、安排被告人李某 2、李某 3、白某、李某 4、李某 5、谢某等人非法生产“某 1”胶囊、“某 2”胶囊等降糖保健食品。李某某安排其公司员工打电话进行推销，同时给其发展的全国各地客户销售其生产的上述各类降糖保健食品。另外，李某某还向其妻被告人谢某某经营的诊所提供上述保健食品。谢某某在明知李某某提供的上述保健食品系李某某非法生产的情况下，仍在其经营的诊所对外进行销售。案发时，李某某等人销售上述涉案产品共计 893070 元。

【案件焦点】

1. 涉案胶囊（以下统称为涉案产品）应当认定为假药还是有毒、有害食品；2. 本案是认定生产、销售假药罪还是生产、销售有毒、有害食品罪。

【法院裁判要旨】

河北省石家庄市长安区人民法院经审理认为：被告人李某某伙同被告人李某1在生产的保健食品中非法添加国家禁用的有毒、有害物质并进行销售，情节特别严重，其行为均已构成生产、销售有毒、有害食品罪；被告人李某2受被告人李某1雇用、指使，参与非法生产有毒、有害保健食品，情节特别严重，其行为已构成生产有毒、有害食品罪；被告人谢某某明知被告人李某某提供的保健食品是非法生产的有毒、有害食品仍予以销售，其行为已构成销售有毒、有害食品罪；被告人李某3、白某、李某4、李某5、谢某受李某1的雇用、指使，参与非法生产有毒、有害保健食品，其行为均已构成生产有毒、有害食品罪。公诉机关指控各被告人的行为构成生产、销售假药罪，经查，涉案产品均为保健食品，不属于假药，故指控罪名不当，本院予以纠正。李某某、李某1系本案组织、指挥者，应对全部销售数额承担责任，系主犯。据此，以生产销售有毒、有害食品罪，判处被告人李某某有期徒刑十二年，并处罚金人民币100万元；以生产、销售有毒、有害食品罪，判处被告人李某1有期徒刑十年六个月，并处罚金人民币60万元；以生产、销售有毒、有害食品罪，分别判处其他被告人缓刑至有期徒刑六年不等。

原审被告人李某某、李某1等不服，提出上诉。河北省石家庄市中级人民法院经审理认为：原判决认定事实清楚、证据确实充分、定性准确、量刑适当、程序合法。依照《中华人民共和国刑事诉讼法》第二百三十六条第一款第一项、第二百四十四条之规定，裁定如下：

驳回上诉，维持原判。

【法官后语】

本案的争议焦点是判断涉案产品属于假药还是有毒、有害食品？本案是认定生产、销售假药罪还是生产、销售有毒、有害食品罪？

1. 判断涉案产品属于假药还是有毒、有害食品，首先应当以法律规定为判断依据

《中华人民共和国食品安全法》第一百五十条规定，食品，指各种供人食

用或者饮用的成品和原料以及按照传统既是食品又是中药材的物品，但是不包括以治疗为目的的物品。一般来说，保健食品是指声称具有特定保健功能或者以补充维生素、矿物质为目的的食品，即适宜于特定人群食用，具有调节机体机能，不以治疗疾病为目的，并且对人体不产生任何急性、亚急性或者慢性危害的食品。《中华人民共和国药品管理法》第二条第二款规定："本法所称药品，是指用于预防、治疗、诊断人的疾病，有目的地调节人的生理机能并规定有适应症或者功能主治、用法和用量的物质，包括中药、化学药和生物制品等。"

从食品概念前半句来看，食品和部分药品存在包含关系；后半句则明确了食品和药品的关键区别，即食品不包含"以治疗为目的的物品"。保健食品作为一种特殊食品，仅用于调节机体机能，提高人体抵御疾病的能力，改善健康状况，并不以治疗疾病为目的。药品概念采用了"种差加属"的方法，归纳了药品的三个属性特征：首要特征，即用于预防、治疗、诊断人的疾病；目的特征，即调节人的生理机能；形式特征，即规定有适应症或者功能主治、用法用量。首要特征是区分食品与药品的关键所在，三个属性特征应当同时具备，缺一不可，才能界定为药品。

2. 从涉案产品的批准文号、说明书、外包装等证据对涉案产品性质进行审查判断

首先，查看产品的批准文号。正规的保健食品包装盒左上角要求必须标出"小蓝帽"专用标志，并且标注批准文号"国食健字"或"卫食健字"。国家统一药品批准文号标准为"国药准字"。其次，查看产品的说明书，保健食品一般会标注为"保健功能、适宜人群"，并应当标注"本品不能代替药物"；药品则标注"药品名称、适应症、用法用量、药物相互作用、药理作用、禁忌"。《中华人民共和国药品管理法》第四十九条规定，标签或者说明书应当注明药品的通用名称、成分、规格、上市许可持有人及其地址、生产企业及其地址、批准文号、产品批号、生产日期、有效期、适应症或者功能主治、用法、用量、禁忌、不良反应和注意事项。根据有关国家标准规定，保健食品包装必须注明：

“名称、净含量及固形物含量、配料、功效成分、保健作用、适宜人群、食用方法、日期标示（生产日期及保质期）、储藏方法、执行标准、保健食品生产企业名称及地址、卫生许可证号”。再次，查看产品的外包装。药品的包装有规定制式，应当标明药品的通用名称、药品批准文号。而保健食品包装则可以形式多样、绚丽鲜艳，左上角应当标明保健食品的标识。最后，辅助查看涉案产品的销售地点，是在药店、诊所还是在保健品店、超市等场所销售。

3. 综合被告人供述和其宣传、推介涉案产品情况等言词证据进行审查判断

办案实践中，会遇到涉案产品的客观属性信息不全，或者涉案产品的批号、包装、说明书之间存在矛盾，或者涉案产品的客观属性同被告人宣传、推介情况存在矛盾等特殊情况，如产品名称为“保健食品”，而在说明书中却标明了“用法用量、功能主治、禁忌和不良反应”等药品特征。对于以上情况，应当以法律概念为基础，结合涉案产品的关键信息、对外宣传情况进行综合认定。首先，应查看产品的关键信息，重在查看其标签、说明书及其内外包装上是否标示有食品或药品批号、食品或药品信息。其次，应查看其宣传介绍的相关证据，如宣传资料、微信朋友圈或抖音等平台的产品介绍、微信聊天或阿里旺旺聊天记录、购买者的证言等。

本案中，涉案产品标注的批准文号为“国食健字”，外包装标注了保健食品标识。涉案产品说明书标注了“功能为辅助降血糖、修复胰岛，用量为每日3次、每次2粒”，并在“注意事项”中列明“本品不能代替药物”。该标注貌似标明了功能作用，但是“辅助”两字和注意事项决定了其更符合保健食品的规定。被告人李某某曾在医药公司工作过，对于涉案产品不属于药品有清晰的认知，其始终供述涉案产品为保健食品，诊所销售人员也证称其对外宣传涉案产品为保健食品。虽然众多购买者的证言对产品性质表述存在矛盾，有的称为“降糖药”，有的称为“降糖保健品”。但是，综合产品批号、说明书、包装、李某某供述、销售人员证言等，涉案产品宜认定为保健食品。依据《最高人民法院、最高人民检察院关于办理危害食品安全刑事案件适用法律若干问题的解释》的规定，应当认定为有毒、有害的非食品原料。故审判机关适用法律是正

确的，被告人李某某等人的行为应当构成生产、销售有毒、有害食品罪。

编写人：河北省高级人民法院 陈庆瑞 石明辉

19

以含“亚硝酸盐”的非食用盐腌制蔬菜的刑事责任认定

——葛某某等生产、销售有毒、有害食品案

【案件基本信息】

1. 裁判书字号

江苏省东台市人民法院（2021）苏0981刑初394号刑事裁定书

2. 案由：生产、销售有毒、有害食品罪

【基本案情】

郭某某于2013年7月19日成立瓜果蔬菜专业合作社，从事蔬菜腌制加工业务。2020年2月，被告人葛某某和被告人郭某某商议，由其购买食用盐，再转售给被告人郭某某腌制雪里蕻蔬菜。被告人葛某某、陈某在实业公司提供的“日晒盐”检测报告为工业级的情况下，仍于2020年2月28日从该公司以每吨320元的价格购得600袋、每袋50公斤合计30吨的“日晒盐”，并将其中200袋合计10吨的“日晒盐”以每吨400元的价格提供给被告人郭某某用于腌制雪里蕻蔬菜。被告人郭某某在收到该批“日晒盐”后，明知盐的包装不合规，盐颗粒泛黑，不符合食用盐标准，在未取得食用盐检测报告的情况下，仍用于腌制雪里蕻蔬菜。2020年3月5日，市场监督管理局执法人员对瓜果蔬菜专业合作社进行检查，依法查扣已经腌制的65000斤的雪里蕻蔬菜和还未使用的51袋“日晒盐”。2020年4月20日，公安局民警在被告人葛某某的仓库内查扣400袋合计20吨的“日晒盐”。郭某某腌制的雪里蕻蔬菜销售可得人民币8000元。

经质量监督监测站抽样鉴定，样品质量指标不符合《食用盐》（GB/T5461-2016）和《工业盐》（GB/T5462-2015）标准，均在样品盐中检测出亚硝酸盐，其中在腌制池中抽取的日晒盐样品的亚硝酸盐含量检测值为0.1毫克/千克，在剩余的51袋日晒盐中抽取样品的亚硝酸盐含量检测值为0.2毫克/千克。

【案件焦点】

葛某某等人的行为能否构成生产、销售有毒、有害食品罪。

【法院裁判要旨】

江苏省东台市人民法院经审理认为：被告人葛某某、陈某明知他人出售的“日晒盐”非食用盐，仍购买并转售给郭某某用于腌制蔬菜；被告人郭某某明知其向葛某某购买的“日晒盐”非食用盐仍用于腌制蔬菜销售，其行为已触犯《中华人民共和国刑法》，均构成生产、销售有毒、有害食品罪。公诉机关指控的事实和罪名成立。被告人葛某某、陈某共同实施犯罪行为，系共同犯罪，被告人陈某在共同犯罪中起次要、辅助作用，系从犯，依法对其从轻处罚。被告人葛某某有劣迹，酌情对其从重处罚；被告人葛某某、陈某主动投案，如实供述犯罪事实，系自首，且认罪认罚，依法对其从轻处罚。案涉腌制蔬菜尚未出售，酌情对各被告人从轻处罚。为保障公民的身体健康、生命安全，打击危害食品安全刑事犯罪，依照《中华人民共和国刑法》第一百四十四条、第二十五条第一款、第二十七条、第六十七条第一款、第五十二条、第五十三条第一款、第七十二条、第七十三条第二款及第三款、第六十四条，《中华人民共和国刑事诉讼法》第十五条的规定，判决如下：

一、被告人葛某某犯生产、销售有毒、有害食品罪，判处有期徒刑一年，宣告缓刑一年三个月，并处罚金人民币8000元；禁止在缓刑考验期内从事与食品生产、销售等有关的活动；

二、被告人郭某某犯生产、销售有毒、有害食品罪，判处有期徒刑八个月，宣告缓刑一年，并处罚金人民币5000元；禁止在缓刑考验期内从事与食品生产、销售等有关的活动；

三、被告人陈某犯生产、销售有毒、有害食品罪，判处有期徒刑六个月，宣告缓刑一年，并处罚金人民币3000元；禁止在缓刑考验期内从事与食品生产、销售等有关的活动；

四、公安机关扣押的案涉“日晒盐”由扣押机关依法予以没收，扣押的腌制蔬菜由扣押机关依法予以销毁。

一审判决后，被告未提起上诉，检察机关未提起抗诉，该判决已发生法律效力。

【法官后语】

生产、销售有毒、有害食品罪属抽象危险犯，根据通行学说，只要完成危险行为的实施即构成犯罪，并不需要危害后果的出现。而这里所说的危险应当是客观存在的、真实的危险，因此，应当从客观层面认定该罪名中的“有毒、有害”，需以客观的科学技术鉴定，同时结合刑法的谦抑性以及法益保护的目的，综合判断“有毒、有害”的危险性。

将工业盐等其他非食用盐作为食用盐销售或者在食品加工、销售、储存、运输中使用，经检测含有有毒、有害非食品原料的，以生产、销售有毒、有害食品罪定罪处罚；未检测出有毒、有害非食品原料，但足以造成严重食物中毒事故或者其他严重食源性疾病的，以生产、销售不符合安全标准的食品罪定罪处罚。本案中，葛某某等行为的定性，首先要明确含“亚硝酸盐”的非食用盐是否属于“非食品原料”。关于该认定，存在以下两种不同的观点。

一种观点认为，根据《最高人民法院、最高人民检察院关于办理危害食品安全刑事案件适用法律若干问题的解释》第九条的规定，因危害人体健康，被法律、法规禁止在食品生产经营活动中添加、使用的物质或被国务院有关部门列入《食品中可能违法添加的非食用物质名单》的物质，应当认定为有毒、有害的非食品原料。而《食品中可能违法添加的非食用物质和易滥用的食品添加剂名单》中没有亚硝酸盐，《食品中可能滥用的食品添加剂品种名单》中，肉制品和卤制熟食、腌肉料和嫩肉粉类产品中可能易滥用的添加剂品种为护色剂（硝酸盐、亚硝酸盐）。故本案中“日晒盐”非食用盐虽检出亚硝酸盐，但不属于有毒、有害的非食品原料，故不应认定为生产、销售有毒、有害食品罪。本案中，将亚硝酸盐用于腌制蔬菜属于超范围使用，涉案日晒盐中亚硝酸盐含量远低于标准限量，且未检出其他危害人体健康的物质，不能认定为足以造成严重食物中毒事故或者其他严重食源性疾病，故亦不能认定为生产、销售不符合安全标准的食品罪。

另一种观点认为，日晒盐分食用级和非食用级，涉案的日晒盐不仅不符合食用盐标准，亦不符合工业盐标准，是不合格的工业盐，本案不合格的工业盐属于《中华人民共和国刑法》第一百四十四条“有毒、有害的非食品原料”以及《最高人民法院、最高人民检察院关于办理危害食品安全刑事案件适用法律若干问题的解释》第九条规定的“因危害人体健康，被法律、法规禁止在食品生产经营活动中添加、使用的物质”，应当认定为生产、销售有毒、有害食品罪。

笔者同意第二种观点，理由如下。

首先，因亚硝酸盐在《食品中可能滥用的食品添加剂品种名单》中，从而认定亚硝酸盐是食品添加剂，应以食品添加剂的标准进行评价，笔者认为这个观点是不恰当的。亚硝酸盐可以用作食品添加剂，但不能说它就是食品添加剂。食品添加剂生产许可的申请、审批、工艺、质量标准、储存、包装均有规定，符合要求的才叫食品添加剂，才能根据《食品中可能滥用的食品添加剂品种名单》的规定做是否符合“食品安全标准”范畴的判断，而本案是直接将不合格的工业盐使用在食品中，亚硝酸盐是天然的生产工艺中生成的，不是专门作为食品添加剂经过规定程序从工业盐中提取的。本案是故意添加工业盐，不属于食品在生产、加工、包装、储存、运输、销售，直至食用等过程中产生的或由环境污染带入的、非有意加入的化学性危害物质，不符合“污染物”的定义。也就是说，腌制蔬菜中是否可以加亚硝酸盐，可以加多少，没有规定。

其次，从化学性质上来说，亚硝酸盐是一类无机化合物的总称，主要成分是亚硝酸钠，和硝酸盐一起并存于人类环境中，食入0.3~0.5克的亚硝酸盐即可引起中毒，3克会导致死亡，但是微量摄入亚硝酸盐对人体并没有什么危害，其会通过人体的消化功能排出体外，所有亚硝酸盐被广泛应用于腌制肉制品、制作泡菜等，以提亮色泽、增强防腐功能。可见，亚硝酸盐本身不是绝对有毒、有害物质，但使用不当，很容易对人体造成伤害，3克的摄入量就足以导致死亡，使用时应当高度警惕。

最后，《中华人民共和国食品安全法》第三十四条规定，禁止生产经营用非食品原料生产的食品或者添加食品添加剂以外的化学物质和其他可能危害人体健康物质的食品。本案使用不合格的工业盐腌制蔬菜，不符合上述规定。

综上，使用工业盐生产加工食品的行为应当根据案件的具体情况确定构成何罪，如果除了亚硝酸盐没有检出其他有毒、有害物质就一概不认定为生产、销售有毒、有害食品罪，则《最高人民法院、最高人民检察院关于办理危害食品安全刑事案件适用法律若干问题的解释》中就没有必要规定“有毒、有害的非食品原料”等专门性问题难以确定的，司法机关可以依据鉴定意见、检验报告、地市级以上相关行政主管部门组织出具的书面意见，结合其他证据作出认定。必要时，专门性问题由省级以上相关行政主管部门组织出具书面意见。

本案中，人民检察院委托市场监督管理局商请省内相关专家，通过查阅资料、询问办案人员、专家讨论等方式进行了评估，结论是案涉不合格工业盐属于“有毒、有害的非食品原料”。本案中，认定日晒盐是有毒、有害的非食品原料并非仅根据检出亚硝酸盐作出，经检测，案涉日晒盐既不符合食用盐标准，又不符合工业盐标准，且生产工艺不明，多项指标不合格，还有2%左右的不明物质未能检出，不能做到检测成分全覆盖，存在含有毒成分的可能性，故本院认为，本案不合格的工业盐属于“有毒、有害的非食品原料”，被告人葛某某等人的行为应当以生产、销售有毒、有害食品罪定罪处罚。

编写人：江苏省东台市人民法院　余欣洁

（二）走私罪

20

涉骗取出口退税的走私行为能否认定为牵连犯择一重罪处罚

——刘某等走私贵重金属、骗取出口退税案

【案件基本信息】

1. 裁判书字号

福建省高级人民法院（2022）闽刑终51号刑事裁定书

2. 案由：走私贵重金属罪、骗取出口退税罪

【基本案情】

2016年底，被告人刘某经被告人李某提议，得知可以利用国家出口退税的相关政策，即以贵金属为部分原材料，且贵金属在产品原材料成本占比不超过80%时即可享受出口退税（以下简称“二八比例”退税政策），进而通过将黄金夹藏在“高性能导线”等产品内部向海关申报出口的方式走私出境，在境外拆卸产品、销售黄金的同时，再以高科技产品的名义骗取出口退税的犯罪手段。

1. 走私贵重金属事实

2017年2月至2020年4月，以被告人刘某为首的12名被告人组成犯罪团伙，以某1公司、某2公司等名义，向山东、浙江两地的贵金属冶炼公司采购定制纯度为999‰的黄金，经简单加工后装入“高性能导线”或“高科技音频

解码器”等产品内部伪装为高科技产品，以某1公司等八家公司及委托供应链公司等十家代理公司为出口经营单位，与某3公司等关联公司签订虚假买卖合同，以“高性能导线”“工业用高性能传输导线”“数字处理高性能卫星信号导线”“高品质音频解码器”品名向海关伪报出口，将其中黄金部件走私至我国香港特别行政区并予以销售。

被告人张某、霍某、王某等人在我国香港特别行政区接收货物，将其中的黄金部件拆解后，根据国际金价走势及刘某的指令，视行情通过我国香港特别行政区关联公司在当地销售。拆解后的视频转换器、输入板等配件材料，通过中转公司回流进口至某4公司等生产出口公司以重复使用。2017年2月至2020年4月底，以刘某为首的犯罪团伙走私出口黄金部件共计2917.45855千克，货值金额共计808240741.1元人民币。

2. 骗取出口退税事实

2017年2月至2020年4月，以被告人刘某为首的犯罪团伙将品名为“高性能导线”“工业用高性能传输导线”“数字处理高性能卫星信号导线”“高品质音频解码器”等产品伪装成高科技产品报关出口，将黄金部件走私并销售后，再通过签订虚假合同的方式从我国香港特别行政区回流进口被拆卸的输入板等材料，以高报价格、多报数量等欺骗手段虚增配件票价，调整配件与黄金部件的发票价格比率，使出口产品符合“二八比例”退税政策，进而骗取出口退税。由被告人刘某、朱某、李某、张某某、周某某、刘某某实际控制或参与管理的公司自行申报出口退税，或由供应链公司等代理公司代为申报退税。截至案发，该犯罪团伙骗取出口退税共计112177937.02元，另有14139735.48元因意志以外原因而未得逞。

【案件焦点】

本案是以骗取出口退税罪和走私贵重金属罪数罪并罚，还是以牵连犯理论择一重罪处罚。

【法院裁判要旨】

福建省福州市中级人民法院经审理认为：在案证据能够证实刘某、朱某、李某等人具有走私黄金出境的主观故意、销售黄金的直接目的及贪利动机，销售黄金与骗取出口退税互不依附；虽事后销售黄金整体没有盈利，但无法否定相关被告人事前对销售黄金的获利期待。走私黄金与骗取出口退税之间不具有刑法意义上常态化、高度伴随的牵连关系：（1）走私黄金与骗取出口退税不存在直接关联。骗取出口退税罪评价的是本案骗取出口货物退税资格的行为，即刘某等人伪装高科技产品出口，以虚假交易低值高报、凑整多报抬高零部件的发票价格，调整黄金与零部件票面价格比率，使之符合国家“二八比例”退税政策的欺骗行为，同时刘某等人通过出口没有黄金的海运版产品亦骗取了部分出口退税。（2）本案走私黄金与骗取出口退税不存在类型化、高度伴随的牵连。用于本轮骗取出口退税的结汇款项及下一轮犯罪的启动资金，并非只能源于销售涉案黄金的赃款；根据一般社会常理，法律可期待相关被告人走私黄金行为终了之后，不再继续实施骗取出口退税。（3）两罪侵犯的法益并不密切。走私贵重金属侵犯国家对贵重金属的进出境管理制度及金融秩序；骗取出口退税侵犯国家税收管理秩序和公共财产所有权。相关被告人分别基于两个独立的犯罪故意，实施了两种独立的犯罪行为，侵害了两类独立的法益，应予数罪并罚。（4）《最高人民法院关于审理骗取出口退税刑事案件具体应用法律若干问题的解释》（以下简称《骗取出口退税司法解释》）第九条规定，择一重罪处罚的基本逻辑，乃是虚开增值税专用发票与骗取出口退税之间“手段与目的”的牵连犯理论，两个行为性质相近，关联紧密，共同指向侵害税收管理秩序的法益。本案走私贵重金属与骗取出口退税并无牵连，不属于前述司法解释的适用情形。（5）刘某等人以虚假交易调整黄金与零部件票面价格比率的行为，系虚开发票的行为，已被骗取出口退税罪牵连评价，不宜进一步将走私黄金与虚开发票的行为并列混同，不当扩大牵连的范畴、作出牵连评价。故应当对刘某等七名主犯予以两罪并罚。

据此，福建省福州市中级人民法院判决：对被告人刘某以走私贵重金属罪判处无期徒刑，剥夺政治权利终身，并处没收个人财产人民币300万元；以骗取出口退税罪判处有期徒刑十五年，并处没收个人财产人民币6000万元；决定执行无期徒刑，剥夺政治权利终身，并处没收个人财产人民币6300万元。对6名被告人以走私贵重金属罪、骗取出口退税罪数罪并罚，分别判处八年至十九年不等的有期徒刑，并处没收个人财产；另对其余5名被告人（个别环节的从犯）以走私贵重金属罪分别判处五年至八年八个月不等的有期徒刑，并处罚金。

一审宣判后，部分被告人不服，提起上诉。福建省高级人民法院经审理，裁定：

驳回上诉，维持原判。

【法官后语】

福建省海岸线绵长，天然良港和非设关码头众多，走私犯罪，以及走私和骗取出口退税交织案件频发。《骗取出口退税司法解释》第九条关于择一重罪处罚规则的明确，事关涉骗取出口退税与走私交织案件的罪数评判和刑罚裁量，对走私犯罪综合治理工作的纵深推进，有着重要意义。同时，2024年3月20日施行的《最高人民法院、最高人民检察院关于办理危害税收征管刑事案件适用法律若干问题的解释》，对涉骗取出口退税的牵连犯认定的精神内核作出了更为明确的指引。

具言之，对于骗税型走私犯罪的罪名适用应当厘清牵连犯的适用范围，准确进行罪数评判。骗取出口退税与走私行为存在时空关联，但二者之间不存在常态化、高度伴随的牵连关系，不成立牵连犯，当以数罪并罚，实现刑法对犯罪行为的全面评价，进而贯彻罪责刑相适应的刑法基本原则。

一、司法解释关于牵连犯认定的范围厘清

《骗取出口退税司法解释》第九条规定“实施骗取出口退税犯罪，同时构成虚开增值税专用发票罪等其他犯罪的，依照刑法处罚较重的规定定罪处罚”的基本逻辑是牵连犯理论。牵连犯是指出于一个犯罪目的，实施数个犯罪行为，数个行为之间存在手段与目的或者原因与结果的牵连关系，分别触犯数个罪名的犯罪状态；某种手段通常用于实施某种犯罪时，方能成立牵连犯。虚开增值税专用发票与骗取出口退税两个行为性质相近，关联紧密，常态伴生，税务机关退还出口企业的税款乃是虚开增值税专用发票所记载的进项税额，故两个行为均给国家税收利益造成实质损失，共同侵害了税收管理秩序的法益。故二者存在手段与目的、原因与结果关系，司法解释由此作出择一重罪处罚的牵连评价。

而对于该司法解释表述“同时构成虚开增值税专用发票等其他犯罪”的“等”字的理解，亦应限于牵连犯的范畴内，不宜作扩大解释。否则，将得出“实施骗取出口退税，只要同时构成虚开或走私、贪污受贿等其他所有犯罪的，无论是否存在牵连，一律择一重罪处理，不得数罪并罚”的结论，这与刑法数罪并罚理论以及普及大众朴素的正义情感相悖，显然不当。

2024年3月20日施行的《最高人民法院、最高人民检察院关于办理危害税收征管刑事案件适用法律若干问题的解释》所体现的内容沿革亦可与之印证。该部司法解释废止了《骗取出口退税司法解释》的内容，并在其中第十六条第三款对涉骗取出口退税行为的罪数形态进一步予以明确：“非法购买增值税专用发票用于骗取抵扣税款或者骗取出口退税款，同时构成非法购买增值税专用发票罪与虚开增值税专用发票罪、骗取出口退税罪的，依照处罚较重的规定定罪处罚。”即“手段与目的”的牵连情形通常表现为购买发票、骗取出口退税两个具体行为，删除了《骗取出口退税司法解释》第九条“等”字的表述，外延得以限制与明确，这在文义上消除了基于牵连犯理论产生的罪数形态分歧。

二、应当结合主客观方面及社会常理判断两个犯罪行为之间是否存在牵连关系

牵连关系的成立与否，可以根据具体案情，从行为人主观目的、客观行为，结合期待可能性和社会常情常理等方面，进行综合判断。两个罪行的动机杂糅混同、难以剥离，一个罪行服务于另一个犯罪结果的实现，司法实践中两个罪行接连发生的频率相对较高，且接连发生的状态并未脱离社会公众的一般认知，

则两罪之间成立牵连关系。反之，两个罪行目的，动机相互独立，犯罪结果的实现互不依附，从常情常理考量，法律可以期待行为人实施其中一个罪行之后不再实施另一罪行的，则不能成立牵连关系。

本案中，第一，主观上，两个罪行之间的目的、动机泾渭分明。社交平台聊天记录、多名同案人的供述可以证明，相关主犯具有单独通过走私黄金、骗取出口退税分别实现获利的犯罪动机和目的。第二，客观上，走私黄金与骗取出口退税不存在直接关联。用于本轮骗取出口退税的结汇款项及下一轮犯罪的启动资金，并非只能源于销售涉案黄金的赃款，这对虚假交易低值高报、凑整多报抬高零部件的发票价格，调整黄金与零部件票面价格比率的骗取出口退税行为而言，不是必要手段。第三，常情常理层面，走私黄金与骗取出口退税不存在一般社会经验层面的类型化、高度伴随的牵连。走私黄金出境后，往往伴随发生的乃是销赃而非骗税行为，法律可期待被告人走私黄金行为终了之后，不再继续实施骗取出口退税犯罪。因此，骗取出口退税和走私行为之间仅存在事实上的时空关联，不存在法律上的牵连关系，应予数罪并罚，不宜机械类推适用《骗取出口退税司法解释》第九条的规定择一重罪处罚。

三、牵连犯的认定及罪数评判的核心在于实现罪责刑相适应

对牵连犯择一重罪处罚系学理通说，未予并罚的轻罪与重罪量刑悬殊，单以重罪评价足以涵盖轻罪罪责。例如，司法实践中，通过伪造公司印章（法定刑最高3年）实施合同诈骗的行为，通常选择合同诈骗罪（法定刑最高无期徒刑）作为重罪处罚，足以实现罪责刑相适应。但是，从一重罪处断的学理通说并非评价牵连犯的唯一适用规则，司法解释不乏数罪并罚的规定。例如，《最高人民法院、最高人民检察院关于办理贪污贿赂刑事案件适用法律若干问题的解释》规定，国家工作人员同时构成受贿罪和刑法分则第三章第三节、第九章规定的渎职犯罪的，除刑法另有规定外，以受贿罪和渎职犯罪数罪并罚。简言之，在成立牵连犯的情况下，仅以重罪处罚足以实现罪责刑相适应，且数罪并罚可能导致量刑过重的，择一重罪处罚即可；反之，一罪论处难以完整评价被告人的罪行及其社会危害性的，则宜采用数罪并罚的处罚规则。刘某等人的走私行为导致接

近3吨、价值8亿余元的黄金流失境外，仅以骗取出口退税一罪处罚，无法涵盖对走私行为所侵害法益的评价，罪责刑不相适应。故当予以数罪并罚。

编写人：福建省福州市中级人民法院　吴刚　李浩

21

如何认定走私珍贵动物制品是源于人工繁育还是野生个体

——梁某某、何某某走私珍贵动物制品案

【案件基本信息】

1. 裁判书字号

广西壮族自治区高级人民法院（2021）桂刑终534号刑事判决书

2. 案由：走私珍贵动物制品罪

【基本案情】

韦某某雇请梁某某帮助其走私，梁某某进而找到何某某帮忙，经商定，由何某某负责到中越边境与越南人对接走私货物，何某某把货物交给梁某某后，再由梁某某从靖西市乘坐大巴车将走私货物运送到广东交给韦某某。2021年5月18日，何某某驾驶桂LT××××面包车到靖西市吞盘乡中越边境683界碑通道附近接收走私货物三件，梁某某驾驶桂LS××××小轿车在靖西市禄峒镇凌准村附近一个篮球场空地接货，其后梁某某继续驾车沿靖孟线公路欲到靖西市区乘坐大巴车将货物运送至广东交付老板韦某某。10时许，梁某某驾车行至靖西市城郊210省道岜机屯附近路段时被龙邦海关缉私分局民警抓获，同时查获走私货物三件。经清点，查获的走私货物是海马干，共10635只。

广西壮族自治区高级人民法院经审理，确认一审法院认定的事实。二审另查明，涉案海马干为三斑海马、库达海马，均为国家二级野生保护动物并源于

野生海马个体，而非人工繁育。涉案10635只海马干经济价值为1595250元。

【案件焦点】

涉案海马干制品是源于人工繁育还是野生个体。

【法院裁判要旨】

广西壮族自治区百色市中级人民法院经审理认为：被告人梁某某、何某某明知他人实施走私犯罪，为谋取非法利益，仍接受雇请，为走私提供运输帮助，走私珍贵动物制品，价值797625元，其二人的行为均已构成走私珍贵动物制品罪。根据被告人的犯罪事实、性质、情节和对于社会的危害程度，判决：

一、梁某某犯走私珍贵动物制品罪，判处有期徒刑四年，并处罚金人民币6万元；

二、何某某犯走私珍贵动物制品罪，判处有期徒刑二年六个月，并处罚金人民币4万元；

三、扣押在案的作案工具——梁某某的手机4部，予以没收，上缴国库。

广西壮族自治区百色市人民检察院抗诉提出：（1）涉案海马干不属于中国人工养殖海马所制；（2）涉案海马干可以排除国外人工养殖海马所制；（3）原判仅因鉴定报告未写明是否为野生海马制品，按照人工养殖海马计算价值有误，导致对梁某某量刑畸轻。

广西壮族自治区人民检察院除对百色市人民检察院的抗诉意见表示支持外，还提出梁某某在共同犯罪中是主犯而非从犯，原判认定有误，提请二审法院依法纠正。

上诉人梁某某及其辩护人辩称：涉案海马干不排除源于人工繁育的可能；本案二审补正鉴定的检材与原审鉴定的检材极可能不是同一批；原判量刑过重。

广西壮族自治区高级人民法院经审理认为：原判认定事实基本清楚，适用法律正确，定罪准确，唯对涉案海马干的品名和属性以及价值认定错误，导致量刑畸轻，应予纠正，判决：

一、维持广西壮族自治区百色市中级人民法院（2021）桂10刑初51号第二项、第三项；

二、撤销广西壮族自治区百色市中级人民法院（2021）桂10刑初51号第一项；

三、上诉人梁某某犯走私珍贵动物制品罪，判处有期徒刑六年，并处罚金6万元。

【法官后语】

根据《最高人民法院、最高人民检察院关于办理破坏野生动物资源刑事案件适用法律若干问题的解释》（以下简称《解释》）第十三条，农业农村部令2019年第5号发布的《水生野生动物及其制品价值评估办法》第三条、第八条的规定，人工繁育海马干制品的涉案价值远低于野生海马干制品。依照《解释》第二条第一款规定，基于涉案珍贵动物制品是源于人工养殖还是野生而认定的价值直接影响对被告人的量刑。

一审法院因鉴定报告未明确涉案海马干是源于人工繁育还是野生，在不能排除涉案海马干为人工繁育的情况下即认定其为人工繁育。一审法院简单采取“有利于被告人”的推定方法并不可取。

当下，不少野生动物的人工繁育取得突破性进展，一些珍贵、濒危野生动物已经形成了稳定的、完全不依赖野外资源的人工繁育种群。因而，在实践中，应将走私人工繁育的珍贵动物制品案件与走私野生珍贵动物制品案件区别对待。《解释》第十三条规定：对于涉案动物系人工繁育不宜定罪的案件，需要追究刑事责任的，应当依法从宽处理：（1）列入人工繁育国家重点保护野生动物名录的；（2）人工繁育技术成熟、已成规模，作为宠物买卖、运输的。农业农村部（农业部）分别于2017年11月13日、2019年7月29日、2021年11月16日出台了三批《人工繁育国家重点保护水生野生动物名录》，海马均未在其中，这表明海马既不属于人工繁育国家重点保护水生野生动物名录物种，亦不属于“人工繁育技术成熟、已成规模，作为宠物买卖、运输的”物种。

一审中，云南某司法鉴定中心的鉴定意见未明确涉案海马干是源于人工繁育还是野生。二审中，检察机关委托该鉴定中心对此予以明确，该鉴定中心对移送渔政大队的海马的品名和属性又进行鉴定后，出具了司法鉴定补正书，明确涉案海马为三斑海马10599只、库达海马36只，10635只海马干制品经济价值为1595250元。该司法鉴定意见补正书与在案的专家意见书、农业部出台的三批《人工繁育国家重点保护水生野生动物名录》指向一致，并不矛盾，应予采信。

本案中，应着重根据农业部出台的三批《人工繁育国家重点保护水生野生动物名录》，判定涉案珍贵动物制品的来源个体是否列入人工繁育国家重点保护野生动物名录，结合案件鉴定意见及其他证据，综合认定涉案海马干是源于人工繁育还是野生个体，从而准确评估涉案珍贵动物制品价值，妥当裁量刑罚。

编写人：广西壮族自治区高级人民法院　蒋茂强

（三）妨害对公司、企业的管理秩序罪

22

履行因行贿所签订的民事合同，所获收益不属于不正当利益

——郑某对非国家工作人员行贿、职务侵占案

【案件基本信息】

1. 裁判书字号

北京市第一中级人民法院（2022）京01刑终267号刑事判决书

2. 案由：对非国家工作人员行贿罪、职务侵占罪

【基本案情】

对非国家工作人员行贿罪。被告人郑某与赵某为获取不正当利益，由郑某成立信息科技公司、科技公司，利用赵某担任A公司副总裁，负责A公司内部评级的职务便利，郑某通过其控制的公司与A公司合作，以此获取利益。2015年6月至2019年3月，郑某先后给予赵某好处费共计人民币6681054.49元。

职务侵占罪。2015年8月至2018年5月，被告人郑某伙同赵某等人，利用赵某职务上的便利，通过虚报A公司某外包公司员工工资的方式，先后将A公司钱款共计人民币408600元占为己有。

被告人郑某于2022年1月15日经公安机关电话传唤到案。

【案件焦点】

1. 郑某所控制的公司与A公司签订劳务外包合同，提供外包服务，以此获取合同约定的报酬，是否属于“谋取不正当利益”；2. 罚金刑能否代替没收违法所得。

【法院裁判要旨】

北京市海淀区人民法院经审理认为：根据相关司法解释规定，在经济活动中，违背公平、公正原则，谋取竞争优势的，应认定为“谋取不正当利益”。在本案中，郑某利用赵某的职权，取得A公司服务外包业务，获取巨额经济利益，系明显的谋取不正当利益的行为。被告人郑某为谋取不正当利益，给予A公司工作人员财物，数额巨大，其行为已构成对非国家工作人员行贿罪，应予惩处。被告人郑某与公司工作人员勾结，利用工作人员职务的便利，侵占公司财产，其行为亦构成职务侵占罪，应与其所犯对非国家工作人员行贿罪并罚。被告人郑某虽主动到案，但当庭对其利用赵某的职权谋取不正当利益的事实予以否认，故不能认定如实供述，对其所犯对非国家工作人员行贿罪不能认定自首。郑某到案后对其伙同赵某等人职务侵占的行为予以供认，故对该犯罪可认定其有自首情节，且其在职务侵占犯罪中起次要作用，系从犯，可依法从轻处罚。综上，依法判决：

被告人郑某犯对非国家工作人员行贿罪，判处有期徒刑四年六个月，并处罚金人民币600万元；犯职务侵占罪，判处有期徒刑六个月，并处罚金人民币20万元；决定执行有期徒刑四年八个月，并处罚金人民币620万元。

郑某提起上诉，北京市第一中级人民法院经审理认为：上诉人郑某构成对非国家工作人员行贿罪和职务侵占罪，依法应予数罪并罚。原审人民法院判决认定的事实清楚，证据确实，定性准确，审判程序合法，适用法律正确，唯罚金刑过重，本院予以纠正。据此，依法判决：

一、撤销北京市海淀区人民法院（2022）京0108刑初542号刑事判决；

二、上诉人郑某犯对非国家工作人员行贿罪，判处有期徒刑四年六个月，并处罚金人民币50万元；犯职务侵占罪，判处有期徒刑六个月，并处罚金人民币10万元；决定执行有期徒刑四年八个月，并处罚金人民币60万元。

【法官后语】

一、通过外包公司取得的盈利，虽属于不正当利益的产物，但其法律基础系履行有效的民事合同，应当予以保护

不正当利益和违法所得应该予以区分，本案中郑某向赵某行贿，给郑某带来利益的行为有三种：一是郑某获得A公司的外包合同；二是在经营外包业务中获取的服务费；三是赵某督促A公司及时支付账款。对于这三种获益行为，郑某仅明知前两种，对于赵某利用职务便利加快A公司支付货款的行为并不明知，且并非郑某向赵某支付好处费的目的，不应认为是其通过赵某谋取利益的行为。对于前两种行为则需要逐一分析：

（一）郑某获得外包合同的签订及续签机会

赵某为A公司寻找符合资质的外包公司，实质上是一种不公开的招投标行为，在招投标的过程中，郑某与赵某约定签订外包合同后会分给赵某部分利润，以获得赵某在向A公司推荐外包公司中的优势地位，最终获得签订外包合同的机会。

2017年，郑某重新注册公司，要和A公司续签。郑某为了能够成功续签，和赵某约定以后的利润五五分成，后郑某的新公司成功续签，郑某按照约定和赵某五五分成。

这两次签订外包合同的机会，均属于不正当利益。郑某主观上追求这种不正当利益，足以认定其实施了对非国家工作人员行贿罪。该不正当利益具有经济价值，但无法用具体的金额来评价。

（二）在经营A公司外包业务过程中获得的服务费

郑某所得的服务费不应当认定为“不正当利益”，不属于应当没收的违法收益。一是基于其履行合法的商业合同，收入来源合法；二是无证据证明该部分钱款用于违法行为。

这部分收益虽然是签订合同机会的成果，但是服务费的法律基础是服务合同，该合同的内容合法，双方均履行了自己的权利和义务，即A公司向郑某的公司支付服务费系其应履行的义务，属于郑某公司的合法收入，并不属于《中华人民共和国民法典》第一百五十三条、第一百五十四条规定的无效的法律行为。

郑某向赵某支付的行贿款来自于这些服务费，这部分钱款由于是用于违法行为，且属于赵某的违法收入，应予没收。但是郑某所得的利润后续仍用于维持公司运营以及自己消费，目前没有证据证明系用于违法行为，故这部分利润不应认定为违法财产。

综上，郑某的不正当收益为不平等的签订合同的机会，而非后期履行合同时的收入。

二、不能用罚金刑替代没收违法所得

一审在确定罚金刑时，根据证据反映出的郑某和赵某的分成为五五分，认为赵某受贿了600余万元，则郑某至少收益了600余万元，这些钱系郑某和A公司在不公平竞争情况下签订外包合同的收益，应认定为郑某的非法收益。

但是应当明确，郑某的不正当收益为不平等的签订合同的机会，虽然后期履行的合同系不法行为的结果，但不能否认该服务合同的合法性。基于此，一审法院以罚金的形式追缴，一方面会给被告人加重负担，另一方面会使刑法一致性产生偏差，在无证据证明这部分收益属于违法收益、不正当收益的情况下，一审法院的罚金刑量刑有失妥当，故予以改判。

编写人：北京市第一中级人民法院　马聪

（四）破坏金融管理秩序罪

23

以合法的网络购物经营模式掩盖吸收公众存款的目的构成非法吸收公众存款罪

——曹某某等非法吸收公众存款案

【案件基本信息】

1. 裁判书字号

广西壮族自治区柳州市中级人民法院（2022）桂 02 刑终 312 号刑事裁定书

2. 案由：非法吸收公众存款罪

【基本案情】

2019 年 12 月 23 日，被告人曹某某、马某某、胡某在某路 59 号注册成立商务公司（法人代表曹某某，占股 80%；股东胡某，占股 20%）。公司成立后，三人通过商务公司，建立网上购物平台“某商城”并共同管理。“某商城”对外宣传：平台是建立在大数据战略基础上，打造公益生态的免费共享的商业平台，造福大众，为企业解难，为大众创收，是颠覆传统的新型的双赢营销模式。通过整合资源建立大数据的战略，实现跨界分金，以商品销售零利润、厂家合作零门槛的方式吸引众多消费者和各大、中、小型企业、商家参与合作。曹某某、马某某、胡某以召开会议、现场讲解、建立微信群、推送朋友圈等多种方式进行宣传。“某商城”参与者首先在商城注册一个会员账号，并把钱转入公司指定的账户获得“现金积分”，再由会员把“现金积分”转换为“消费积分”，用“消费积分”购买公司的零售产品（此类产品远高于市场价格），按一定比例获得“配额积分”（只有购买零售产品才能获得“配额积分”），取得“配额积分”才可以使用“配额积分”加“消费积分”在商场的批发区以一折到五折的批发价批发商品（批发商品基本为虚拟商品），最后将批发的商品以原价在商城进行“寄售”。平台承诺：七天后一定“寄售成功”，届时商城会按投资额110%的比例返还“现金积分”给会员。“现金积分”可以提现（每日提现一次，数额不得超过3000元），也可以循环以上操作不断获利。平台对每次“寄售”交易收取20%的商城管理费，每次提现收5%的手续费，会员之间互转积分收取3%的手续费。会员一次性消费超过24000元的，可以申请成为销售商，之后介绍其他新会员参与并投资消费的，公司按新会员使用的消费积分的3%给予奖励。

2020年7月27日，曹某某、马某某、胡某为更好吸收资金，设立商务公司柳州分公司（法定代表人曹某某，占股80%；股东胡某，占股20%），采取公司出资购买奔驰车奖励员工和积极发展会员成为销售商等方式不断刺激参与人员传播公司模式，发展新会员。

【案件焦点】

成立网络购物平台，通过注册会员、充值交易、积分配额，寄售、挂售虚拟商品的运营模式是否属于向不特定人员非法吸收存款，构成非法吸收公众存款罪。

【法院裁判要旨】

广西壮族自治区鹿寨县人民法院经审理认为：被告人曹某某、马某某、胡某违反国家有关规定，不以销售商品、提供服务为主要目的，以商品寄存代售方式非法吸收资金，扰乱金融秩序，其行为已构成非法吸收公众存款罪。曹某某、马某某、胡某为非法吸收公众存款而设立公司实施犯罪，且设立公司后，以“某商城”吸收公众存款为主要活动，因而不以单位犯罪论处，对在其中组织、策划、实施非法吸收公众存款犯罪活动的曹某某、马某某、胡某应当以自然人犯罪依法追究刑事责任。故依据被告人的犯罪性质、程度、对社会的危害性以及各自的犯罪地位，判决如下：

一、被告人马某某犯非法吸收公众存款罪，判处有期徒刑四年二个月，并处罚金人民币 15 万元；

二、被告人曹某某犯非法吸收公众存款罪，判处有期徒刑四年，并处罚金人民币 15 万元；

三、被告人胡某犯非法吸收公众存款罪，判处有期徒刑三年六个月，并处罚金人民币 10 万元；

四、责令被告人曹某某、马某某、胡某退赔 451 名集资参与人经济损失共计人民币 1228. 50273 万元；

五、依法处置冻结、扣押在案的财物，按比例发还各集资参与人；不足部分继续退赔；

六、依法处置马某某名下的车辆，该车处置后所得应按曹某某支付的款项 249818. 64 元和马某某归还车贷 209379. 30 元比例进行分配，曹某某支付款项比例所得部分按比例发还给各集资参与人；

七、集资参与人退出的违法所得共计人民币 3. 1757 万元，按比例发还各集资参与人；追缴集资参与人廖某某违法所得人民币 8. 9513 万元，按比例发还各集资参与人。

马某某不服一审判决，提起上诉。

广西壮族自治区柳州市中级人民法院经审理认为：某商城平台的经营和销售模式具有利诱性，平台以远高于市场价的价格在零售区销售商品，购买者可以此获得配额积分后在批发区买到更高价值的商品并在平台内高价挂售，平台还承诺七天挂售成功且返还相应现金积分，该积分可再行在平台作上述使用或申请提现，从而获利。可见该平台模式实质并不是以销售商品、提供服务获取利润为主要目的，其销售商品的盈利模式不符合客观经济规律，平台内所谓的商品买卖只是一种形式，实质目的是变相地将平台积分作为高额收益的回报，吸引他人不断进行充值消费、循环投资消费，并设置相应的规则，从而吸收、掌控他人投入的资金。某商城平台通过介绍会、微信群等方式向社会不特定公众公开宣传，吸引他人注册会员并投资，其模式具有公开性和社会性。该平台上述变相吸收资金的行为未经有关部门依法批准，是借用貌似合法经营的形式实施的非法集资行为，其行为具有非法性。裁定：

驳回上诉，维持原判。

【法官后语】

本案处理重点在于成立网络购物平台，通过注册会员、充值交易、积分配额，寄售、挂售虚拟商品的运营模式是否属于向不特定人员非法吸收存款，构成非法吸收公众存款罪。

当今，大数据、云计算、人工智能等技术使得互联网各金融投资平台应运而生，互联网金融投资理财平台模式颠覆了传统金融投资理财模式，使得近年来网络虚拟货币、虚拟交易异常活跃，极大地冲击着传统投资模式，同时也增加了投资者的风险，故而非法吸收公众存款案件、集资诈骗案件等涉众型经济案件数量呈快速增长的趋势，也给司法审判业务带来了新型案件的挑战。本案焦点在于该运营模式是否属于向不特定人员，非法吸收存款，构成非法吸收公众存款罪。

根据《最高人民法院关于审理非法集资刑事案件具体应用法律若干问题的解释》第一条的规定："违反国家金融管理法律规定，向社会公众（包括单位和个人）吸收资金的行为，同时具备下列四个条件的，除刑法另有规定的以外，应当认定为刑法第一百七十六条规定的'非法吸收公众存款或者变相吸收公众存款'：（一）未经有关部门依法许可或者借用合法经营的形式吸收资金；（二）通过网络、媒体、推介会、传单、手机信息等途径向社会公开宣传；（三）承诺在一定期限内以货币、实物、股权等方式还本付息或者给付回报；（四）向社会公众即社会不特定对象吸收资金。未向社会公开宣传，在亲友或者单位内部针对特定对象吸收资金的，不属于非法吸收或者变相吸收公众存款。"

本案中，某商城平台的经营和销售模式与常见商品交易平台模式具有明显区别：一是某商城不具有实物或服务交易。传统商品交易平台是具有真实物品或服务，明码标价，买方通过平台得到商品或接受服务，卖方获得商品价值，平台收取相关管理费。某商城则属于无实物销售，买卖交易双方并不需要收到实质货物或接受服务，而是一种虚拟交易，通过平台交易后继续挂网销售，等待另一买家出现，从而赚取差价。二是某商城具有高额利诱性。传统商品交易平台明码标价，不存在过高的转卖差价，而平台以远高于市场价的价格在零售区销售商品，购买者可以此获配额积分后在批发区买到更高价值的商品并在平台内高价挂售，平台还承诺七天挂售成功且返还相应现金积分，该积分可再行在平台作上述使用或申请提现，从而获利。三是某商城实行会员制、充值制。传统商品交易平台不需要公众入会、充值才能交易，是否购买该商品具有随意性，可货比三家；而商城则明确要求需要成为会员、不断充值才能得到所谓价值更高的产品对象去挂售。会员越多、充值越高，部分产品对象价值哄抬越高。

综上所述，可见该平台模式实质并不是以销售商品、提供服务获取利润为主要目的，其销售商品的盈利模式不符合客观经济规律，平台内所谓的商品买卖只是一种形式，实质目的是变相地将平台积分作为高额收益的回报，吸引他人不断进行充值消费、循环投资消费，并设置相应的规则，从而吸收、掌控他人投入的资金。某商城平台通过介绍会、微信群等方式向社会不特定公众公开宣传，吸引他人注册会员并投资，其模式具有公开性和社会性。该平台上述变相吸收资金的行为未经有关部门依法批准，是借用貌似合法经营的形式实施非法集资行为，其行为具有非法性。因此，本案被告人曹某某、马某某、胡某违反国家有关规定，不以销售商品、提供服务为主要目的，以商品寄存代售方式非法吸收资金，扰乱金融秩序，其行为已构成非法吸收公众存款罪，应予以追究刑事责任。

编写人：广西壮族自治区鹿寨县人民法院　黄柳霞

24

妨害信用卡管理罪的法律适用

——王某甲等妨害信用卡管理案

【案件基本信息】

1. 裁定书字号

云南省玉溪市中级人民法院（2023）云04刑终40号刑事裁定书

2. 案由：妨害信用卡管理罪

【基本案情】

2021年3月以来，被告人王某甲为获取非法利益，通过“飞某”软件与境外赌场人员联系，长期收购银行卡提供给网络赌博等信息网络犯罪团伙转账洗钱使用以及直接参与转账洗钱。

2021年3月至7月，被告人王某甲在玉溪市红塔区自行发展杨某（在逃）、白某某（另案处理）为“卡商”为其收购白某某、白某、陈某某（另案处理）等人的银行卡后交给境外赌场指定的人转账跑分洗钱。

2021年7月至10月，被告人王某甲发展被告人白某为“卡商”为其收购银行卡或介绍他人提供银行卡，根据王某甲安排，白某、杨某等人将多名供卡人集中到海南省海口市，租赁公寓给其居住，王某甲、白某指使供卡人在海口市大肆办理银行卡，再由王某甲将收购的银行卡交给境外赌场指定的人转账跑分洗钱。

2022年5月，被告人白某在新平县漠沙镇找到供卡人后与王某甲取得联系，被告人王某甲带领被告人王某乙、黄某某驾车来到新平县漠沙镇，王某甲、王某乙、黄某某使用胡某、杨某某（另案处理）、罗某某（另案处理）等人的银行账户进行转账跑分洗钱。

2022年6月，经被告人白某介绍，被告人王某甲在昆明使用刀某某（另案处理）的银行账户进行转账跑分洗钱，被民警在酒店房间查获。

经查，王某甲收购的银行卡及银行账户共八十六个，白某收购和介绍的银行卡及银行账户共三十九个，王某乙、黄某某参与转账使用的银行账户共十个。经查，涉案银行账户及交易对象多为全国各地公安机关追查、止付、冻结的涉诈、涉赌账户，其中部分银行账户直接入账涉诈资金。

【案件焦点】

1. 如何准确认定行为人非法持有他人信用卡的数量；2. 当行为人收购数量较大的信用卡后又帮助他人利用信息网络实施犯罪、提供支付结算时，如何根据在案证据定罪。

【法院裁判要旨】

云南省玉溪市新平彝族傣族自治县人民法院经审理认为：被告人王某甲、白某、王某乙、黄某某非法持有他人信用卡，其中，王某甲非法持卡八十六张，数量巨大，白某参与非法持卡三十九张，王某乙、黄某某参与非法持卡十张，数量较大，其行为均构成妨害信用卡管理罪。关于被告人王某甲提出其持卡数量没有九十四张的辩解，结合在案证据认定被告人王某甲非法持有他人信用卡数量为八十六张；关于被告人王某甲的指定辩护人提出本案认定为妨害信用卡管理罪不当的辩护意见，本院认为，本案同时构成帮助信息网络犯罪活动罪和妨害信用卡管理罪，应依照处罚较重的规定依法认定为妨害信用卡管理罪。

云南省玉溪市新平彝族傣族自治县人民法院依照《中华人民共和国刑法》第一百七十七条之一第一款、第二十五条、第二十六条、第二十七条、第六十五条、第六十七条第一款及第三款和《中华人民共和国刑事诉讼法》第十五条之规定，作出如下判决：

一、被告人王某甲犯妨害信用卡管理罪，判处有期徒刑五年零六个月，并处罚金人民币5万元；

二、被告人白某犯妨害信用卡管理罪，判处有期徒刑二年，并处罚金人民币 2 万元；

三、被告人王某乙犯妨害信用卡管理罪，判处有期徒刑一年零六个月，并处罚金人民币 2 万元；

四、被告人黄某某犯妨害信用卡管理罪，判处有期徒刑一年，并处罚金人民币 1 万元；

五、随案移送的贸易公司相关证件，印章一套，某品牌手机一部予以没收。

王某甲不服一审判决，提起上诉。云南省玉溪市中级人民法院经审理认为：针对被告人王某甲及其辩护人提出的辩解和辩护意见，根据同案被告人的供述、供卡人的证人证言及相关银行卡账户明细等证据认定被告人王某甲的行为已同时构成妨害信用卡管理罪及帮助信息网络犯罪活动罪，应择一重罪处罚，以妨害信用卡管理罪定处。故对上诉人王某甲所提上诉理由不予采纳，予以驳回。

云南省玉溪市中级人民法院依照《中华人民共和国刑事诉讼法》第二百三十六条第一款第一项之规定，作出如下裁定：

驳回上诉，维持原判。

【法官后语】

在本案的审理中，难点在于证据的审查和法律的适用。根据《中华人民共和国刑法》第一百七十七条之一第一款第二项，《最高人民法院、最高人民检察院关于办理妨害信用卡管理刑事案件具体应用法律若干问题的解释》第二条的规定，非法持有他人信用卡，数量较大的才构成本罪，其中非法持有他人信用卡五张以上不满五十张的，为“数量较大”，五十张以上的为“数量巨大”。具体到本案，针对被告人提出公诉机关指控其收购后持卡的数量错误的辩解，需要综合全案证据准确判断信用卡的数量和行为人持有他人信用卡的“非法性”。一方面，根据在案证据中同案被告人的供述、供卡人的证人证言，结合国家反诈大数据平台查询、经侦查控平台查询、涉案银行卡冻结明细、综合查询打印凭证等证据，综合审查存在交易异常的银行卡，进而对涉案银行卡数量进行认定。另一方面，四被告人收购他人信用卡后又提供给境外赌场指定的人转账跑分，可以综合认定为四被告人对持有他人信用卡具有“非法性”。同时，在法律适用方面，由于四被告人收购他人信用卡帮助境外赌场人员提供支付结算的行为同时触犯《中华人民共和国刑法》第一百七十七条之一规定的妨害信用卡管理罪及第二百八十七条之二帮助信息网络犯罪活动罪，二者想象竞合，根据《中华人民共和国刑法》第二百八十七条之二规定，应择一重罪处罚，以妨害信用卡管理罪定处。本案现根据在案证据严格适用法律追究四被告人的刑事责任并无不当之处，但是，由于在本案中难以查清上游犯罪的性质，对上游犯罪的证据收集、本案四被告人对上游犯罪的主观明知等认定困难，故难以认定本案被告人构成上游犯罪的共犯，从犯罪的整体性出发，不利于整体打击犯罪。

值得一提的是，本案根据四被告人犯罪的事实、性质、情节及社会危害程度分别予以判处有期徒刑五年零六个月、二年、一年零六个月、一年，并处不同梯度的罚金。当下由于对信用卡的管理不到位及群众法律意识的欠缺，收购、出租、出借信用卡的行为一定程度上扰乱和破坏了社会经济秩序，本案根据《中华人民共和国刑法》第一百七十七条之一“数量巨大或者有其他严重情节的，处三年以上十年以下有期徒刑，并处二万元以上二十万元以下罚金”之规定，对被告人王某甲持卡数量八十六张即“数量巨大”的行为予以判处有期徒刑五年零六个月，并处罚金人民币五万元，为今后量刑留出了一定的空间幅度。

编写人：云南省玉溪市新平彝族傣族自治县人民法院　孔依

25

明知他人利用信息网络实施犯罪，仍为其提供支付结算帮助，同时非法持有他人信用卡，数量较大的行为定性

——陈某某等妨害信用卡管理、帮助信息网络犯罪活动案

【案件基本信息】

1. 裁判书字号

河北省邯郸市中级人民法院（2022）冀 04 刑终 595 号刑事裁定书

2. 案由：妨害信用卡管理罪、帮助信息网络犯罪活动罪

【基本案情】

2020 年以来，被告人舒某甲、陈某某明知他人利用信息网络实施犯罪，采取发展多名下线，安排下线到山东、山西，河北石家庄、邯郸市区、某矿区、肥乡城区等地开卡、验卡后向下线收卡付费，再以更高价格统一向境外上家邮寄出售，境外上家统一打款后二人再分别结算等方式，交叉通过下线被告人王某、高某某、舒某乙、田某、闫某某及某矿区周边的郭某、赵某某、柳某、胡某、蔺某某、方某某（后六人另案处理）等人开办、收购大量银行卡、手机卡、U 盾，并向境外出售。舒某甲与上家结算并介绍陈某某与境外上家对接、管理持有银行卡。

2021 年 8 月 6 日，邯郸市肥乡区公安局从陈某某、王某位于某矿区某小区的单元房内搜出银行卡九张、收购银行卡名单一张等物品，从陈某某、王某位于邯郸市某小区的单元房租住处，搜出他人银行卡一百一十七张（含陈某某一

张、王某一张）、手机卡两张、U盾七个、行李箱一个白色（内有现金293900元）等物品。同年9月1日，邯郸市肥乡区公安局从舒某乙位于某矿区某小区的单元房地下室内，搜出他人银行卡三百零九张（含陈某某十五张、王某四张及王某某等人银行卡）。本案查获银行卡共计四百二十六张（其中已查实一百六十九张银行卡涉嫌电信诈骗等犯罪）系舒某甲、陈某某共同经营。王某至少参与八十一张银行卡的收卡卖卡活动并掌握陈某某部分卖卡资金。舒某甲违法所得至少110000元，陈某某、王某违法所得至少293900元。

另查，在明知他人利用信息网络实施犯罪的情况下，王某还出售自己银行卡至少十张，高某某出售自己及其妻子魏某银行卡至少二十一张，非法获利30000元。舒某乙出售自己银行卡至少十张、闫某某至少九张，并介绍他人出售银行卡至少四张，舒某乙从中获取好处费，闫某某非法获利20000元。田某出售银行卡至少七张，非法获利5900元。

被告人王某、高某某、舒某乙、田某、闫某某归案后，如实供述自己的犯罪事实，对公诉机关指控的犯罪事实、罪名和量刑建议不持异议。被告人陈某某、舒某甲及其辩护人辩称其不构成妨害信用卡管理罪，构成帮助信息网络犯罪活动罪。

【案件焦点】

舒某甲、陈某某和王某明知他人利用信息网络实施犯罪，仍予非法收购持有、出售他人数量巨大的银行卡的行为定性。

【法院裁判要旨】

河北省邯郸市肥乡区人民法院经审理认为：被告人舒某甲、陈某某共同经营持有他人银行卡四百多张的妨害信用卡管理犯罪事实存在。被告人舒某甲、陈某某明知他人利用信息网络实施犯罪，仍予非法收购持有、出售他人数量巨大的银行卡；被告人王某参与至少八十一张银行卡部分犯罪活动并出售自己的银行卡；舒某甲、陈某某、王某的行为同时符合帮助信息网络犯罪活动罪、妨害信用卡管理罪构成要件，依法应当择一重罪即妨害信用卡管理罪对被告人舒某甲、陈某某、王某论处。王某依法仅在八十一张银行卡范围内承担共同犯罪责任。被告人舒某甲、陈某某系主犯，依法应予严惩。被告人王某系从犯，依法应当从轻、减轻或者免除处罚，其认罪认罚并具有坦白情节，故对王某减轻处罚。

邯郸市肥乡区人民法院依照《中华人民共和国刑法》第一百七十七条之一第一款第二项，第二百八十七条之二第一款、第三款，第二十五条第一款，第二十六条第一款，第二十七条，第六十七条第一款、第三款，第七十二条，第六十四条；《中华人民共和国刑事诉讼法》第十五条之规定，作出如下判决：

一、被告人舒某甲犯妨害信用卡管理罪，判处有期徒刑五年，并处罚金人民币 100000 元；

二、被告人陈某某犯妨害信用卡管理罪，判处有期徒刑四年六个月，并处罚金人民币 70000 元；

三、被告人王某犯妨害信用卡管理罪，判处有期徒刑二年二个月，并处罚金人民币 30000 元；

四、被告人高某某犯帮助信息网络犯罪活动罪，判处有期徒刑一年八个月，并处罚金人民币 30000 元；

五、被告人舒某乙犯帮助信息网络犯罪活动罪，判处有期徒刑一年，并处罚金人民币 10000 元；

六、被告人田某犯帮助信息网络犯罪活动罪，判处有期徒刑十一个月，并处罚金人民币 5000 元；

七、被告人闫某某犯帮助信息网络犯罪活动罪，判处有期徒刑一年，缓刑一年，并处罚金人民币 20000 元；

八、追缴被告人舒某甲违法所得 110000 元，追缴被告人陈某某、王某违法所得 293900 元，追缴被告人高某某违法所得 30000 元，追缴被告人田某违法所得 5900 元，追缴被告人闫某某违法所得 20000 元，予以没收，上缴国库；

九、扣押未随案移交的扣押物品（详见扣押清单），由扣押机关邯郸市肥乡区公安局依法处理。

舒某甲不服一审判决，提起上诉。河北省邯郸市中级人民法院经审理认为：

上诉人舒某甲与原审被告人陈某某、王某明知他人利用信息网络实施犯罪，为其犯罪提供支付结算帮助而非法购买、持有、出售他人信用卡，数量巨大，其行为同时构成帮助信息网络犯罪活动罪和妨害信用卡管理罪，应当依照处罚较重的规定定罪处罚，上诉人舒某甲与原审被告人陈某某、王某之行为均已构成妨害信用卡管理罪。原判决认定事实和适用法律正确，量刑适当，审判程序合法。依照《中华人民共和国刑事诉讼法》第二百三十六条第一款第一项、第二百四十四条之规定，作出如下裁定：

驳回上诉，维持原判。

【法官后语】

本案的争议焦点在于舒某甲、陈某某和王某明知他人利用信息网络实施犯罪，仍予非法收购持有、出售他人数量巨大的银行卡的行为定性。

根据《中华人民共和国刑法》第一百七十七条之一第一款第二项的规定：有下列情形之一，妨害信用卡管理的，处三年以下有期徒刑或者拘役，并处或者单处一万元以上十万元以下罚金；数量巨大或者有其他严重情节的，处三年以上十年以下有期徒刑，并处二万元以上二十万元以下罚金……（二）非法持有他人信用卡，数量较大的。

根据《中华人民共和国刑法》第二百八十七条之二第一款的规定，明知他人利用信息网络实施犯罪，为其犯罪提供互联网接入、服务器托管、网络存储、通讯传输等技术支持，或者提供广告推广、支付结算等帮助，情节严重的，处三年以下有期徒刑或者拘役，并处或者单处罚金。第三款规定，有前两款行为，同时构成其他犯罪的，依照处罚较重的规定定罪处罚。

本案中，被告人舒某甲、陈某某及其辩护人均辩称二被告人构成帮助信息网络犯罪活动罪，不构成妨害信用卡管理罪。因此，本案的争议焦点在于被告人舒某甲、陈某某和王某的行为是否构成妨害信用卡管理罪。

一、从持有对象分析

非法持有他人信用卡，要求行为人所持有的是信用卡，且是他人的信用卡，该信用卡非本人所有。本案中被告人舒某甲辩护人辩称舒某甲经营的是储蓄卡不是信用卡，不构成妨害信用卡管理罪。根据《全国人民代表大会常务委员会关于〈中华人民共和国刑法〉有关信用卡规定的解释》，刑法规定的“信用卡”，是指由商业银行或者其他金融机构发行的具有消费支付、信用贷款、转账结算、存取现金等全部功能或者部分功能的电子支付卡。舒某甲、陈某某经营、持有的是具有转账结算等功能的银行卡。故三被告人共同经营、持有的他人的银行卡，依法属于刑法规定的信用卡。

二、从持有形态分析

非法持有他人信用卡，行为人客观上实施了持有的行为。这里的持有是一种延续的状态，并不仅限于行为人将卡隐匿于自己身上，暗藏于家中或者其他地方、委托他人代为保管等，均可成立持有。不论将信用卡置于何方，只要行为人对其有实际的控制权或可自由支配即可成立。同时，应准确认定非法持有他人信用卡中的非法。非法持有至少包括两种情形：来源非法和来源合法但持有非法。就本案而言，三被告人发展多名下线，带人开卡、寄卡并直接持卡，所持有的银行卡由多名下线合法办理后出售给三被告人，卡的来源看似合法，但三被告人违反信用卡管理规定，以牟利为目的对外出售的行为具有当然的违法性。而依常识不难判断，本案三被告人收买、非法出售他人银行卡的行为过程中必然包含持有形态，据此，可以认定本案被告人基于买卖而对他人银行卡的持有属于非法持有。

三、从持有意图分析

非法持有他人信用卡，行为人主观上应为明知自己持有的是他人的信用卡。持有行为成立犯罪，必然伴随着刑法所要求的主观心态，即行为人明知持有他人信用卡这一行为会违反法律禁止性规定，进而认定行为人的持有具有主观上违法犯罪的意图。本案中，三被告人明知其违反信用卡管理规定，从发展的下线处收购合法办理的信用卡，而后又以牟利为目的对外出售给境外上线，具有当然的违法性。三被告人在买卖他人信用卡过程中，必然包含持有意图的非法性。

四、从持有数量分析

行为人非法持有他人信用卡的数量必须达到较大的程度，缺乏数量要件，则行为人持有行为的危害性尚未达到需要刑法处罚的地步，仅可视为一般违法行为。本案中，被告人舒某甲、陈某某共同经营持有他人银行卡四百多张，被告人王某参与至少八十一张银行卡部分犯罪活动并出售自己的银行卡，属于数量巨大，因此，陈某某、舒某甲和王某的行为构成妨害信用卡管理罪。

本案中，被告人陈某某、舒某甲和王某明知他人利用信息网络实施犯罪，仍予非法收购持有、出售他人银行卡提供支付结算等帮助行为，构成帮助信息网络犯罪活动罪，同时非法持有他人数量巨大银行卡的行为亦符合妨害信用卡管理罪的犯罪构成，因此三被告人的行为同时触犯帮助信息网络犯罪活动罪和妨害信用卡管理罪，系想象竞合犯，应择一重罪处罚。帮助信息网络犯罪活动罪的法定刑为三年以下有期徒刑或者拘役，并处或者单处罚金。妨害信用卡管理罪数量巨大或者情节严重的处三年以上十年以下有期徒刑，并处二万元以上二十万元以下罚金。综上，依法应当择一重罪即妨害信用卡管理罪对三被告人论处。

编写人：河北省邯郸市肥乡区人民法院　柳延峰　孙珊珊

26

为他人实施信息网络犯罪提供支付结算帮助而收买银行卡四件套的行为定性

——王某等妨害信用卡管理案

【案件基本信息】

1. 裁判书字号

福建省浦城县人民法院（2021）闽0722刑初125号刑事判决书

2. 案由：妨害信用卡管理罪

【基本案情】

2020年9月至2021年3月初，被告人王甲、王某分别伙同被告人汪某、汪某某等人在湖南省宁远县成立跑分工作室，为网络赌博平台转移资金，从而赚取佣金。被告人汪某、汪某某负责为被告人王甲、王某介绍转账业务，被告人王甲、王某则负责收购银行卡套件，并利用“某”聊天软件将收集的银行卡账号等提供给上家绑定至特定网络平台用于资金转账，此外，其还雇用人员操作具体的转账业务。具体情况如下：

2020年9月至11月，被告人汪某、汪某某、王甲的跑分工作室共向被告人黄乙、黄甲、伍某等人收购银行卡20张，上述银行卡累计转入资金30175451.27元。

2021年2月初至21日，被告人王甲与刘某（在逃）在某广场、某村成立跑分工作室，被告人黄甲受雇操作接单转账，该工作室共向王乙等人收购、收集银行卡5张，上述银行卡累计转入资金15534075.4元。2021年2月22日，被告人王甲又将王乙的2套银行卡提供给被告人王某的工作室使用。

2020年12月初，被告人王某与“老王”在某广场成立跑分工作室，陆续雇用了被告人王丙、唐甲、唐乙、王丁等人操作转账。2021年1月中旬，王某将工作室迁至某兔子养殖场。2021年1月底至2月初，被告人汪某某、汪某与被告人王某在该处共同经营跑分工作室，被告人汪某、汪某某负责介绍业务，抽取转账金额的1‰~2‰作为佣金。2021年2月20日，被告人王某、汪某、汪某某将跑分工作室迁至某景区一民房内，并陆续招募了被告人胡某、谢某接单操作，直至2021年3月1日被公安机关查获。其间，被告人王某向王丁、王丙、欧某、李某、黄丙等人收购银行卡共计84套，累计转出资金356050700.9元。上述银行卡中，有59张绑定在“某”聊天软件六个工作群内接受上线下发的转账任务，累计转出资金196635120.6元。

【案件焦点】

为他人实施信息网络犯罪提供支付结算帮助而收买银行卡四件套的行为定性。

【法院裁判要旨】

福建省浦城县人民法院经审理认为：收买、非法提供信用卡信息罪，系指收买、非法提供他人信用卡信息资料，足以伪造可进行交易的信用卡，或足以使他人以信用卡持卡人名义进行交易的行为，本罪侵犯的是国家信用卡管理制度和他人对信用卡信息资料所享有的隐私权，犯罪对象为信用卡信息资料，即银行卡的磁条或芯片信息，包括有关发卡行代码、持卡人姓名、账号、密码等内容，由发卡行在发卡时使用专用设备写入银行卡的磁条或者芯片中，是终端销售机（POS 机）、自动取款机（ATM 机）等终端机器识别合法用户的依据。公诉机关认为被告人王某、王甲所收购的银行卡四件套，虽为实物，但包含了无磁交易的全部信息资料，属于信用卡信息资料。公诉机关对信用卡信息资料的认定，已超出刑法用语可能具有的含义。本案中，银行卡出售者系主动处分自己的银行卡及有关信息资料，相关账户中未存入资金，银行卡购买者亦无非法占有目的，不会侵犯银行及出售者在相关资金账户里的资金安全。涉案人员收买并持有银行卡及有关信息资料与一般的非法持有他人信用卡的行为并无实质差别，应以妨害信用卡管理罪定罪处罚。公诉机关指控被告人王某、汪某、汪某某、王甲犯收买、非法提供信用卡信息罪，指控罪名不当。被告人王某、王甲分别伙同被告人汪某、汪某某设立工作室，在明知他人利用信息网络实施犯罪的情况下，仍收购银行卡，雇用人员为其提供支付结算帮助，其行为同时触犯妨害信用卡管理罪和帮助信息网络犯罪活动罪。被告人王某、王甲非法持有他人银行卡，目的是为他人实施信息网络犯罪提供支付结算帮助。行为人为实施某一犯罪，其手段行为又触犯其他罪名的，属于牵连犯，应择一重罪处罚。因被告人王某非法持有他人信用卡 80 余张，数量巨大，被告人王甲非法持有他人信用卡 20 余张，数量较大，故应以处罚较重的妨害信用卡管理罪对被告人王某、王甲及共同犯罪人汪某、汪某某定罪处罚。

福建省浦城县人民法院依照《中华人民共和国刑法》第一百七十七条之一第一款、第二百八十七条之二第一款、第二十五条第一款、第二十六条第一款和第四款、第六十七条第一款和第三款、第五十二条、第五十三条第一款、第六十四条之规定作出如下判决：

被告人王某犯妨害信用卡管理罪，判处有期徒刑三年六个月，并处罚金人民币5万元；被告人汪某犯妨害信用卡管理罪，判处有期徒刑三年三个月，并处罚金人民币4万元；被告人汪某某犯妨害信用卡管理罪，判处有期徒刑三年，并处罚金人民币35000元；被告人王甲犯妨害信用卡管理罪，判处有期徒刑二年六个月，并处罚金人民币3万元。

一审判决后，被告未提起上诉，检察机关未提起抗诉，该判决已发生法律效力。

【法官后语】

一、窃取、收买、非法提供信用卡信息罪的犯罪对象的认定问题

窃取、收买、非法提供信用卡信息罪的犯罪对象为信用卡信息资料，指的是信用卡的磁条或者芯片信息，是一组有关发卡行代码、持卡人姓名、账户、密码等内容的加密电子数据，由发卡行在发卡时使用专用设备写入信用卡的磁条或者芯片中。信用卡磁条或者芯片信息是POS机、ATM机等终端机器识别合法用户的依据，伪造信用卡的关键环节是在空白信用卡磁条中写入发卡行代码、持卡人姓名、账号、密码等加密电子数据，没有这些信息，伪造的信用卡就无法使用。

《最高人民法院、最高人民检察院关于办理妨害信用卡管理刑事案件具体应用法律若干问题的解释》第三条规定，窃取、收买、非法提供他人信用卡信息资料，足以伪造可进行交易的信用卡，或者足以使他人以信用卡持卡人名义进行交易，涉及信用卡数量一张以上不满五张的，构成窃取、收买、非法提供信用卡信息罪。足以伪造可进行交易的信用卡，是指进行有磁交易，如在ATM机、POS机终端机器上进行交易，用于提取现金或者刷卡消费等；足以使他人以信用卡持卡人名义进行交易，是指进行无磁交易，如网上银行、电话支付等不使用信用卡卡片，而使用他人信用卡信息进行交易的方式。

因此，司法实务中，有观点认为，收购银行卡四件套（实体卡、账户、密码、U盾）的，已包含了无磁交易的全部信息资料，属于信用卡信息资料。本

案中，公诉机关即持相同观点，认为被告人王某、王甲收购的银行卡四件套，虽为实物，但包含了无磁交易所需的全部信息资料，足以使他人以信用卡持卡人名义进行无磁交易，应认定银行卡四件套属于信用卡信息资料。

笔者认为，该观点存在逻辑颠倒的问题，且有类推解释之嫌。《最高人民法院、最高人民检察院关于办理妨害信用卡管理刑事案件具体应用法律若干问题的解释》用两个“足以”来界定窃取、收买、非法提供信用卡信息资料行为的危害程度。简而言之，行为人窃取、收买、非法提供的信用卡信息资料只有达到足以伪造信用卡或进行交易使用的程度，才具有刑罚处罚性。换言之，如果获取的信用卡信息资料不完全，不足以伪造信用卡或进行交易使用，则达不到本罪的构罪标准。因此，司法解释仅界定了信用卡信息资料的“要件”，并未扩大其含义。前述认为银行卡四件套属于信用卡信息资料的观点，将“足以使他人以信用卡持卡人名义进行交易”这一条件当作结论，反向推定并扩大信用卡信息资料的含义，忽略了作为该罪犯罪对象的信用卡信息资料本身，不仅无法逻辑自洽，其对信用卡信息资料的解释，也超出了刑法用语可能具有的含义，属于违反罪刑法定原则的类推解释，将损害国民的预测可能性。本案中，公诉机关的认定，确有不妥。对于信用卡信息资料的认定和解释，应当在刑法用语可能具有的含义中进行。

二、收买他人银行卡四件套（实体卡、账户、密码、U盾）的行为定性

实践中，网络犯罪的资金流转，通常涉及大量银行卡，“卡商”向他人收买银行卡（包括实体卡、账户、密码及U盾），再提供给网络犯罪分子使用，以获取利益。如前所述，银行卡四件套不宜认定为信用卡信息资料，亦即相应的收买行为不宜认定为窃取、收买、非法提供信用卡信息罪。该罪的设立，实质是为了阻断伪造信用卡的信息资料来源，遏制伪造信用卡的犯罪行为，进而从源头上打击使用伪造的信用卡、冒用他人信用卡进行诈骗的犯罪活动，以维护金融秩序。

本案中，被告人王某、王甲等人获取银行卡四件套的主观目的不在于自用或提供给他人用于伪造可进行交易的信用卡，或以信用卡持卡人名义进行

无磁交易，亦无非法占有资金的目的，而是为网络赌博平台提供支付结算帮助，以获取佣金。换言之，被告人王某、王甲等人在获取银行卡四件套后，不会发生使用伪造的信用卡、冒用他人信用卡进行诈骗活动的行为，不存在给银行以及信用卡关系人的公私财物所有权造成损害的可能，无窃取、收买、非法提供信用卡信息罪、信用卡诈骗罪所需预防的风险。从另一角度分析，银行卡的出售者系主动处分自己的银行卡及有关信息资料，这些银行卡账户里没有存入资金，也不可能存入资金，银行卡购买者及其使用人，均不会侵犯出售者在该银行卡资金账户里的资金安全。涉案人员收买并持有这些银行卡及其有关信息资料与一般的非法持有他人信用卡的行为并无实质差别，其行为侵犯了国家的信用卡管理秩序。《中华人民共和国刑法》第一百七十七条之一第一款规定，非法持有他人信用卡，数量较大的，构成妨害信用卡管理罪。购买他人信用卡而持有的，属于非法持有他人信用卡。本案中，被告人王某、王甲大量购买他人银行卡并非法持有的行为，应以妨害信用卡管理罪追究刑事责任。

三、为他人实施信息网络犯罪提供支付结算帮助而收买银行卡四件套的罪数问题

行为人明知他人利用信息网络实施犯罪，仍为其犯罪提供帮助，如提供互联网接入、服务器托管、网络存储、通讯传输等技术支持，或提供广告推广、支付结算等帮助，情节严重的，构成帮助信息网络犯罪活动罪。结合前述分析，本案被告人王某、王甲分别伙同被告人汪某、汪某某，为赚取佣金，在明知他人利用信息网络实施犯罪的情况下，仍收购银行卡、雇用人员为其提供支付结算帮助，其四人之行为均同时触犯妨害信用卡管理罪和帮助信息网络犯罪活动罪。行为人为实施某一犯罪，其手段行为又触犯其他罪名的，属于牵连犯，应择一重罪处罚。帮助信息网络犯罪活动罪法定最高刑为有期徒刑三年，妨害信用卡管理罪分为有期徒刑三年以下和三年以上十年以下有期徒刑两个量刑档次，最高刑为有期徒刑十年。根据司法解释的规定，非法持有他人信用卡 50 张以上的，应当认定为刑法第一百七十七条之一第一款（妨害信用卡管理罪）规定的

"数量巨大"，处三年以上十年以下有期徒刑，并处二万元以上二十万元以下罚金。本案中，被告人王某非法持有他人信用卡80余张，数量巨大，被告人王甲非法持有他人信用卡20余张，数量较大，故应以处罚较重的妨害信用卡管理罪对被告人王某、王甲及共同犯罪人汪某、汪某某定罪处罚。法院据此对被告人王某、王甲等人作出判决，做到了罚当其罪，罪刑相称。

编写人：福建省浦城县人民法院　黄雅雅

27

内幕信息形成时间的认定

——陈某某内幕交易案

【案件基本信息】

1. 裁定书字号

广东省高级人民法院（2022）粤刑终1113号刑事裁定书

2. 案由：内幕交易罪

【基本案情】

2016年4月15日，科技公司股票停牌，2016年6月28日复牌。同年6月15日、27日，科技公司先后发布《发行股份及支付现金购买资产并募集配套资金暨关联交易报告书（草案）》及相关修订稿，公告科技公司收购电子公司66.20%的股权事项。中国证券监督管理委员会认定：上述事项未公开之前属于《中华人民共和国证券法》规定的内幕信息。上述内幕信息形成的起点不晚于2016年2月19日，公开于2016年6月15日。时任科技公司董事长谭某某、总经理林某某，时任电子公司董事长胡某某、总经理被告人陈某某、副总经理张某某5人参与科技公司收购电子公司股权事项，均属于内幕信息知情人。

2016年2月19日晚，被告人陈某某作为电子公司总经理、股东，代表公司参与了与科技公司关于股权收购一事的高层会谈，获悉了相关内幕信息。同年2月24日晚，陈某某前往其福建老乡被告人蔡某某、黄某某夫妇家中做客，其间陈某某将科技公司拟收购电子公司的内幕信息告诉蔡某某，并推荐蔡某某购买科技公司股票。随后，蔡某某将陈某某推荐购买科技公司股票一事告知黄某某，二人商定使用黄某某的证券账号和银行账户内的部分闲散资金购买科技公司股票。同年2月25日至3月1日，蔡某某、黄某某通过操作黄某某证券账户累计买入科技公司股票825000股，买入金额共计人民币8241463.64元，后于2016年7月1日至6日全部卖出，共计获利人民币11233219.38元。同年3月29日至4月12日，蔡某某还使用向朋友借的资金，独自操作其新开设的证券账户累计买入科技公司股票107004股，买入金额共计人民币1530962元，于2016年7月6日卖出87000股，卖出金额人民币2284950元，获利人民币1274505元。

【案件焦点】

内幕交易犯罪中，内幕信息知情人员动议、筹划、决策内幕信息能否认定为内幕信息的形成时间。

【法院裁判要旨】

广东省深圳市中级人民法院经审理认为：被告人陈某某、蔡某某、黄某某的行为均已构成内幕交易罪。在蔡某某、黄某某内幕交易共同犯罪中，蔡某某起主要作用，系主犯；黄某某起次要作用，系从犯，依法应当从轻处罚。陈某某、蔡某某、黄某某均有自首情节，且该三人都自愿认罪认罚，依法可从宽处理。蔡某某、黄某某主动缴纳行政罚款，有悔罪表现，可酌情从轻处罚。据此，深圳市中级人民法院判决如下：

一、被告人陈某某犯内幕交易罪，判处有期徒刑三年，并处罚金人民币20万元；

二、被告人蔡某某犯内幕交易罪，判处有期徒刑三年，并处罚金人民币2000万元；

三、被告人黄某某犯内幕交易罪，判处有期徒刑二年，并处罚金人民币 1500 万元。

陈某某不服一审判决，提起上诉。广东省高级人民法院经审理认为：本案焦点问题是内幕信息形成时间的认定，结合本案的事实和证据，首先，科技公司收购电子公司的股权事项属于《中华人民共和国证券法》第八十条第二款第二项规定的“重大事件”，系本案内幕信息。其次，在案证据证实，科技公司在 2016 年 1 月就该公司拟收购电子公司股权进行了可行性分析，双方达成了若启动重组就聘请证券公司为并购财务顾问的意向，此时科技公司收购电子公司的股权处于可行性分析阶段；同年 2 月 19 日，科技公司董事长谭某某与电子公司董事长胡某某就科技公司收购电子公司事项进行沟通，双方达成一致：同意该收购事项并积极推进，并于当晚正式就该收购事宜进行公司层面的会谈，陈某某亦参与了该次会谈，此时该收购事项处于启动谈判阶段，也就是说该事项已实施了动议、筹划、决策等启动行为，已进入实质性操作并具有很大的实现可能性。本案中，谭某某、胡某某、陈某某系内幕信息形成的动议人员或决策人员，故双方就上述收购事宜达成一致即应认定为内幕信息的形成，双方就收购事项具体方案进行的后续谈判不影响对涉案内幕信息形成时间的认定。因此，中国证券监督管理委员会认定本案内幕信息形成的时间不晚于 2016 年 2 月 19 日，符合相关法律规定，应当作为认定本案内幕信息形成时间的定案依据。陈某某认为原判认定本案的内幕信息形成时间错误的意见理据不足，不予采纳。

广东省高级人民法院依照《中华人民共和国刑事诉讼法》第二百三十六条第一款第一项之规定，裁定如下：

驳回上诉，维持原判。

【法官后语】

本案的焦点问题是内幕信息形成时间的认定。司法实践中，内幕信息的形成时间是办理内幕交易犯罪案件最为复杂、最具争议的问题之一，至关重要。内幕信息形成时间的认定直接关系到行为人是否构成内幕交易罪及内幕交易数额、获利数额的计算。

《最高人民法院、最高人民检察院关于办理内幕交易、泄露内幕信息刑事案件具体应用法律若干问题的解释》（以下简称《内幕交易解释》）第五条规定了内幕信息形成时间认定的一般情形和特殊情形，在司法实践中，对于前者的认定争议不大，对于后者的认定存在较大争议。内幕信息并非静止的状态，而是一个从萌芽、发展到最终确定的动态过程，《内幕交易解释》只是给了一个原则性的判断规则，真正实践时，需要综合审查全案证据，准确判断影响内幕信息形成的动议、筹划、决策等启动行为是否进入实质性操作并具有很大的实现可能性，若仅仅是制订者主观上的想法、思路，根本未进入实质性操作的话，就不能认定内幕信息已形成。确定内幕信息形成时间需分三步完成：首先是确定涉案信息为内幕信息，这是确定内幕信息形成时间的前提；其次是确定内幕信息的制订者，即影响内幕信息形成的动议、筹划、决策等的人员，特别值得注意的是对于并购重组型内幕交易，实践中部分并购重组项目并非以资产交易方为主进行接洽，而是由保荐代表人等财务顾问作为资本市场中介进行撮合，但保荐代表人的业务性质与财务中介地位决定了其无法控制上市公司并购重组是否能够启动，因此，应审慎认定保荐代表人为内幕信息的制订者；最后至为关键的一步是认定内幕信息制订者的动议、筹划、决策等行为的起始时间，即内幕信息形成时间。

就本案而言，第一步，根据审理查明的事实，科技公司收购电子公司的股权事项属于公司重大事件，系本案内幕信息；第二步，科技公司董事长谭某某与电子公司董事长胡某某参与策划、决策了上述收购股权事项；第三步，科技公司董事长谭某某与电子公司董事长胡某某就科技公司收购电子公司事项进行沟通，双方达成一致同意该收购事项，此时该收购事项已进入实质性操作阶段并具有很大的实现可能性，即应认定为内幕信息的形成。至于被告人及其辩护人辩称收购协议处于拟定阶段，无法确定最终是否可完成收购，笔者对此不予认同，因双方就收购事项具体方案进行的后续谈判不影响对涉案内幕信息形成时间的认定。

编写人：广东省高级人民法院　梁美

28

积极联络型非法获取内幕信息人员的推定证明规则

——马某某内幕交易案

【案件基本信息】

1. 裁判书字号

北京市高级人民法院（2022）京刑终77号刑事裁定书

2. 案由：内幕交易罪

【基本案情】

某上市公司于1997年11月注册成立，为体外诊断试剂研发、生产企业，2012年2月在深圳证券交易所（以下简称深交所）创业板上市。沈某某时任该公司董事长，王某某为副董事长兼执行总裁，牛某某为董秘兼资本管理中心总监。

2013年底，该公司拟将某有限公司作为并购对象，并对其进行初步筛查和分析。2013年12月18日，牛某某完成《投资价值初步分析报告》。此后该上市公司与上述并购对象的德国母公司多次进行沟通。2014年5月5日至9日，该公司聘请中介机构进场，了解目标企业情况。2014年6月18日，该公司与重组参与方召开电话会议，就交易架构、提交约束性报价时间等进行讨论，并形成备忘录。该公司沈某某、王某某、牛某某等参与此次会议。2014年7月2日，牛某某向并购对象的德国母公司就重组事项发出约束性报价。2014年8月6日，该公司发布《停牌公告》，对外称因筹备重大资产重组，公司股票停牌。2014年9月15日，该公司对外公告重组议案。2014年10月17日，该公司股票复牌。

经中国证券监督管理委员会（以下简称证监会）认定，该上市公司收购某公司股权事项属于《证券法》规定的内幕信息，内幕信息敏感期为2014年6月18日至9月15日，沈某某、牛某某均为该内幕信息知情人。

2014年6月19日，被告人马某某作为该公司外部董事参与公司第二届董事会第十五次会议，沈某某、牛某某等人亦参会。2014年7月17日、24日，马某某与沈某某有过多次通话、接触。2014年6月26日至8月5日，即内幕信息敏感期内，马某某操控马某2、张某某的证券账户，多次买入该公司股票，累计75万余股，成交额共计人民币2026万余元，后于2014年至2017年陆续卖出，共计获利490万余元。

2016年12月19日，证监会北京监管局对马某某内幕交易、短线交易行为作出行政处罚。2016年12月28日，马某某向证监会退缴违法所得428万余元，足额缴纳罚款1284万余元。2019年12月10日，证监会将马某某涉嫌内幕交易罪一案移送公安机关。2020年1月2日，北京市公安局根据公安部立案查处通知对本案立案侦查。2021年11月2日，被告人马某某经公安机关传唤到案。

【案件焦点】

马某某能否被认定为积极联络型非法获取内幕信息的人员。

【法院裁判要旨】

北京市第三中级人民法院经审理认为：被告人马某某操控他人账户于敏感期内买入某上市公司股票的行为属于交易明显异常，且无正当理由，结合其敏感期内与内幕信息知情人有过接触、联络，可以认定其非法获取了内幕信息，并利用该信息从事了相关证券交易，构成内幕交易罪。故判决：

被告人马某某犯内幕交易罪，判处有期徒刑六年，并处罚金人民币1300万元；向马某某继续追缴违法所得人民币626505.74元，并予以没收。

宣判后，被告人马某某提起上诉，认为其未非法获取内幕信息，没有利用内幕信息进行交易。

北京市高级人民法院经审理认为：在案证据能够证实马某某在内幕信息敏

感期内与相关内幕信息的知情人有过接触、联络，具有非法获取内幕信息的现实可能。马某某为规避监管，违规借用他人证券账户在敏感期内从事证券交易，具有内幕交易的主观意图。马某某借用他人证券账户的时间、交易该股票的时间与内幕信息形成、确定、公开的时间基本一致，具有明显的筹集资金行为，在敏感期内大量买入该股票的行为与其前期大量减持行为相悖，亦与该股票的市场走势相悖，且无法作出合理解释，可以认定其非法获取了内幕信息，并利用该信息进行了证券交易，构成内幕交易罪。据此，北京市高级人民法院裁定：

驳回上诉，维持原判。

【法官后语】

内幕交易是指行为人使用未公开的、具有重要性的信息在证券、期货交易中获利的行为，其实质是利用不公平的信息优势谋取不正当利益。《中华人民共和国刑法》第一百八十条将内幕信息知情人员分为法定知情人员和非法获取人员两类。《最高人民法院、最高人民检察院关于办理内幕交易、泄露内幕信息刑事案件具体应用法律若干问题的解释》（以下简称《内幕交易司法解释》）第二条对如何认定非法获取内幕信息人员进行了界定，分为手段获取型、特定身份型和积极联络型三类。在司法实践中，积极联络型非法获取内幕信息人员的认定具有隐蔽性强、直接证据少、证明难度大等困难，内幕信息知情人和证券交易人往往订立“攻守同盟”，共同否认传递信息，出现内幕信息传递双方“零口供”的情况。在此种情况下，可按照《内幕交易司法解释》确定的“知悉+交易（敏感期异常）→利用”刑事推定证明规则，运用相互印证的间接证据构建完整的证明体系，认定被告人构成内幕交易罪。当证券交易人否认从内幕信息知情人处获取内幕信息，仅能证明接触事实，证明内幕信息传递直接证据不足时，可先证明证券交易人与内幕信息知情人在内幕敏感期内有过联络、接触，再证明证券交易人的交易行为明显异常，最后，全面分析被告人的辩解，确定被告人的明显异常交易行为不具有正当理由或正当信息来源，从而在证券交易与内幕信息之间建立确实、充分的联系，进而确认证券交易人从内幕信息知情人处获取了内幕信息。

一、证明被告人与内幕信息知情人于内幕信息敏感期内有过接触、联络

"接触、联络"并无方式、方法、次数、程度的限制，只要联络、接触的时间等足以实现内幕信息的传递即可，不需要证明联络、接触的内容是否涉及具体内幕信息。在案证据证明，马某某与沈某某系多年朋友关系，并存在资金往来，二人均参加了2014年6月19日即内幕信息形成日次日的公司董事会，7月17日、24日亦有多次通话联络且系主动联系。虽然沈某某、马某某均否认私下或电话中传递相关内幕信息，证明马某某从沈某某处获取内幕信息的直接证据不足，但在案二人"接触、联络"的证据可以表明，马某某具有从沈某某处获得内幕信息的现实可能。

二、证明被告人在内幕信息敏感期内从事了具有明显异常的交易行为

由于被告人掌握了其他证券交易者所不知情，且对证券交易价格有重大影响的未公开信息，因此其交易行为往往存在明显异常，这种异常性表明被告人的交易行为与内幕信息之间存在关联。根据《内幕交易司法解释》第三条规定，可以从时间吻合程度、交易背离程度和利益关联程度等方面予以认定。具体表现在交易行为的时间是否与内幕信息形成、确定、公开的时间基本一致，是否存在借用账户、突击开户情形，资金来源是否为自有资金，是否存在借贷、配资等杠杆手段放大交易，是否亏损卖出其他股票并重仓买入标的股票，是否与平时的交易习惯不同以及交易行为的频次、交易数量、价格、与市场面背离程度等。本案中，马某某于内幕信息敏感期内买入某上市公司股票的行为和过程不符合正常投资行为和股票交易特点，具有明显异常。

一方面，马某某系借用他人证券账户买入该股票，其借用他人证券账户的时间、交易该股票的时间与内幕信息形成、确定、公开时间基本一致。该公司自2013年底开始筹划并购重组事项，至2014年6月18日双方初步达成合作意向，马某某在本人已有两个证券账户的情况下，却于2014年3月借用了马某某2的证券账户，2014年6月底借用了张某某的证券账户，与内幕信息逐渐形成的时间基本吻合。另外，马某某买入该股票的时间均在内幕信息形成（2014年6月18日）至股票停牌时间（2014年8月6日）内，股票复牌（2014年10月

17 日）后 1 个月左右开始卖出，与内幕信息确定、公开的时间基本一致。

另一方面，马某某交易该股票的行为具有资金异常调度、背离市场基本面等异常要素。从资金调度来看，马某某存在亏损卖出部分股票、抵押多套房产贷款等筹集资金大量买入该公司股票的异常行为。从市场基本面来看，根据深交所提供的该上市公司股票 2014 年 2 月 7 日至 8 月 5 日的走势情况，该股票系呈下跌趋势，累计下跌 13.98%，同期创业板综合指数累计上涨 1.05%，偏离-15.03 个百分点。而从马某某的持股情况及其股票交易记录可以证实，从 2013 年第三季度末至 2014 年第一季度末，其先后共计减持该股票 188 万股。马某某筹集资金于内幕信息敏感期内重仓买入该股票的行为与该股票呈明显下跌走势，本人亦大幅减持的情况相悖。

三、全面分析被告人的辩解，确定被告人的明显异常交易行为不具有正当理由或正当信息来源

在运用刑事推定证明规则的内幕交易案件中，被告人具有内幕交易行为是一种可以反驳的事实推定，当被告人可以提供有效反驳的情况下，则可以推翻该推定。但反驳需要达到形成合理怀疑的程度，否则不影响内幕交易的成立。本案中，马某某作为该上市公司股东、董事，对公司经营情况及本公司股票走势应有基本了解，一方面在该股票呈明显下跌走势，其本人亦大幅减持的情况下；另一方面其又筹集资金于内幕信息敏感期内重仓买入该股票，该行为明显有悖常理，而马某某对此提出两点辩解：一是其对之前作出的大宗减持该上市公司原始股感到后悔，认为该公司股票的市值被低估，故在市场低位时加仓回购；二是其当时要出国，炒股不方便，故选择相对了解、信任的股票在此期间内持有。以上辩解既不属于专业分析判断，亦不属于有其他正当信息来源，其作出的重仓买入该股票的决策，形式上是一种市场投机，实质上是对获取内幕信息的确信，故其当庭所提辩解不构成内幕信息敏感期内其大幅买入该股票的正当理由。另外，马某某在内幕信息敏感期内虽买入了其他多只股票，但该买入行为亦不足以证明其买入该上市公司股票存在正当理由。

综上所述，马某某在敏感期内与内幕信息知情人有过接触、联络，其操控

他人账户于敏感期内买入某上市公司股票的行为明显异常，且不具有正当理由或正当信息来源，可以认定其非法获取了内幕信息，并利用该信息从事了相关证券交易，构成内幕交易罪。

编写人：北京市第三中级人民法院　刘泽　边辑

29

将现金给便利店后通过扫码收钱的行为构成洗钱罪

——吴某洗钱案

【案件基本信息】

1. 裁判书字号

广东省中山市中级人民法院（2023）粤20刑终86号刑事判决书

2. 案由：洗钱罪

【基本案情】

一、被告人马某、蔡某某贩卖、运输毒品的犯罪事实

2022年1月26日，被告人马某明知被告人蔡某某帮他人代购毒品可能用于贩卖，仍帮蔡某某以人民币660元的价格在广西南宁市从陈某某（身份不详，在逃）处购买6克毒品大麻。次日，蔡某某携带上述毒品从南宁市乘坐高铁返回广东省江门市蓬江区以人民币780元的价格将上述6克毒品大麻贩卖给被告人黄某，获利人民币120元。此外，2022年1月24日，蔡某某向马某转账1000元，由马某代为购买了10克毒品大麻用于自己吸食。

二、2022年2月至5月，被告人吴某、吴某某、黄某贩卖毒品的犯罪事实

2022年2月21日，被告人吴某某在江门市蓬江区某俱乐部将2克毒品大麻贩卖给被告人黄某，并收取黄某在微信群发的一个200元红包。

2022年2月底至3月初，被告人黄某以人民币4000元的价格向被告人吴某某下单购买20克毒品大麻。

同年3月6日，吴某某将毒资人民币8000元交给被告人吴某拼单购买50克毒品大麻。次日，吴某将上述毒资中的人民币6700元通过便利店扫支付宝二维码收款人民币6633元，并以人民币6400多元的价格与其上家交易50克毒品大麻。吴某取得毒品后于当日将50克毒品大麻交给吴某某。后吴某某将20克毒品大麻交给黄某。其中，吴某某获利约800元，吴某获利1000余元。

同年3月9日，被告人吴某以人民币2500元的价格将4克毒品大麻及电子烟油贩卖给张某某。

同年3月底，被告人黄某以人民币11000元的价格向被告人吴某某下单购买50克毒品大麻。吴某某以人民币10000元的价格转向被告人吴某下单购买50克毒品大麻，从中获利1000元。后因交易未果，吴某某向黄某退款人民币8000元。

同年4月11日，被告人吴某以人民币4800元的价格在中山市石岐区将8克毒品大麻及电子烟油贩卖给张某某。

同年5月3日，被告人黄某收取罗某（另处理）毒资人民币2500元，约定将10克毒品大麻贩卖给罗某。同日，黄某联系上家拼单购买20克毒品大麻，从中获利约300元。后黄某将10克毒品大麻交给罗某。

同年5月19日，被告人黄某收取罗某毒资人民币2800元，约定是10克毒品大麻的价格。同日，黄某联系上家拼单购买20克毒品大麻，约定在广州市番禺区取货，后因联系不上上家而未果。

【案件焦点】

吴某将毒资人民币6700元通过便利店扫支付宝二维码收款人民币6633元，并以人民币6400多元的价格与其上家交易50克毒品大麻的行为如何定性，是否构成洗钱罪。

【法院裁判要旨】

广东省中山市第一人民法院经审理认为：洗钱罪是指明知是毒品犯罪、黑社会性质的组织犯罪、恐怖活动犯罪、走私犯罪、贪污贿赂犯罪、破坏金融管理秩序犯罪、金融诈骗犯罪的所得及其产生的收益，以提供资金账户、将财产转换为现金、金融票据或者有价证券，通过转账或者其他支付结算方式转移资金、跨境转移资产及以其他方法掩饰、隐瞒犯罪的违法所得及其收益的来源和性质的行为。现有证据证实2022年3月6日及3月底，吴某某两次购买毒品大麻均是向吴某给付现金，吴某辩称其没有要求吴某某给付现金，其在3月上旬将现金扫码存入其支付宝账号是为了方便购买虚拟币。开庭审理过程中，其辩称当时现金较多，将现金给便利店，再通过扫码收钱是为了使用方便。现有证据证实吴某多次贩卖毒品，其供述每次交易都是联系上家后购买虚拟币进行交易，并有欧易转账记录等证据佐证，但证实其收取毒资后将现金给付便利店，再通过便利店扫支付宝二维码收款的方式仅有一次，其提出的将现金扫码存入其支付宝等账号是为了方便购买虚拟币的辩解具有合理性。现有证据不足以证实吴某具有掩饰、隐瞒贩卖毒品非法所得的来源和性质的主观故意，其行为不符合洗钱罪的构成要件。判决如下：

一、被告人吴某犯贩卖毒品罪，判处有期徒刑三年六个月，并处罚金人民币10000元；

二、被告人吴某某犯贩卖毒品罪，判处有期徒刑二年六个月，并处罚金人民币8000元；

三、被告人黄某犯贩卖毒品罪，判处有期徒刑一年五个月，并处罚金人民币5000元；

四、被告人马某犯贩卖毒品罪，判处有期徒刑八个月，并处罚金人民币3000元；

五、被告人蔡某某犯贩卖、运输毒品罪，判处有期徒刑七个月，并处罚金人民币3000元；

六、缴获的作案工具手机及违禁品大麻，依法予以没收。

广东省中山市第一市区人民检察院提出抗诉。广东省中山市中级人民法院经审理认为：原审被告人吴某为掩饰、隐瞒毒品犯罪所得的来源和性质，通过支付宝转账方式转移资金，其行为还构成洗钱罪，依法应数罪并罚。原审判决认定五名原审被告人贩卖、运输毒品犯罪的事实清楚，证据确实、充分，定罪和量刑适当，适用法律正确，审判程序合法，但未认定吴某的行为构成洗钱罪不当，应予纠正。据此，判决如下：

一、维持广东省中山市第一人民法院（2022）粤 2071 刑初 2870 号刑事判决第二项至第六项对原审被告人吴某某、黄某、马某、蔡某某的判罚及涉案物品的处理；

二、撤销广东省中山市第一人民法院（2022）粤 2071 刑初 2870 号刑事判决第一项对原审被告人吴某的定罪量刑；

三、原审被告人吴某犯贩卖毒品罪，判处有期徒刑三年六个月，并处罚金人民币 10000 元；犯洗钱罪，判处拘役六个月，并处罚金人民币 1000 元；总和刑期有期徒刑三年六个月，拘役六个月，并处罚金人民币 11000 元；决定执行有期徒刑三年六个月，并处罚金人民币 11000 元。

【法官后语】

本案的争议焦点在于吴某将毒资人民币 6700 元通过便利店扫支付宝二维码收款人民币 6633 元，并以人民币 6400 多元的价格与其上家交易 50 克毒品大麻的行为如何认定。

《中华人民共和国刑法修正案（十一）》新增“自洗钱”行为构成洗钱罪的规定，上游犯罪分子实施犯罪后，掩饰、隐瞒犯罪所得来源和性质的，不再作为后续处理赃款的行为被上游犯罪吸收，而是单独构成洗钱罪，加大了对从洗钱犯罪中获益最大的上游犯罪本犯的处罚力度。“自洗钱”入罪是刑法对洗钱犯罪作出的重大调整。

根据《中华人民共和国刑法》第一百九十一条的规定，为掩饰、隐瞒毒品犯罪、黑社会性质的组织犯罪、恐怖活动犯罪、走私犯罪、贪污贿赂犯罪、破坏金融管理秩序犯罪、金融诈骗犯罪的所得及其产生的收益的来源和性质，通过转账或者其他支付结算方式转移资金的，构成本罪。行为人主观上是否具有掩饰、隐瞒贩卖毒品违法所得的故意是认定本罪的关键。

具体到本案，现有证据足以认定吴某实施了将贩毒所得现金通过支付宝扫码转账的方式转为合法收入的客观行为。吴某供认其系以在网上购买泰达币的方式向上家购买毒品，从常理上分析，其向他人贩卖毒品直接通过转账方式收取毒资更便于其与上家交易，但原审被告人吴某某指证其系应吴某要求向对方支付现金购买毒品，且其供述有原审被告人黄某的供述予以印证，据此可见，吴某在明知涉案的6700元现金系其贩毒所得，却故意通过便利店将现金转入其支付宝账户，其主观上具有掩饰、隐瞒贩卖毒品违法所得的故意。

综上，在认定洗钱罪时，要求行为人主观上必须具有掩饰、隐瞒违法所得的故意，否则就是客观归罪。对行为人主观明知的考察，关键在于明知自洗钱行为是为后续的犯罪行为做准备，唯此方能充分体现主客观相统一的原则。对于行为人推定明知的则应综合行为人的认知能力、既往犯罪手段等主客观因素进行盖然性判断。

编写人：广东省中山市中级人民法院　欧俊颖

（五）金融诈骗罪

30

办理非法集资案件要遵循主客观相一致原则

——史某集资诈骗案

【案件基本信息】

1. 裁判书字号

北京市第一中级人民法院（2022）京01刑终64号刑事裁定书

2. 案由：集资诈骗罪

【基本案情】

2016年6月至11月，被告人史某伙同他人（另案处理），在某公司通过发传单、召开宣讲会等公开宣传的方式非法集资，以年息24%为诱饵，与集资参与人王某1、杜某1等90人签订借款协议，用销售终端（POS机）刷卡或收取现金的形式，吸收投资款共计人民币6059712元。其集资后用于生产经营活动与筹集资金规模明显不成比例，致使集资款不能返还。

被告人史某于2015年8月至2016年5月，在安徽省铜陵市非法吸收公众存款，2018年9月被判处有期徒刑三年六个月，罚金人民币10万元。因本案，被告人史某于2019年6月21日被公安局某分局解回再审。

【案件焦点】

史某曾因某某公司铜陵分公司非法吸收公众存款被判处有期徒刑，此后又以某公司继续沿用某某公司铜陵分公司的经营模式，再次以某某公司扩大生产规模需要资金为由募集社会资金的行为如何定性。

【法院裁判要旨】

北京市海淀区人民法院经审理认为：被告人史某供称融资目的是为某某公司设备升级改造，缓解资金紧张。但其隐瞒了该公司（化肥厂）已于某公司融资前停产且恢复经营无预期的真相，明知偿还集资款的可能性不大，仍诱骗集资参与人进行投资。所吸收的资金主要用于某公司租赁办公场地、发放销售团队的提成、取现，少部分支付集资参与人的返利等，绝大部分资金未用于生产经营或投资，属于“用于生产经营活动与筹集资金规模明显不成比例”的情形，致使集资款不能返还。

被告人史某以非法占有为目的，伙同他人使用诈骗的方法非法集资，数额巨大，其行为已构成集资诈骗罪，应予惩处。被告人史某因犯非法吸收公众存款罪被判处刑罚，在刑罚执行完毕前又发现其在判决宣告前还有其他罪没有判决，依法对本次犯罪作出判决，并与其因非法吸收公众存款罪所判处的刑罚并罚。故判决：

被告人史某犯集资诈骗罪，判处有期徒刑十年，罚金人民币 30 万元，与前罪所判处的有期徒刑三年六个月，罚金人民币 10 万元并罚，决定执行有期徒刑十一年，罚金人民币 40 万元；责令被告人史某退赔各集资参与人的经济损失；查封、冻结的财产，依法予以处理。

一审判决后，史某提起上诉。北京市第一中级人民法院经审理认为：一审法院根据史某犯罪的事实、犯罪的性质、情节和对于社会的危害程度所作出的判决，事实清楚，证据确实、充分，定罪和适用法律正确，量刑适当，审判程序合法，应予维持，唯对史某的刑期截止时间计算有误，依法予以纠正。据此，裁定如下：

驳回上诉，维持原判。

【法官后语】

本案的争议焦点在于史某曾因某某公司铜陵分公司非法吸收公众存款被判处有期徒刑，此后又以某公司继续沿用某某公司铜陵分公司的经营模式，再次以某某公司扩大生产规模需要资金为由募集社会资金的行为如何定性。

非法吸收公众存款罪和集资诈骗罪实质上存在诸多区别。从犯罪主体上来讲，个人和单位都可以构成这两项罪名；从侵犯的客体上来讲，集资诈骗罪为金融诈骗犯罪，其侵犯的是双重客体，即国家金融管理秩序、集资参与人的财产所有权，而非法吸收公众存款的犯罪侵犯的客体在一般情况下更侧重于国家的金融管理秩序，虽然非法吸收公众存款罪也可能造成集资参与人财产损失，但有别于采用诈骗手段直接侵犯公私财物所有权的行为；从犯罪客观行为方式来讲，非法集资的犯罪行为人使用的是诈骗的方法，而非法吸收公众存款的犯罪行为则不以使用诈骗方法作为构成犯罪的要件；另外，也是司法实践中区分二者最重要的特征，即从犯罪主观方面来讲，集资诈骗罪的行为人具有非法占有资金的主观目的，而非法吸收公众存款罪的行为人在主观上不具有非法占有的目的。

本案中，史某提出判决对于集资款是否投入生产经营以及后续能否归还并未查清，不能证明其存在“非法占有目的”，认为史某仍然构成非法吸收公众存款罪。对此，合议庭综合案发时某某公司经营状况、资金状况、被告人主观认知以及涉案钱款去向等，认为可以认定史某此时存在非法占有目的，其行为构成集资诈骗罪。具体而言，有以下四个方面：

第一，本案的定性应基于查明的事实和相应的证据进行认定，不是必须与前罪定性一致。

第二，从其所称的投资对象某某公司经营状况来看，该公司（化肥厂）已于某公司融资前停产且恢复经营无预期。

第三，从案发时间上看，以某公司名义进行非法集资活动发生在史某前罪非法吸收公众存款罪中某某公司铜陵分公司资金链断裂无法兑付之后，在此过程中，史某的犯罪故意已经发生转化，如果前期在铜陵市非法集资时尚无非法占有目的，但明知之前募集的资金尚未兑付，仍继续诱骗投资人进行投资，主观上已转化成集资诈骗的故意。

第四，从资金使用上看，某公司集资时间约半年，集资规模600余万元，该公司与投资人约定的投资期限为半年，故对投资人即将兑付本金，该公司资金链即断裂。从资金流水看，投资款进入史某关系人账户后，大部分用于取现。根据公司会计吕某的证言，公司给融资团队的佣金比例为44%，且为现金支付，故资金去向中现金支取的很大一部分是发放佣金。根据在案证据显示的资金使用成本，难以形成稳定的盈利形势，体现出集资后不用于生产经营活动或者用于生产经营活动与筹集资金规模明显不成比例，致使集资款不能返还的情况。

综上，本案被告人史某隐瞒了某某公司（化肥厂）已于某公司融资前停产且恢复经营无预期，及之前在安徽省铜陵市非法募集的资金尚未返还等事实，采用成本高昂的融资模式，明知偿还集资款的可能性不大，仍诱骗集资参与人进行投资。所吸收的资金主要用于某公司发放销售团队的高比例提成、租赁办公场地、取现支配，少部分支付集资参与人的返利等，绝大部分资金未用于生产经营活动或投资，属于“集资后用于生产经营活动与筹集资金规模明显不成比例，致使集资款不能返还”，应认定其主观上具有“非法占有目的”。在司法实践中，要充分考察、判断在案证据状况及资金、经营活动表现形式、发展阶段，从而准确定性，最大限度实现法律事实与客观事实的有机统一。

编写人：北京市第一中级人民法院　张之

31

集资诈骗罪中“从旧兼从轻”原则的适用应遵循法律与司法解释对应适用原则

——高某某集资诈骗案

【案件基本信息】

1. 裁判书字号

北京市第三中级人民法院（2022）京03刑终336号刑事裁定书

2. 案由：集资诈骗罪

【基本案情】

被告人高某某于2015年至2019年，虚构投资二手房生意可返本并获得高额收益为由，向社会不特定公众募集并骗取资金，在募集资金后陆续向张某转账，张某陆续向高某某返款，高某某再向集资参与人返利。至集资参与人报案前，共骗取陈某某等人款项（实际经济损失）共计人民币3000余万元。

被告人高某某后被抓获归案，上述款项已损失。公安机关冻结了高某某涉案银行账户，并扣押摩托车一辆。

【案件焦点】

集资诈骗案件中应如何准确适用刑法中的“从旧兼从轻”原则。

【法院裁判要旨】

北京市朝阳区人民法院经审理认为：被告人高某某无视国法，使用诈骗手段公开募集资金，骗取集资参与人钱款3000余万元，属数额巨大，其行为已经触犯刑法，构成集资诈骗罪，依法应予惩处。北京市朝阳区人民法院依照《中华人民共和国刑法》第十二条、第一百九十二条第一款等以及《最高人民法院关于审理非法集资刑事案件具体应用法律若干问题的解释》第七条、第八条、第九条，判决如下：

一、被告人高某某犯集资诈骗罪，判处有期徒刑十四年，并处罚金人民币50万元，剥夺政治权利三年；

二、责令被告人高某某退赔各集资参与人的经济损失；

三、在案扣押物品及冻结账户，依法处理。

一审判决后高某某提起上诉，北京市第三中级人民法院经审理认为：一审法院根据上诉人高某某犯罪的事实、性质、情节和对于社会的危害程度所作的判决，定罪及适用法律正确，量刑适当，审判程序合法，应予维持。故裁定如下：

驳回上诉，维持原判。

【法官后语】

关于集资诈骗罪，立法以来依次在1997年修订的《中华人民共和国刑法》(以下简称旧法)、最高人民法院于2011年实施的《最高人民法院关于审理非法集资刑事案件具体应用法律若干问题的解释》（以下简称旧解释)、经2021年3月1日实施的《中华人民共和国刑法修正案（十一）》修正的《中华人民共和国刑法》(以下简称新法)、2022年3月1日施行的经修正的《最高人民法院关于审理非法集资刑事案件具体应用法律若干问题的解释》（以下简称新解释）共计4个文件中有所规定。涉及对新法、新解释出台前实施的犯罪行为，在新法、新解释出台后审判的，究竟应该适用哪部法律、哪部司法解释，二者之间应当如何组合，尚无具体的权威规则指引，实践中往往容易产生分歧。

根据《中华人民共和国刑法》第十二条[①]规定的精神，涉及“从旧兼从

---

① 《中华人民共和国刑法》第十二条规定，中华人民共和国成立以后本法施行以前的行为，如果当时的法律不认为是犯罪的，适用当时的法律；如果当时的法律认为是犯罪的，依照本法总则第四章第八节的规定应当追诉的，按照当时的法律追究刑事责任，但是如果本法不认为是犯罪或者处刑较轻的，适用本法。本法施行以前，依照当时的法律已经作出的生效判决，继续有效。

轻”问题的案件，原则上适用旧法，但是如果新法不认为是犯罪或者处刑较轻的，适用新法。《最高人民法院、最高人民检察院关于适用刑事司法解释时间效力问题的规定》[①]（以下简称《时间效力问题规定》）亦规定，上述案件原则上适用旧解释，但适用新解释对犯罪嫌疑人、被告人有利的，适用新解释。对上述两项规定在个案中具体应该如何理解与适用，存在以下两种不同意见：

第一种意见认为，法律的位阶高于司法解释，司法解释服务于法律，“从旧兼从轻”原则首先是《中华人民共和国刑法》的明确规定，其次才是《时间效力问题规定》对司法解释的规定，应首先依法适用法律的选择；新旧法比较而言，同一标准下新法处刑整体重于旧法，故新法颁布前的案件均应当适用旧法；在此基础上，再将适用“旧法、旧解释”与适用“旧法、新解释”的结果进行比较，选择适用处刑较轻的组合，处刑相同时适用“旧法、旧解释”。

本案中，个人犯罪数额为3000余万元，依照上述观点，应适用“旧法、新解释”；依照新解释，3000余万元属于数额巨大，依照旧法，数额巨大的，应判处5年以上10年以下有期徒刑，并处5万元以上50万元以下罚金。

第二种意见认为，针对同一罪名，存在多部法律及多部司法解释时，每一部司法解释均只指向在其之前颁布的最新法律，二者具有对应性；因此，在以旧法、旧解释、新法、新解释顺序颁布的集资诈骗罪相关规范中，旧解释仅能解释旧法，新解释仅能解释新法。在涉及“从旧兼从轻”问题时，应当将适用“旧法、旧解释”与适用“新法、新解释”得出的结果进行比较，最终选择适用处刑较轻的组合。

本案中，个人犯罪数额为3000余万元，依照上述观点，应适用“新法、新解释”；依照新解释，3000余万元属于数额巨大，依照新法，数额巨大的，应判处7年以上有期徒刑或者无期徒刑，并处罚金或者没收财产。

---

① 《最高人民法院、最高人民检察院关于适用刑事司法解释时间效力问题的规定》规定，对于新的司法解释实施前发生的行为，行为时已有相关司法解释，依照行为时的司法解释办理，但适用新的司法解释对犯罪嫌疑人、被告人有利的，适用新的司法解释。

笔者同意第二种意见，主要理由为：(1) 新解释系根据当今时代特征与新法特点进一步修正制定，诸多特征显示其与新法相匹配，因“从旧兼从轻”将新解释套用在旧法上违背新解释制定初衷，二者亦不相匹配。例如，关于刑档，新解释由旧解释的三档变更为与新法匹配的二档；关于罚金刑，新解释在新法未具体规定的情形下补充规定了与新法刑档相匹配的罚金刑区间。无论是将新解释的二档标准适用于旧法的三档规定，还是将新解释的罚金刑区间适用在本就已经规定了罚金刑区间的旧法，均将产生冲突与不和谐，将不可避免地进一步产生解释成本。

(2) 第一种意见实质性地消灭了在相关案件中适用旧法第三档刑罚的可能性，可能造成量刑畸轻。依照第一种意见，个人犯罪数额在100万元以上，单位犯罪数额在500万元以上时，因适用旧解释属“数额特别巨大”，而适用新解释则属“数额巨大”，在旧法恒定适用的前提下，显然适用新解释处刑更轻，故应当适用新解释；而按照上述方法适用“旧法、新解释”的结果是，无论犯罪数额多大，均只能依照新解释认定为“数额巨大”，而“数额巨大”依照旧法，只能判处5年以上10年以下有期徒刑；即，无论犯罪数额多大，均最多只能判处10年有期徒刑。如前所述，新法整体刑罚较旧法更重，体现了进一步严厉打击非法集资的刑事司法政策；而无论新法、旧法，最高法定刑幅度的最高刑均为无期徒刑，亦即，在犯罪数额特别巨大或者情节特别严重之时，主刑最高均可以判处至无期徒刑，犯罪行为人不存在无法预见到10年以上有期徒刑刑罚的情形。如果仅仅因“从旧兼从轻”原则的适用，就将本可能被判处10年以上有期徒刑乃至无期徒刑的犯罪行为，直接限缩到使其只能在5年以上10年以下有期徒刑区间内量刑，将完全背离立法加强打击的初衷，也有违罪责刑相一致原则，造成量刑畸轻的后果。

(3) 相比于集资诈骗罪，同属于新解释规范的非法吸收公众存款罪因刑期、新法修订模式等的不同，适用“从旧兼从轻”原则时呈现的效果亦有所不同，但在适用方法上仍可遵循法律与司法解释对应适用原则。旧法中，非法吸收公众存款罪设置二档刑罚，一是规定非法吸收公众存款或者变相吸收公众存款，扰乱金融秩序的，处3年以下有期徒刑或者拘役，并处或者单处2万元以上20万元以下罚金；二是规定数额巨大或者有其他严重情节的，处3年以上10年以下有期徒刑，并处5万元以上50万元以下罚金。而在新法中，除删除具体罚金刑幅度外，添加了第三档：数额特别巨大或者有其他特别严重情节的，处10年以上有期徒刑，并处罚金。由此可以看出，与集资诈骗罪刑档、刑期均有所变化不同，非法吸收公众存款罪仅是添加了一个刑档、刑期，原刑档、刑期并无变化。而在司法解释层面，新解释仅相对旧解释增加了入档数额，并设定了“数额特别巨大”一档入档数额，设定了罚金刑区间，其余并无变化。以上情况就意味着，非法吸收公众存款罪无论是适用上述第一种观点即适用“旧法、旧解释”与适用“旧法、新解释”相比较取其轻，还是适用第二种观点即适用“旧法、旧解释”与适用“新法、新解释”相比较取其轻，其结论完全一致。而这一结论包括最高只能判处10年有期徒刑，鉴于旧法最高刑为10年有期徒刑，新法颁布前实施犯罪行为的行为人不可能预见到10年以上有期徒刑刑罚的存在，故涉及“从旧兼从轻”的有关案件最高只能判至10年有期徒刑是妥当的；而这也能够反证上述“从旧兼从轻”原则的适用过程均是妥当的。综上，鉴于两种观点在非法吸收公众存款罪中的适用结论并无二致，结合前述第一点、第二点理由，并考虑两罪名规定在同一司法解释之中，而法律、司法解释整体体系上应保持适用方式上的一致，故无论是集资诈骗罪还是非法吸收公众存款罪，在“从旧兼从轻”原则的适用方法上均应遵循法律与司法解释对应适用原则。

本案中，法院根据3000余万元的犯罪数额及案件其他情况，对被告人判处有期徒刑十四年，并处罚金50万元，判决所引用规范为“新法、新解释”，判决结果与规范引用与上述第二种意见相符，是正确的。

编写人：北京市第三中级人民法院　刘泽　池天慧

32

获利型共同犯罪中已责令主犯继续退赃退赔发还各被害人后，无须责令从犯继续退赔

——余某某、陆某、谭某集资诈骗案

【案件基本信息】

1. 裁判书字号

湖北省宜昌市猇亭区人民法院（2022）鄂0505刑初73号刑事判决书

2. 案由：集资诈骗罪

【基本案情】

2018年6月至2021年10月，主犯黄某某（已另案处理）先后在人寿保险公司、财产保险公司等单位，受聘从事保险营销及担任部门经理。被告人余某某、陆某、谭某及章某、向某某、陈某某、李某某（四人均另案处理）等人先后通过招聘，成为黄某某所在营业部的业务员。其间，黄某某虚构保险公司内部有存款任务，每万元每月利息200元至500元不等，且存款期限可自由选择，利息按月支付，期满可退还本金等事实，组织上述人员通过工作晨会公开宣讲，或以微信发送宣传文本、小视频、口口相传等方式进行宣传，伪造“投资公司存款专用”等印章，拟制存款合同，以个人名义办理POS机（销售终端），共同利用保险公司员工的特殊身份和办公场所，以诈骗方法持续向向某等30名被害人非法吸收资金900.0039万元。黄某某将上述资金以借新还旧方式兑付部分被害人本息以造成还本付息的假象，其他资金用于支付“砍头息”（提成）、给团队人员额外发“工资”、组织外出旅游等消费，造成被害人实际经济损失467.1599万元。

被告人余某某、陆某、谭某分别于2018年至2020年间到黄某某所在保险公司工作，后成为黄某某团队的主管，均系黄某某指定的“存款业务”财务组成员，明知“存款业务”是黄某某个人主导的虚假业务，仍参与宣传推广“存款业务”或款项收付、管理印章和POS机，并利用本人微信、支付宝及银行账户接收他人存款资金、发放利息及记账。余某某担任主管及“存款业务”财务组成员期间，其参与黄某某团队涉及非法吸收资金878万余元，造成被害人经济损失454万余元。陆某担任主管及“存款业务”财务组成员期间，其参与黄某某团队涉及非法吸收资金292万余元，造成被害人经济损失260万余元；谭某担任“存款业务”财务组成员期间，参与黄某某团队涉及非法吸收资金265万余元，造成被害人经济损失235万余元。

被告人陆某于2022年1月19日被公安机关抓获归案，到案后如实供述自己的犯罪事实；同月25日、26日，被告人余某某、谭某分别经公安机关电话通知后到案，并如实供述了自己的犯罪事实。被告人余某某现已退赃退赔2万元、陆某现已退赃退赔1.2万元、谭某现已退赃退赔1.9万元、章某等9人分别退赃退赔41万元至0.6万元，合计退赃退赔62.595万元。2022年11月11日，宜昌市猇亭区人民检察院以犯罪情节轻微，且系从犯，具有自首、坦白、积极退缴违法所得、自愿认罪认罚等从轻、减轻处罚情节，分别决定对章某等人不起诉。

【案件焦点】

1. 对本案作为从犯的三被告人是否适用缓刑；2. 获利型共同犯罪中已责令主犯继续退赃退赔发还各被害人后，是否仍需责令从犯继续退赔。

【法院裁判要旨】

湖北省宜昌市猇亭区人民法院经审理认为：黄某某在前期宣传承诺每万元月息200元至500元不等并按月支付利息，远远高于正常民间借贷利率，资金使用成本过高；归还本息主要通过“借新还旧”来实现；黄某某及其团队本身也并未从事生产经营活动不具有营利性，显然黄某某及同案人员具有非法占有目的，黄某某虚构保险公司内部有存款任务、使用伪造印章及合同、高息利诱等诈骗方法非法集资 900.0039 万元，至案发时未兑付金额为 467.1599 万元，集资诈骗金额 467.1599 万元，数额巨大，其行为构成集资诈骗罪。被告人余某某、陆某、谭某对黄某某的上述集资诈骗行为显然是明知的，仍然帮助黄某某实施上述集资诈骗行为，余某某、陆某、谭某是集资诈骗罪的共犯，均构成集资诈骗罪，公诉机关的指控成立。共同犯罪中，黄某某起主要作用，是主犯；余某某、陆某、谭某起次要作用，是从犯，应当按照其所参与的犯罪处罚，其中余某某参与集资诈骗数额 454.0099 万元，陆某参与集资诈骗数额 260.547 万元，谭某参与集资诈骗数额 235.897 万元，均为数额巨大。余某某、谭某分别经公安机关电话通知后到案，并如实供述自己的罪行，是自首；陆某到案后如实供述自己的罪行，是坦白；三被告人均系从犯，依法减轻处罚。鉴于余某某、陆某、谭某的犯罪情节，且均系从犯，有悔罪表现，均符合缓刑适用条件，依法对三被告人均宣告缓刑。据此，以集资诈骗罪，分别判处被告人余某某有期徒刑三年，缓刑五年，并处罚金 15 万元；被告人陆某有期徒刑三年，缓刑四年，并处罚金 13 万元；被告人谭某有期徒刑三年，缓刑五年，并处罚金 10 万元。

判决后，当事人均未上诉，公诉机关未提起抗诉，本判决现已生效。

【法官后语】

本案的争议焦点有：(1) 对本案作为从犯的三被告人是否适用缓刑；(2) 获利型共同犯罪中已责令主犯继续退赃退赔发还各被害人后，是否仍需责令从犯继续退赔。

一、余某某、陆某、谭某构成集资诈骗罪的从犯

根据《中华人民共和国刑法》第一百九十二条第一款规定，以非法占有为目的，使用诈骗方法非法集资，数额较大的，为集资诈骗罪。集资诈骗案件的主犯，通常指在集资诈骗过程中起到决策等主要作用的人，如公司的实际控制人、实际经营人；此外，对于集资诈骗过程中的主要实施者具体包括负责宣讲公司项目、集资规则、返款利率等关键工作，直接吸引社会公众投资的人。对

于从犯的认定标准，可以参照被告人在公司所担任的职务、是否受雇他人参与非吸、是否参与公司的经营决策、是否参与虚构理财产品的开发、是否使用非吸的款项、是否募集资金的控制者和使用者等方面进行综合分析判定。

具体到本案，关于对三被告人是否适用缓刑问题。因三被告人均系从犯，依法应当从轻、减轻处罚或者免除处罚；同时三被告人还有自首、坦白、退赃退赔情节；同案的另外四人因退赃退赔态度更积极、数额更多也作了相对不诉处理，本案的三被告人也不宜过重；而且三被告人分别在黄某某处存钱本金也未收回（只是因证据问题而没有列入非法集资损失，只有三被告人供述与黄某某供述，但数额不一致），现余某某居住地社区矫正管理局同意对其社区矫正，陆某居住地社区伍家岗区社区矫正管理局对本院的调查函未回复，谭某居住地社区夷陵区社区矫正管理局回复称谭某现正在社区矫正中；公诉机关也同意对三被告人适用缓刑，故合议庭均认为对三被告人应惩罚与教育相结合，给他们一个悔过自新的机会，均可适用缓刑。

二、关于责令主犯退赔后从犯是否继续退赔的问题

关于共同犯罪中已责令主犯黄某某继续退赃退赔四百多万元，发还各被害人，是否还需要责令从犯继续退赔问题。现司法实践中有不同的处置：一种是同案犯对违法所得都具有全额退赔责任，即所谓的“连带责任”。类似这样的处罚，在一定程度上有利于追缴违法所得，恢复被破坏的社会秩序。此类司法实践中，也考虑一定的责任公平，认为共同犯罪中同案犯如承担退赔责任超出自己违法所得的，有权向其他同案犯追偿。但按此处罚，有如下三个问题值得思考：一是罪责刑不相适应，对从犯法律具有从轻、减轻或免除处罚的量刑情节，当其在违法所得获利中自身发挥的作用不大，且主犯未到案，“财产刑”承担较重会引发罪责刑不相适应的问题，也不利于认罪认罚从宽制度的实施；二是退赔额度会重复计算，如前所述，部分从犯被追缴了所有违法所得，那么主犯到案后，为了使该案量刑平衡，会对主犯追缴全部违法所得，追缴违法所得就会重复；三是不利于打击犯罪，如前所述，如向获利较小的从犯追缴所有违法所得，容易出现谁先到案谁缴纳违法所得的问题，因为退赃、退赔能较大

影响强制措施、量刑和刑罚的执行。

另一种是从犯按实际违法所得进行退赃退赔，该种退赔方式注重以问题为导向，更精准落实罪责刑相适应原则。刑罚责任的大小，对被告人来说，不仅是自由刑大小，更关乎“财产刑”能否与自由刑相匹配。因此，对违法所得退赔，要注重考虑同案犯在违法所得获得环节的作用大小、实际获利、退赔能力等因素，参照《中华人民共和国刑法》第二十六条之规定，对首要分子、其他主犯和从犯追缴违法所得时做相应的区分。同时，违法所得退赔应具有补偿性，即恢复刑事法律关系，而不具有惩罚性，惩罚性由自由刑、罚金刑予以规定，涉及人身、财产的处罚，都有相应法律的明文规定。因此，违法所得不能以连带赔偿责任的形式进行追赔，对没有共同占有财物或者直接参与获利环节的共犯，不能扩大退赔义务。

结合本案情况，公诉机关对三被告人各自具体违法所得因证据不足无法计算而未予以指控，根据庭审查明的情况和各被告人的自认，考虑被告人的退赔能力，现三被告人分别退赔 2 万元、1.2 万元、1.9 万元，合议庭一致同意第二种观点，原因是罪责刑相适应，对没有共同占有财物或者直接参与获利的共犯，不能扩大退赔义务。

编写人：湖北省宜昌市猇亭区人民法院　刘强

33

行为人骗取被害人个人信息后帮助或擅自以被害人身份申请银行贷款，并在被害人不知道的情况下秘密转走贷款的行为构成信用卡诈骗罪

——殷某信用卡诈骗案

【案件基本信息】

1. 裁判书字号

江苏省无锡市中级人民法院（2022）苏 02 刑终 345 号刑事裁定书

2. 案由：信用卡诈骗罪

【基本案情】

2022 年 2 月至 3 月，被告人殷某冒充某银行工作人员，以安装某银行二维码、帮助办理低息贷款等手段取得被害人信任，骗取被害人社保卡、身份证、银行卡密码等信息，后在安装二维码时，以被害人身份向银行申请贷款，在帮助被害人办理手机贷款业务过程中、被害人不知贷款到账的情况下，将被害人手机上的贷款秘密转至自己银行卡内。殷某通过上述方式共计骗得 100.9 万元，并将上述款项用于赌博、偿还个人债务等。具体事实：

1. 2022 年 2 月 10 日，被告人殷某利用为芮某在手机上办理贷款的时机，以芮某身份贷款 5 万元，并在芮某不知情的情况下转至其本人银行卡内。

2. 2022 年 2 月 26 日，被告人殷某冒充银行工作人员办理收款二维码、贷款等业务，骗取张甲的手机、身份证、社保卡、密码以及让张甲刷脸登录，以张甲身份贷款 25 万元，并在张甲不知贷款到账的情况下转至其本人银行卡内。

3. 2022 年 2 月 17 日，被告人殷某冒充银行工作人员办理收款二维码、贷款等业务，骗取林某的手机、身份证、社保卡、密码以及让林某刷脸登录，以林某身份贷款 6. 9 万元，十日后谎称为林某退掉贷款 6. 9 万元，重新办理贷款 10 万元的业务时，在林某不知情的情况下将 6. 9 万元转至其本人银行卡内；同日，殷某在林某不知情的情况下，以林某身份贷款 12 万元，并转至其本人银行卡内。

4. 2022 年 3 月 1 日，被告人殷某冒充银行工作人员办理收款二维码、贷款等业务，骗取任某的手机、身份证、社保卡、密码以及让任某刷脸登录，以任某身份贷款 10 万元，并在任某不知贷款到账的情况下将 10 万元转至其本人银行卡内。

5. 2022 年 3 月 1 日，被告人殷某冒充银行工作人员办理收款二维码升级业务，骗取张乙的手机并让张乙刷脸登录，在张乙未要求贷款的情况下，以张乙身份贷款 30 万元，并转至其本人银行卡内。

6. 2022 年 3 月 2 日，被告人殷某冒充银行工作人员办理收款二维码业务，骗取袁某的手机并让袁某输入手机银行密码、刷脸验证，在袁某未要求贷款的情况下，以袁某身份贷款 12 万元，并转至其本人银行卡内。

【案件焦点】

殷某冒充银行工作人员，骗取被害人个人信息，后擅自以被害人身份申请银行贷款或帮助被害人申请银行贷款，并在被害人不知道贷款已到账的情况下，将贷款秘密转至其本人账户的行为如何定性。

【法院裁判要旨】

江苏省宜兴市人民法院经审理认为：被告人殷某以非法占有为目的，冒用他人信用卡骗取 100. 9 万元，数额特别巨大，其行为已构成信用卡诈骗罪。殷某曾因故意犯罪受过刑事处罚，刑罚执行完毕后五年内又故意犯罪，且应当判处有期徒刑，系累犯，应当从重处罚。据此，判决如下：

一、被告人殷某犯信用卡诈骗罪，判处有期徒刑十一年，并处罚金人民币

10万元；

二、继续责令被告人殷某退还被害人人民币100.9万元。

一审宣判后，被告人殷某以原审判决认定事实不清、证据不足为由提出上诉。江苏省无锡市中级人民法院经审理认为：原审判决认定的事实清楚，适用法律正确，量刑适当，诉讼程序合法，故裁定：

驳回上诉，维持原判。

【法官后语】

根据行为方式的不同，本案中殷某的行为可以划分为两大类：一是冒充银行工作人员，骗取被害人个人信息，后擅自以被害人身份申请手机银行贷款并在贷款到账后秘密转走；二是冒充银行工作人员，骗取被害人个人信息，后经被害人同意以被害人身份申请手机银行贷款并在被害人不知道贷款到账的情况下，将贷款秘密转走。本案的争议焦点在于两类行为如何定性。

1. 殷某冒充银行工作人员，骗取被害人个人信息，后擅自以被害人身份申请手机银行贷款并在贷款到账后秘密转走的行为构成信用卡诈骗罪

《中华人民共和国刑法》第一百九十六条第一款第三项，冒用他人信用卡的构成信用卡诈骗罪。《最高人民法院、最高人民检察院关于办理妨害信用卡管理刑事案件具体应用法律若干问题的解释》第五条第二款规定了“冒用他人信用卡”的四种情形：（1）拾得他人信用卡并使用的；（2）骗取他人信用卡并使用的；（3）窃取、收买、骗取或者以其他非法方式获取他人信用卡信息资料，并通过互联网、通讯终端等使用的；（4）其他冒用他人信用卡的情形。

本案中，殷某冒充银行工作人员，以办理收款二维码等业务为由，骗取了被害人的身份证、社保卡号、银行交易密码及人脸验证等信用卡信息资料，后在被害人未要求办理贷款的情况下，通过操作被害人的手机使用前述信息资料以被害人的身份办理手机银行贷款，属于典型的骗取他人信用卡信息资料并通过互联网、通讯终端等使用的情形，构成信用卡诈骗罪。

2. 殷某冒充银行工作人员，骗取被害人个人信息，后经被害人同意以被害人身份申请手机银行贷款并在被害人不知道贷款到账的情况下，将贷款秘密转

走的行为构成信用卡诈骗罪

关于此类行为如何定性存在两种意见：第一种意见认为，殷某的行为属于骗取他人信用卡信息资料，并通过互联网、通讯终端等使用的情形，构成信用卡诈骗罪；第二种意见认为，殷某前期利用被害人个人信息资料进行贷款的行为是被害人认可的，不能认定为“冒用他人信用卡”，只有在被害人不知情的情况下将银行卡中的贷款秘密转至其本人的账户才是犯罪，该行为属于秘密窃取他人财物，构成盗窃罪。

笔者同意第一种意见，理由如下：(1) 殷某的行为应当整体评价，其犯罪行为从约被害人办理业务时就已经着手，在要求被害人提供身份证、银行卡、手机等时就已具有非法占有贷款的主观故意。虽然两类行为手段存在差异，但本质上都是以非法占有为目的，通过骗取被害人的信用卡信息资料并通过互联网、通讯终端等办理银行贷款，并将贷款占为己有。(2) 如果定盗窃罪，则仅对殷某从被害人银行卡中转出钱款的行为予以否定性评价，并未对其前期的犯罪故意与犯罪行为进行评价。实际上殷某是以帮助被害人贷款为由，非法占有该贷款款项，与直接将被害人银行卡中的钱款转移至自己的账户存在根本区别。

综上，殷某的行为均构成信用卡诈骗罪。

编写人：江苏省无锡市滨湖区人民法院　程文斌

江苏省无锡市中级人民法院　周群　张玲玲

34

骗取他人信用卡并秘密获取密码后使用的行为应认定为信用卡诈骗

——李某某诈骗、信用卡诈骗案

【案件基本信息】

1. 裁判书字号

福建省泉州市中级人民法院（2022）闽05刑终657号刑事裁定书

2. 案由：诈骗罪、信用卡诈骗罪

【基本案情】

一、诈骗部分

1. 2019年12月28日，被告人李某某在某茶庄外其驾驶的小型轿车内，虚构“家人生病急需用钱”的理由，向被害人苏某借用10000元，后被害人苏某通过扫描被告人李某某提供的二维码将某银行信用卡内的10000元转账给被告人李某某。其间，被告人李某某趁机窥得被害人苏某的信用卡密码，随后被告人李某某又以“帮助信用卡还款”为由，将被害人苏某上述某银行信用卡骗走。

2. 2020年4月24日，被告人李某某以“避免逾期”为由，让被害人苏某自行还款5399元至涉案信用卡内，随后又以“避免额度下降要将额度再度刷出及帮助信用卡还款”为由，让被害人苏某通过被告人李某某提供的二维码刷出4078元给被告人李某某，嗣后被告人李某某将该款项挥霍。

二、信用卡诈骗部分

2020年1月5日，被告人李某某利用从被害人苏某处窥得的某银行信用卡密码，在未经被害人苏某许可的情况下刷走该信用卡内钱款30000元并用于赌博、日常消费等，被被害人苏某发现后，其谎称要偿还信用卡欠款以骗取被害人苏某信任，并继续使用该信用卡消费。

【案件焦点】

1. 行为人骗取他人信用卡并秘密获取密码后使用的行为应如何认定；2. 在后期使用过程中若经卡主许可使用，涉案数额如何认定。

【法院裁判要旨】

福建省晋江市人民法院经审理认为：被告人李某某以非法占有为目的，隐瞒真相、虚构事实，骗取他人财物，数额较大；还冒用他人信用卡进行诈骗活动，数额较大；其行为已构成诈骗罪、信用卡诈骗罪。公诉机关指控罪名成立，但指控被告人李某某信用卡诈骗涉案数额有误，应予纠正。被告人李某某在判决宣告前犯数罪，应当数罪并罚。被告人李某某在归案后如实供述其诈骗犯罪的主要事实，对其所犯诈骗罪予以从轻处罚。据此，以诈骗罪，判处被告人李某某有期徒刑七个月，并处罚金人民币5000元；以信用卡诈骗罪，判处被告人李某某有期徒刑二年九个月，并处罚金人民币30000元，决定执行有期徒刑三年，并处罚金人民币35000元；责令被告人李某某退赔被害人苏某经济损失人民币44078元。

一审宣判后，李某某提出上诉，福建省泉州市中级人民法院经审理认为：原判定罪准确，量刑适当，审判程序合法。据此，裁定如下：

驳回上诉，维持原判。

【法官后语】

本案争议焦点在于被告人如何获取他人信用卡及密码、其使用信用卡是否取得被害人的授权以及被告人持卡消费行为的定性、涉案数额的认定。

一、关于被告人如何获取信用卡的问题

被告人李某某辩称其是经被害人授权使用信用卡的，被害人则对此予以否认。对此，在案被害人的陈述及银行交易账单可证实被告人未经许可在被害人不知情的情况下使用被害人的信用卡套现消费，李某某在侦查阶段对其以要帮被害人还钱为由骗取信用卡、用偷窥得来的密码刷卡套现的事实亦供认不讳，上述相关证据可以证实李某某系以欺骗手段取得被害人的涉案信用卡后，在未经被害人许可的情况下擅自刷卡套现。

二、关于李某某骗取信用卡后利用偷窥获取的密码进行消费的行为定性问题

本案系属骗取他人信用卡并未经授权使用的情形，即行为人通过欺骗的手段获取持卡人的信用卡，持卡人并未同意或者授权行为人使用其信用卡，行为人却持卡消费。实践中这种情形很常见，被告人虚构事实以骗取被害人同意将本人的信用卡交给被告人，必须全面客观地审查被害人的“自愿性”。此外，还必须充分考虑行为人的行为目的，如果行为人以非法占有为目的，以信用卡为目标，通过欺骗手段获得持卡人信用卡和密码，由于行为人先行为具有犯罪目的性，合法持卡人交付信用卡的行为本质上是违背其意志的。在这种情况下，持卡人交付信用卡并没有同意行为人使用，行为人在没有得到信用卡持卡人授权使用信用卡内资金或授权额度的情况下，通过持有信用卡及密码的表象欺骗银行，使银行误认为其具有使用卡内资金或授权额度的权限而交付钱款。本案中，李某某的行为就是此种行为，有一点不同的是，李某某是通过秘密手段获取密码的，之后刷卡消费也是在被害人不知情的情况下进行的，该行为应如何定性？本案审理过程中，存在两种观点.

第一种观点认为，应认定为盗窃罪。本案被害人向李某某交付信用卡系基于李某某欺骗其要帮忙还款的错误认识，其并没有将信用卡密码告知李某某，没有授权李某某使用其信用卡进行消费等，李某某系通过秘密手段获知被害人信用卡的密码，后在被害人不知情的情况下使用信用卡套现，取得相应的财产，其行为系以非法占有为目的，采取秘密手段，窃取他人财物，符合盗窃罪的构成要件，应认定为盗窃罪，其骗取信用卡的行为系为了后续实施盗窃，该手段行为不再重复评价，行为人的行为应整体评价为盗窃。

第二种观点认为，应认定为信用卡诈骗罪。本案被害人基于李某某的欺骗交付信用卡，但并没有同意李某某使用，李某某并未取得涉案信用卡的完整使用权，而且骗取到信用卡并不等于骗取到卡内的钱款，李某某在未经被害人许可的情况下利用窥探得到的密码使用信用卡取得财物，符合信用卡诈骗罪的构成要件，应认定为信用卡诈骗罪。

笔者认为第二种观点比较合理。原因如下。

首先，从侵犯法益来看。信用卡诈骗罪，是指以非法占有为目的，违反信用卡管理法规，利用信用卡进行诈骗犯罪，该罪侵犯的是复杂客体的法益，一方面是他人财产权益，另一方面是社会主义金融管理秩序；而盗窃罪侵犯的法益是他人财产权益，是单一法益。就本案来说，李某某骗取他人信用卡并通过违法使用行为造成对信用卡管理秩序的破坏，同时侵犯了被害人的财产权益，若以盗窃罪来认定其行为则无法体现其行为对双重法益的侵害。

其次，从行为手段来看。本案属于冒用他人信用卡的行为，所谓“冒用”就是冒充他人使用，冒用他人信用卡就是非持卡人未经持卡人同意或授权，擅自以持卡人的名义使用持卡人的信用卡购物、消费、取现等骗取财物的行为。冒用他人信用卡的前提是必须获取他人的信用卡，在司法实践中，获取他人信用卡的方式有拾得、代管、代领、骗取、盗窃等，从本质上看无论如何获取信用卡，只要未经持卡人同意或授权而使用信用卡就属于冒用他人信用卡，但《中华人民共和国刑法》特别规定，如果是以盗窃的手段获取信用卡并使用的，应认定为盗窃罪；除此之外，《中华人民共和国刑法》对于“冒用信用卡”的定性没有特别规定，故应认定为信用卡诈骗罪。本案中，李某某虽然是通过秘密手段获取密码的，但盗窃罪构成要件中“采取秘密手段”所要获取的对象是财物，即采取秘密手段直接取得他人财物，而本案李某某采取秘密手段获取的是信用卡密码，通过事先骗取的信用卡，加上秘密获取的密码，再通过冒用的行为取得财物，其行为模式为“骗取信用卡+持有信用卡+秘密获取信用卡密码+持卡使用+获取他人财物”，秘密获取信用卡密码这是其中一个充分非必要环节，本案取财行为最主要的还是冒用行为，故从李某某的整体行为模式看，其行为更符合冒用型信用卡诈骗罪的构成要件。

最后，从刑事责任来看。因信用卡诈骗罪侵犯了金融管理秩序及被害人财产权益双重法益，与盗窃罪相比通常具有更大的社会危害性，故《中华人民共和国刑法》规定了更为严厉的刑事责任；而盗窃罪侵犯了他人财产权益这一单一法益，与信用卡诈骗罪相比社会危害性较小，故《中华人民共和国刑法》规定的刑事责任相对宽缓。本案中，李某某通过骗取他人信用卡并使用的方式获取他人财物，同时其冒用信用卡的行为侵害了正常的金融管理秩序，社会危害性较大，如果以盗窃罪来认定其行为，则无法评价其整体行为，罪责刑明显不相适应；而信用卡诈骗罪则能够评价其整体行为，同时使其承担较为严苛的刑事责任，也更能体现罪责刑相适应。

三、关于李某某涉案信用卡诈骗犯罪数额的认定问题

冒用型信用卡诈骗认定的关键在于行为人获取信用卡后使用信用卡消费行为是否经过持卡人同意或授权，如果经过同意或者授权则不能认定为冒用，如果未经同意授权或者超过同意授权范围而使用，则对未经同意授权部分应认定为涉案数额。本案中，公诉机关指控李某某信用卡诈骗的涉案数额为未还款账单数额41471.87元，但综合本案证据，李某某骗取被害人的涉案信用卡后，在未经被害人许可的情况下擅自刷卡套现30000元，后被被害人发现后承诺要还款，之后被害人并未修改密码或拿回信用卡并由李某某继续使用，但李某某还款后再立即予以套现使用，对于被害人未许可其使用时所刷卡的30000元并未实际还款，至于之后刷卡超过30000元的部分应视为被害人许可李某某使用，并非冒用他人信用卡，不应计入信用卡诈骗犯罪数额。

编写人：福建省晋江市人民法院　廖文斌

35

借用 POS 机（销售终端）盗刷信用卡并转移犯罪所得构成自洗钱犯罪

——李某信用卡诈骗、洗钱案

【案件基本信息】

1. 裁判书字号

福建省晋江市人民法院（2021）闽 0582 刑初 461 号刑事判决书

2. 案由：信用卡诈骗罪、洗钱罪

【基本案情】

被告人李某在为被害人刘某某办理 POS 机解绑手续中借机要求刘某某提供绑定的信用卡、身份证以及手机，在刘某某不知情时，于 2019 年 10 月 19 日至 2020 年 1 月 16 日，利用本人办理的 POS 机，在便利店内以消费的形式分十五次从刘某某的甲银行、乙银行、丙银行三张信用卡中，共计盗刷人民币（币种，下同）14785 元，并于 2 月 15 日欲使用上述手段从刘某某的乙银行卡中盗刷 1000 元时，因刘某某事先清空信用卡额度而未能得逞。同日，刘某某报警，公安机关在上述便利店内抓获李某，并从其处扣押作案工具 POS 机一台。事后，李某偿还刘某某上述经济损失并取得谅解。

2019 年 11 月 26 日至 2021 年 5 月 3 日，被告人李某先后多次在泉州市某店面内利用帮助被害人陈某某办理提升信用卡额度和降低 POS 机刷卡费率之际，趁陈某某不注意，利用信用卡小额免密支付功能，使用其携带的 POS 机盗刷陈某某名下的甲银行、丁银行、戊银行、己银行、庚银行、乙银行、辛银行的信用卡，共计 79914.79 元。其中，2021 年 3 月 1 日至 5 月 3 日，李某盗刷的陈某某的 19 笔信用卡款项共计 18996.79 元，到账至其向吴某某借用的 POS 机绑定的名下己银行商户，吴某某均按李某的要求将上述款项扣除费率后以微信转账方式转给李某。2021 年 5 月 8 日，经陈某某报警，公安机关在上述店面内抓获李某并从其处扣押作案工具 POS 机一台及苹果手机一部。

【案件焦点】

1. 被告人李某借用 POS 机盗刷信用卡并转移犯罪所得的行为是否构成洗钱罪；2. 李某所犯信用卡诈骗罪与洗钱罪是否应数罪并罚。

【法院裁判要旨】

福建省晋江市人民法院经审理认为：被告人李某冒用他人信用卡进行信用卡诈骗活动，数额巨大，其行为已构成信用卡诈骗罪；其为掩饰、隐瞒金融诈骗犯罪所得的来源和性质，通过转账的方式转移资金，其行为还构成洗钱罪。李某在判决宣告以前一人犯数罪，应数罪并罚。李某归案后如实供述自己的罪行，愿意接受处罚，对其予以从轻处罚。信用卡诈骗罪部分，李某已实施部分犯罪行为，由于意志以外的原因而未得逞，该部分属犯罪未遂；其已赔偿被害人刘某某的经济损失并取得谅解，予以从轻处罚。李某在取保候审期间仍然继续实施犯罪行为，主观恶性相对较大，予以从重处罚。依照《中华人民共和国刑法》第一百九十六条第一款第三项、第一百九十一条第一款第三项、第六十九条、第二十三条第一款、第六十七条第三款、第六十四条之规定，判决如下：

一、被告人李某犯信用卡诈骗罪，判处有期徒刑五年，并处罚金人民币 80000 元；犯洗钱罪，判处拘役五个月，并处罚金人民币 2000 元，决定执行有期徒刑五年，并处罚金人民币 82000 元；

二、责令被告人李某退赔被害人陈某某的经济损失人民币 79914.79 元。

一审宣判后，被告人李某未提出上诉，福建省晋江市人民检察院未提出抗诉，本判决已生效。

【法官后语】

1997年刑法修订颁布至今，洗钱罪历经三次修改：一是全国人大常委会于2001年12月颁布的《中华人民共和国刑法修正案（三）》第七条将恐怖活动犯罪增列为洗钱罪的上游犯罪，并提高了情节严重的单位洗钱犯罪中直接负责的主管人员和其他直接责任人员的法定刑。二是2006年6月颁布的《中华人民共和国刑法修正案（六）》第十六条将贪污贿赂犯罪、破坏金融管理秩序犯罪、金融诈骗犯罪纳入洗钱罪的上游犯罪，至此形成了目前洗钱罪的七类上游犯罪框架，并细微调整了洗钱罪的行为方式内容，在原先列举的第二种洗钱方式“协助将财产转换”中转换的两种对象后又增加了“有价证券”。三是《中华人民共和国刑法修正案（十一）》删除了洗钱罪原罪状中“明知”术语，将自洗钱单独入罪，删除了洗钱罪原罪状中第二项、第三项、第四项各自内容中“协助”一词，完善有关洗钱行为方式，取消限额罚金制。本案是《中华人民共和国刑法修正案（十一）》施行后，福建省人民法院审理的首例洗钱犯罪案件，具有较大的典型意义。

一、被告人李某借用POS机盗刷信用卡并转移犯罪所得的行为构成洗钱罪

“自洗钱”行为是指上游犯罪分子持有或使用犯罪所得的特定行为，即上游犯罪本犯在实施上游犯罪之后，对违法犯罪所得及其收益，通过各种手段进行清洗，使其在形式上合法化的活动。《中华人民共和国刑法修正案（十一）》将上游犯罪的本犯纳入洗钱罪主体中，将自洗钱行为纳入洗钱罪的范畴，改变了我国长期施行的“他洗钱”的单一模式，也引发对“自洗钱”行为是否属于不可罚的事后行为的争议。所谓事后不可罚行为，是指利用犯罪行为的结果的行为，虽然符合其他犯罪的构成要件，但应当在上游犯罪中被综合评价，无需独立成罪。对于该争议，下文从以下两方面来分析。

（一）从洗钱罪侵犯的法益角度分析

洗钱罪虽规定在我国刑法分则第三章第四节“破坏金融管理秩序罪”中，但其侵犯的客体不限定于金融管理秩序，其侵犯的同类客体为社会管理秩序，直接客体为司法机关的正常活动，同时也侵害了社会主义市场经济秩序。其所

侵害的法益已超出法定七类上游犯罪（除金融犯罪以外）原本所侵害的法益。当上游犯罪行为人后续实施的“掩饰、隐瞒”行为，只是简单地确保、维持上游犯罪行为所侵害的法益既有的状态，或者只是单纯地利用上游犯罪行为，而继续对既有法益进行侵害，并没有对该法益内容和范围进行补充和改变，“黑钱”仅是处于物理性质的场所改变或占有改变，则不能纳入洗钱罪的打击范围。如果本犯实施了上游犯罪行为，又对“黑钱”实施掩饰、隐瞒、转移、转换等动态的“漂白”行为，切断“黑钱”的来源和改变其性质，使其呈现出“化学反应”，则应认定为独立于上游犯罪的另一个犯罪行为，不再是上游犯罪的自然延伸，才能纳入洗钱罪的打击范围。

（二）从期待可能性角度分析

期待可能性，是指在行为当时的具体情况下，能够期待行为人作出合法行为的可能性。法并不强制行为人作出绝对不可能的事，只有当一个人具有期待可能性时，才有可能对行为人作出谴责。如果不具有这种期待可能性，那么也就不存在谴责可能性。洗钱行为的本质特征是掩饰、隐瞒上游犯罪所得及其产生的收益的来源和性质。洗钱罪上游犯罪的本犯，因为其实施了上游犯罪，出于掩饰、隐瞒自身犯罪事实的需要遂行“自洗钱”行为，似乎也属于文化观念之中的合理做法，具有可理解性。但是，本犯在实施上游犯罪后也并非一定要实施“自洗钱”行为，而是存在选择性，且在国家高度强调金融安全、强化金融管理秩序的政策背景下，当刑事政策作出重大调整时，期待可能性从无到有没有任何“硬性”制度障碍。

本案中，本犯李某盗刷刘某某信用卡使用的是本人的POS机，盗刷陈某某的信用卡起初用的也是本人的POS机，但是在其盗刷刘某信用卡的行为案发后，其本人的POS机被扣押，李某作为POS机的推广人员，可以期待其继续办理其本人名下的POS机，但其采用了借用吴某某POS机盗刷他人信用卡的犯罪方法，显然具有不想让自己与信用卡诈骗所得产生直接关联进而逃避侦查的意图。在吴某的银行卡收到盗刷款项后，李某为防止犯罪行为被司法机关发现，并未要求吴某按笔一一返还，而是要求吴某每日将多笔盗刷款合并计数后通过微信转还给自己，上述行为客观上模糊了盗刷款项与转账款项之间的对应关系，切断了“黑钱”与上游犯罪的关联，将信用卡诈骗犯罪所得与他人的合法收入混同后，切断了“黑钱”的来源和改变其性质，系对“黑钱”实施的动态“漂白”行为，符合洗钱罪的犯罪构成，不属于事后不可罚行为，且具有期待可能性，应认定为构成信用卡诈骗罪和洗钱罪。

二、李某所犯信用卡诈骗罪与洗钱罪应数罪并罚

《中华人民共和国刑法修正案（十一）》仅对“自洗钱”可以构成犯罪作了明确，对“自洗钱”与上游犯罪从一重罪处罚还是数罪并罚未作规定，实践中应当进一步总结经验，按照罪责刑相适应的原则确定。本文拟从罪数理论、落实总体国家安全观和国际反洗钱司法实践的需要等方面进行综合分析。

（一）罪数理论分析

自洗钱成立犯罪后，法定七类上游犯罪与洗钱罪具有不同的犯罪构成，分别成立数罪，但并不必然实行数罪并罚。从罪数理论角度来讲，在具体处断时并不是说具备数个犯罪构成就一定要以数罪处断。数罪分为评价意义上的数罪与科刑意义上的一罪，而评价意义上的数罪，完全可能是科刑意义上的一罪。如想象竞合评价上是数罪，但在科刑上属于一罪。本文从自洗钱与上游犯罪是否构成想象竞合犯、牵连犯、吸收犯三个方面考虑“自洗钱”入罪后能否适用“从一重处断”原则。首先，自洗钱入罪后，洗钱行为与上游犯罪行为是不同犯罪行为类型，并非“一个行为”，不符合想象竞合犯“一行为侵犯数法益”的前提条件，不能适用想象竞合犯“从一重处断”原则；其次，本犯实施法定的七类上游犯罪后又进行自洗钱的，属于“多行为侵害数法益”的模式，表象上符合牵连犯和吸收犯的适用条件，而刑法理论一般认为对牵连犯应从重处罚。但是，当手段行为或结果行为超出了其中一个罪的构成要件范围，且手段行为、结果行为侵犯的法益超出了其中一个犯罪的保护法益时，则对牵连犯也可以并罚。在自洗钱入罪后，洗钱行为已独立于上游犯罪的构成要件，与上游犯罪并非侵犯同一法益，洗钱即具备进行数罪并罚的前提。吸收犯适用于行为人实施的数个犯罪行为的犯罪构成之间具有

特定的依附与被依附关系，导致其中一个不具有独立性的犯罪被另一个独立性犯罪吸收的情形。“自洗钱”行为与上游犯罪虽有紧密的依附关系，但应以动态视角看到洗钱罪在中后期的发展中已经逐步“成人化”开始具有自己独立属性，其所侵害的法益不能为上游犯罪所覆盖和全面评价，而且与对上游犯罪的评价内容并不完全相同，不能为上游犯罪所完全评价和吸收，故不能按照吸收犯的原则择一重罪定罪。对于“自洗钱”与上游犯罪的竞合适用问题，采取数罪并罚能评价洗钱罪侵犯法益的完整性，提升打击洗钱犯罪的司法效果。

（二）落实总体国家安全观及国际反洗钱司法实践的需要

随着洗钱犯罪规模的扩大和深度的日益加剧，其已经威胁到社会政治、经济、法律、公共秩序等多个领域，被国际社会公认为“冷战”之后典型的“非传统安全问题”之一。洗钱是一个法律问题，但从后果上讲，洗钱影响经济稳定，波及金融安全，而金融安全直接关系到我国的总体国家安全。在巩固金融安全和防范化解重大金融风险方面，均要求对上游犯罪和“自洗钱”犯罪并罚，有助于积极主动落实总体国家安全观。反洗钱是维护国家政治安全、金融安全和积极参与全球金融治理体系建设的重大国家战略，基于对洗钱危害性的认识，反洗钱也是当今国际合作的重点领域之一。国际组织颁行了一系列公约、指令、声明、指南和建议等反洗钱的规范性文件，2007 年 6 月 28 日我国正式成为全球反洗钱和恐怖融资的最具权威性的政府间国际组织——“金融行动特别工作组”（FATF）正式成员国。为了在刑事立法中落实顶层设计中关于完善反洗钱法律制度的要求，作为 FATF 成员国和负责任的大国，履行我国对反洗钱国际互评估后的后续整改义务，将“自洗钱”纳入洗钱罪的适用范围的同时对上游犯罪和自洗钱犯罪并罚才能从实质上提升我国打击洗钱犯罪的实际效果。上游犯罪和洗钱活动均可能跨越不同的国家和区域，我国国际刑事司法协助法及刑事管辖的基本原则要求，不论是对犯罪嫌疑人、被告人的追诉，还是追缴转移至境外的犯罪所得，都要符合双重犯罪原则。上游犯罪与洗钱罪数罪并罚，如果上游犯罪人在国外进行洗钱活动，我国可以就洗钱罪请求外国有关机关予以司法协助，可以要求引渡洗钱行为人，并对涉案财物予以没收，有利于跨国追赃、追逃。

编写人：福建省高级人民法院　刘震

福建省南平市中级人民法院　曾倩颖

36

利用规则漏洞恶意复保航空延误险应构成保险诈骗罪

——杨某等保险诈骗案

【案件基本信息】

1. 裁判书字号

上海市第一中级人民法院（2021）沪01刑终1110号刑事裁定书

2. 案由：保险诈骗罪

【基本案情】

2016年12月至2020年6月，被告人杨某在经营某公司期间，聘用被告人何某担任业务部、财务部负责人，聘用李某、魏某、李某某、刘某等（另案处理）作为保险理赔团队，并在广西、湖南等地招募被告人卢某、李某1和邓某（另案处理）等合作方，由合作方以免费境外乘机住酒店等方式招募乘机人，并由合作团队先行向某公司预交每名乘机人15000元至20000元（人民币，下同）的保证金。杨某以此资金投保多份包含航空延误险、行李延误险等保险并订购多份联程机票。而后，被告人杨某通过“飞某某”（业内版）应用程序（APP）等软件分析各大机场航班延误、取消情况，选择确定取消的航班，同时将其他机票作退票处理，再将取消的航班进行改签，以便乘机人有足够的时间赶往可能系非其居住地的始发地机场。同时，为了便于管理乘机人，被告人杨某、何某等人在每次出行中组微信群、设领队人员。由领队人员带领、授意乘机人在途中办理延误证明，银行卡、手机卡等，在到达目的地后故意不取行李或者授意他人提前下机取走行李，并开具行李事故单等交某公司。结束行程后，某公司理赔部员工以乘机人名义申请理赔，包括伪造行李延误证明、购物小票等，待保险理赔金进入乘机人办理的银行卡（已交某公司）后，由公司财务将资金统一划拨至杨某及其控制的银行账户内，经扣除成本后，与合作方分享利润。经审计，涉案理赔金额共计 30673497.24 元（航班延误险对应金额 14776567.93 元、行李延误险对应金额 15784404.31 元、未区分延误类型对应金额 112525 元）。

被告人卢某、李某 1 作为合作方，明知杨某等人上述操作模式，仍以自己或招揽他人作为乘机人，通过在机场开具航班延误证明、由他人提前下机取走行李并开具行李事故单等方式骗取保险理赔金。经审计，被告人卢某涉案理赔金额为 79800 元（航班延误险对应金额 28500 元、行李延误险对应金额 51300 元），被告人李某 1 涉案理赔金额为 137900 元（航班延误险对应金额 113200 元、行李延误险对应金额 24700 元）。

【案件焦点】

对于利用规则漏洞获利，恶意重复投保航空延误险的行为，应构成保险诈骗罪。

【法院裁判要旨】

上海市闵行区人民法院经审理认为：关于被告人杨某及其辩护人提出涉案航班延误理赔金不应计入犯罪金额的辩解、辩护意见，经查，在案证据能够相互印证，证实被告人杨某等人通过合作团队以免费境外乘机住酒店为由，四处招募乘机人，在投保时向保险公司隐瞒其刻意选择取消、改签航班的情况，并对同一乘机人向多家保险公司重复投保，以此获取高额航班延误保险理赔金。被告人杨某等人在乘机人本没有出行、投保、理赔等意愿的情况下，故意制造乘机人乘机出行的行为并以乘机人名义投保，从而获得不应获得，且金额明显超过一般公众所认知的保险理赔金，非法占有的主观故意明显，其行为符合保险诈骗罪的构成要件，故涉案的航班延误理赔金应当计入本案犯罪金额。

被告人杨某、何某、卢某、李某1结伙，以非法占有为目的，虚构保险标的或编造未曾发生的保险事故，骗取保险金，其中被告人杨某、何某属数额特别巨大，被告人卢某、李某1涉案分别属数额较大、数额巨大，其行为均已构成保险诈骗罪，且属共同犯罪。被告人卢某、李某1系从犯，依法应当从轻、减轻处罚；被告人何某、卢某均具有自首情节，依法可以减轻、从轻处罚；被告人李某1具有坦白情节，依法可以从轻处罚；被告人何某、卢某、李某1均自愿认罪认罚，依法可以从宽处理。判决结果如下：

一、被告人杨某犯保险诈骗罪，判处有期徒刑十二年，剥夺政治权利二年，并处罚金人民币20万元；

二、被告人何某犯保险诈骗罪，判处有期徒刑八年八个月，并处罚金人民币6万元；

三、被告人卢某犯保险诈骗罪，判处有期徒刑十个月，缓刑一年，并处罚金人民币2万元；

四、被告人李某1犯保险诈骗罪，判处有期徒刑一年，缓刑一年，并处罚金人民币2万元；

五、扣押在案的作案工具予以没收、赃款予以发还；

六、追缴各被告人违法所得，不足部分责令退赔。

杨某不服一审判决，提起上诉，上海市第一中级人民法院经审理后作出终审裁定：

驳回上诉，维持原判。

【法官后语】

本案是一起有组织地利用保险公司理赔规则漏洞实施保险诈骗的刑事案件，行为人应构成保险诈骗罪。理由如下。

一、恶意复保险行为属于虚构保险标的

重复保险若各保险金额总数没超过保险标的价值，且告知各保险人，通常是被允许，不能成立犯罪。恶意复保险、隐瞒保险标的危险骗取保险金，以取得双倍乃至更多赔偿为目的进行保险，属于被法律所禁止的恶意复保险，可以构成“虚构保险标的”。虚构保险标的并不局限于保险标的不存在，也包括保险标的虽存在，但虚构者对与保险标的有关的一些重要事实不如实说明，将不符合保险合同要求的保险标的虚构为符合保险合同要求的保险标的，从而获得不应获得的保险金的行为。本案判断的关键点不在于乘机人是否真实出行、是否存在出行意愿，出行只是行为人设计的一个环节，行为人以外在合法的、真实的出行需求，掩盖其根本对保险标的不具有合法利益的假象。行为人所采取的“制造保险标的”方式，将不存在的保险标的通过各行为人“制造”出来，向保险公司虚构了保险标的客观存在，从而获得不应获得的保险金，其得到的保险利益也明显超过了一般公众所认知的保险标的价值。

二、隐瞒保险危险构成隐瞒真相

从投保人的角度来看，投保人对保险标的的危险状况的了解程度要远大于保险人，实际投保人隐瞒已经存在的危险，与保险人签订某种保险合同，这一保险合同即为行为人不作为的欺骗的作为义务来源。本案行为人人为操作的并非机场或者航班延误本身，而是利用客观情况对机票进行改签，保险公司作为受害方产生了认识错误，认为行为人是正常购票，从而支付了相应的延误赔偿金，造成了财产损失。综合购买涉案航空延误险的资金来源、相关理赔的申请人、理赔材料的提供人、理赔款的最终受益人可见，本案航班延误险的实际投保人为行为人及受其指使的所谓理赔团队的人员，其招募乘客充当作案工具，假借乘客身份重复投保航班延误险，在投保时向保险公司隐瞒了刻意选择取消、改签航班的危险，恶意骗取理赔款，非法占有的目的明显。

三、利用规则漏洞不足以阻却行为的刑事违法性

规则存在漏洞并不意味着利用规则漏洞就可以免责。保险业的存在是为了抵御风险、弥补客观可能发生的损失，不应作为牟利的工具。为了维持保险公司的正常运转，保险公司作出理赔的必然是小概率事件，这是保险法分散危险和消化损失的基本精神。因此，保险法为防止逆选择，维护保险合同的补偿性

原则，防范借保险牟利的道德风险，设置了各种条款规定。本案中，行为人具有丰富的行业经验和智力优势，按照购险的时间段使用“飞某某”（业内版）搜索发生大面积延误情况的机场，通过追买以该机场为目的地或起飞地的航班机票，并分析该航班的前序航班准点率从而提高自己购买机票延误的概率。行为人的行为本质是利用规则进行逆选择而获得盈利，其反复、持续、大量投保行为，已经获得明显超过合理成本所对价的利益，可以认定其具有非法占有目的。

编写人：上海市闵行区人民法院　黄红红　黄娄莹　陈帅

37

如何认定网络交易中涉“材质保真险”的诈骗行为

——温某保险诈骗案

【案件基本信息】

1. 裁判书字号

浙江省台州市中级人民法院（2022）浙10刑终246号刑事判决书

2. 案由：保险诈骗罪

【基本案情】

自2019年8月开始，被告人温某伙同温某某（已判决）等人，利用保险公司浙江分公司推出的材质保真险，骗取保险金。温某某联系在经营汽车坐垫的网络店铺商家褚某、周某等人，以需要订购大量汽车坐垫为由，要求对店铺内汽车坐垫投保材质保真险，把坐垫材质参数由原先的PU（一般指聚氨基甲酸酯，简称聚氨酯，一种化学材料）表层改成牛皮，销售价格调至人民币750元左右。温某某随后将修改了参数的购买链接发给被告人温某及梁某、钟某、罗某、罗某某（均已判决）等人，由他们自行下单购买，再以商品材质不合格为由，向保险公司浙江分公司申请理赔，并约定收取利润 30%的好处费。被告人温某采取上述方式，骗取保险公司浙江分公司的保险理赔金总计人民币 448286 元。2021 年 8 月 17 日，被告人温某主动向公安机关投案，并如实供述了涉案事实。

【案件焦点】

如何认定网络交易中涉“材质保真险”的诈骗行为。

【法院裁判要旨】

浙江省天台县人民法院经审理认为：被告人温某作为保险合同的受益人，采取更改表述商品属性的方法，编造保险事故发生的原因，骗取保险金数额巨大，其行为已构成保险诈骗罪。公诉机关指控被告人的罪名成立。依照《中华人民共和国刑法》第一百九十八条第一款第二项、第六十七条第一款、第六十四条之规定，判决：

一、被告人温某犯保险诈骗罪，判处有期徒刑六年六个月，并处罚金人民币 7 万元；

二、责令被告人温某退赔赃款人民币 448286 元，返还被害单位保险公司浙江分公司。

一审宣判后，公诉机关未提起抗诉，被告人温某不服，提起上诉。

浙江省台州市中级人民法院经审理认为：上诉人（原审被告人）温某作为保险合同的受益人，与他人结伙，采取更改表述商品属性的方法，编造保险事故发生的原因，骗取保险金数额较大，其行为已构成保险诈骗罪。温某有自首情节，依法可以从轻处罚。原判认定事实和适用法律正确，量刑适当，审判程序合法，本应予以维持。但鉴于保险诈骗罪的量刑标准在二审期间发生变化，根据被告人的诈骗数额，认定温某诈骗数额较大，并根据被告人的犯罪情节、量刑情节，对温某的量刑予以改判。原判定罪和适用法律正确，量刑适当，审判程序合法。依照《中华人民共和国刑事诉讼法》第十五条、第二百三十六条第一款第二项和《中华人民共和国刑法》第一百九十八条第一款第二项、第二十五条第一款、第六十七条第一款、第六十四条的规定，判决：

一、撤销浙江省天台县人民法院（2021）浙1023刑初362号刑事判决主文的第一项关于被告人温某的量刑部分及第二项，维持其余部分；

二、被告人温某犯保险诈骗罪，判处有期徒刑三年十个月，并处罚金人民币5万元；

三、被告人温某家属代为退出的赃款人民币1万元返还给被害单位保险公司浙江分公司，继续追缴赃款人民币438286元退赔被害单位。

【法官后语】

关于本案的行为定性，实践中争议较大：第一种观点认为构成合同诈骗罪，其主要理由是“材质保真险”不符合保险法规定，保险诈骗罪的法律前提不存在，进而分析符合合同诈骗罪的兜底情形。第二种观点认为构成诈骗罪，其主要理由是本案既不符合保险诈骗罪，也不符合合同诈骗罪，但符合普通诈骗罪的犯罪构成。第三种观点认为构成保险诈骗罪，具体理由在下文分析。以上三种观点之争，有些是三罪之间的普遍性问题，有些是网络交易中保险诈骗中遇到的新类型问题。

笔者认为，本案符合保险诈骗罪的犯罪构成，具体理由如下。

1. 本案系保险事故。凡是发生保险理赔的事实，均属于保险事故。本案的保险事故是：发生了与保险标的不符的事实，保险标的投保的产品是牛皮汽车坐垫，而实际购买到的是PU汽车坐垫。这一保险事故符合网络店铺网购平台卖家与保险公司签订的保险合同中约定的保险责任范围的事故。也就是说，本案中的保险事故是指发生了由牛皮汽车坐垫变成PU汽车坐垫的事故。

2. 本案保险事故已经发生。这一事故是客观的，即被告人温某确实收到的是一个PU汽车坐垫。这一事故并不是行为人故意编造出来的，因此本案中被告人温某并没有伪造保险事故。所谓伪造保险事故是指没有发生保险事故的情况下，捏造保险事故，属于保险事故本身不存在却谎称存在。例如，行为人明明收到的是牛皮汽车坐垫，但是，其故意隐瞒真相，称收到的是PU坐垫；或者行为人故意用PU坐垫冒充牛皮座垫等。从本案的情况来看，事实上已发生了“PU汽车坐垫”的事故，并不是无中生有。

3. 本案是对已经发生的保险事故编造了虚假原因。本案之所以发生保险事故，是被告人温某在明知同案犯与卖家串通后，故意制造保险事故，故意虚构保险标的。“所谓虚构保险标的，一般表现为：原本不存在保险标的，却谎称存在保险标的，与保险人签订保险合同；恶意超值（超额）投保；以不合格的保险标的冒充合格的保险标的；等等。”① 虽然投保人虚构了保险标的，但是，在发生事故后，被告人温某在保险理赔时，故意隐瞒真相，编造事故发生的原因。本案保险事故发生的真实原因，是被保险人与投保人串通一气，故意让卖家虚构保险标的，而卖家根据被告人温某的要求寄送了与投保标的不一样的产品。被告人温某在保险理赔时故意隐瞒原因，属于对保险事故“编造虚假的原因”。

4. 本案还存在夸大损失。被告人温某在卖家投保时，明明知道是PU表层汽车坐垫，不仅让卖家故意修改为牛皮坐垫，以不合格产品冒充合格产品，还要求卖家故意将汽车坐垫的价格抬高，从而在理赔时夸大损失。

因此，本案的保险合同已经成立，卖家购买保险，并且支付保费，保险公司也承认保险合同的成立。被告人温某一方面使得其所购商品必然不符合标准，以达到获取理赔金的结果，并且为规避商家对商品购买数量的限制，使用大量他人的支付宝账号下单，足以证实其主观上存在骗取保险理赔款的故意。另一方面，被告人温某诱使卖家违背了诚信经营的原则，扰乱了正常的市场经济秩序，并在理赔过程中，对保险公司隐瞒真相，导致保险公司认识错误，作出支付赔偿金的处分财产决定。被告人温某获取的赔偿款确实来自保险公司账户，由此可以确认赔偿属于保险理赔款的性质，保险公司合法财产权益已受到侵害。因此，本案应认定为保险诈骗罪。

编写人：浙江省台州市中级人民法院　王永兴

浙江省天台县人民法院　王涛

① 张明楷：《刑法学》，法律出版社2021年版，第964页。

（六）危害税收征管罪

38

涉刑企业在审判阶段提出合规考察申请的处理

——机械公司、陈某某虚开增值税专用发票案

【案件基本信息】

1. 裁判书字号

浙江省乐清市人民法院（2022）浙0382刑初1113号刑事判决书

2. 案由：虚开增值税专用发票罪

【基本案情】

被告单位机械公司成立于1999年7月，股东包括陈某、陈某某、陈某1、陈某2、陈某3，陈某某持股28.6708%。主要经营煤机配件、电动机、综合保护品、阀门、接线鼻、接线端子制造、加工、销售，是国家煤炭工业部定点合作生产企业。

2011年至2013年，被告人陈某某作为机械公司的主管人员，在没有真实货物交易的情况下，以支付开票手续费的方式从贸易公司取得增值税专用发票56份，合计金额人民币5207560.19元，税额人民币885285.26元，价税合计人民币6092845.45元，并于同期申报抵扣。

2016年，被告人陈某某作为机械公司的法定代表人，在没有真实货物交易的情况下，以支付开票手续费的方式从实业公司取得增值税专用发票26份，合计金额人民币2354153.64元，税额人民币400206.1元，价税合计人民币

2754359.74元，并于同期申报抵扣。

被告人陈某某于2020年5月28日主动到案并如实供述自己罪行。案发后，被告单位机械公司已将上述虚开的增值税发票作进项转出处理。被告人陈某某自愿认罪认罚，并在律师在场的情况下签署认罪认罚具结书。

因机械公司在审理过程中向法院提出企业合规审查申请，并递交具体经营计划书，对公司的后续发展提出具体的经营规划，法院决定对该企业合规整改进行审查，先后委托国家税务总局乐清市税务局、乐清市司法局对该企业经营规模、发展状况、行业评价、社会贡献等情况进行调查，听取意见，并现场走访、核实。经查，机械公司成立于1999年，注册资金1172万余元，所生产的球形截止阀系列、平面截止阀系列、操作阀系列、安全阀系列、液控单向阀系列均荣获“中华人民共和国煤炭工业部煤矿主要设备配件生产许可证”，并取得三级计量水平认证；与十余家国家大型矿务局有长期合作关系。该公司属机械协会理事单位、煤矿机械定点企业，历年获得先进单位、明星企业、安全生产标准化小微企业等荣誉。自2017年至2021年，该公司每年平均向国家纳税达249万元左右，公司员工约30人。

【案件焦点】

涉案企业在审判阶段向法院提出企业合规审查申请是否应当启动企业合规整改评估工作。

【法院裁判要旨】

浙江省乐清市人民法院经审理认为：被告单位机械公司在无真实货物交易的情况下，让他人为自己虚开增值税专用发票，数额较大，其行为已构成虚开增值税专用发票罪；被告人陈某某作为被告单位直接负责的主管人员，其行为已构成虚开增值税专用发票罪。公诉机关指控的事实清楚，证据充分，罪名成立。陈某某案发后主动投案，并如实供述自己的罪行，被告单位及被告人均可认定为自首，对被告单位予以从轻处罚，对被告人予以减轻处罚。考虑到被告单位机械公司已补缴全部税款，被告单位及被告人自愿认罪认罚，本案系在企业经营过程中未能规范经营引发，被告单位自2017年至2021年每年纳税达249万元左右，虽然受疫情及其他因素影响2022年产值减少，但被告单位现承诺进行合规整改，作出具体的经营规划，并经税务机关、司法局调查，未发现有其他违法行为，企业正常经营。综上，为促进企业长久可持续发展，承担社会责任，创造更多社会价值，对被告单位机械公司及被告人陈某某均予以从宽处理。据此，判决如下：

一、被告单位机械公司犯虚开增值税专用发票罪，判处罚金人民币15万元（已预缴）；

二、被告人陈某某犯虚开增值税专用发票罪，判处有期徒刑二年八个月，缓刑四年；

三、缓刑考验期内，被告人陈某某应继续完善、落实被告单位机械公司的企业合规工作，并每年书面反馈合规建设情况。

一审判决后，被告未提起上诉，检察机关未提起抗诉，该判决已发生法律效力。

【法官后语】

在审判实践中，关于涉案企业合规审查工作的启动通常在审查起诉阶段，由检察机关委托第三方机构开展评估。但案件在移送法院之前未开展合规审查工作的，涉案企业在审判阶段申请合规审查的，一方面，法院应积极借助检察机关已开展的第三方机制；另一方面，在检察机关、法院对涉案企业是否启动合规审查工作存在分歧时，法院应探索、尝试除第三方机制外的其他方式对企业合规工作进行评估考察，作为第三方机制的有益补充。本案通过合规审查启动、合规考察评估方式、合规成果巩固建设三个方面探索创新，助力涉案企业合规工作深入推进，长效运行，为深化涉企犯罪诉源治理，优化法治营商环境提供有力保障。下面对该三方面创新进行具体分析：

1. 合规审查启动阶段的创新。本案中被告单位在审查起诉阶段未启动企业合规审查工作，后在审判阶段向浙江省乐清市人民法院提出企业合规审查申请，法院结合案件事实，经初步审查企业合规基础后决定启动企业合规整改评估工作。

2. 合规考察评估方式的创新。本案中，浙江省乐清市人民法院积极探索除第三方机制之外的其他考察评估方式。本案系涉案企业在日常经营过程中对财务工作的管理流程不完善，缺乏相关法律知识培训等因素引发，且涉案企业系虚开增值税专用发票犯罪，故法院委托税务局、司法局等单位对涉案企业的生产经营活动及主管人员的日常表现进行评估了解，并重点对企业合规整改后相关纳税工作进行调查，同时，结合现场走访、调查等方式，最终确定企业合规整改是否符合验收标准。

3. 合规成果巩固建设的创新。本案中浙江省乐清市人民法院经审查认为：涉案企业合规评估符合验收标准，对涉案企业及其直接负责的主管人员均予以从宽处理。同时，为实现企业合规建设长效运行，避免企业合规工作机制虚设，从而成为部分涉案企业逃避罪责的漏洞，法院灵活适用缓刑制度，要求被判缓刑的企业主管人员在缓刑考验期内，继续完善、落实涉案企业的合规工作，并每年书面反馈合规建设情况。由司法局落实监管职能，保证合规体系运行的规范性和可持续性，助力企业合法合规建设。

编写人：浙江省乐清市人民法院　郑銮

39

虚开增值税专用发票罪中单位犯罪与自然人犯罪的数罪并罚问题

——徐某虚开增值税专用发票案

【案件基本信息】

1. 裁判书字号

江苏省江阴市人民法院（2022）苏0281刑初664号刑事判决书

2. 案由：虚开增值税专用发票罪

【基本案情】

2016年至2018年，被告人徐某在担任被告单位机械公司法定代表人期间，为偷逃税款，在没有真实货物交易的情况下，多次以支付开票费的方式，通过张某兴，从贸易公司、金属公司虚开增值税专用发票46份至被告单位机械公司，价税合计人民币4961148.68元，税款合计人民币709137.05元。上述增值税专用发票均已被被告单位机械公司申报抵扣，致使国家税款被骗人民币709137.05元。

2014年至2017年，被告人徐某在实际经营设备厂（个体工商户，已注销）期间，为偷逃税款，在没有真实货物交易的情况下，多次以支付开票费的方式，通过张某兴，从贸易公司、商贸公司虚开增值税专用发票48份至设备厂，价税合计人民币6961221.68元，税款合计人民币1011460.11元。上述增值税专用发票均已被设备厂申报抵扣，致使国家税款被骗人民币1011460.11元。

被告人徐某于2021年1月5日接民警电话通知后主动至公安机关投案，并如实供述了上述犯罪事实。

案发后，被告单位机械公司及被告人徐某已补缴相应税款及滞纳金。

【案件焦点】

当作为单位直接负责的主管人员和其他直接负责人员既实施单位虚开增值税专用发票犯罪，又自己实施虚开增值税专用发票犯罪时，犯罪数额应当累加计算还是分别定罪量刑后数罪并罚。

【法院裁判要旨】

江苏省江阴市人民法院经审理认为：被告人徐某在经营被告单位机械公司期间，违反增值税专用发票管理规定，让他人为自己虚开增值税专用发票，虚开税款数额较大，被告人徐某系被告单位机械公司直接负责的主管人员，被告单位机械公司、被告人徐某的行为均已构成虚开增值税专用发票罪，系单位犯罪；被告人徐某在经营设备厂期间，违反增值税专用发票管理规定，让他人为自己虚开增值税专用发票，虚开税款数额较大，其个人的行为也构成虚开增值税专用发票罪。被告人徐某作为被告单位机械公司直接负责的主管人员犯虚开增值税专用发票罪的同时，其个人又犯虚开增值税专用发票罪，应予数罪并罚。被告人徐某到案情形符合自首的法律规定，对被告单位机械公司、被告人徐某均可认定为自首，自愿认罪认罚，涉案税款已补缴，对被告单位机械公司予以从轻处罚，对被告人徐某予以减轻处罚。判决如下：

一、被告单位机械公司犯虚开增值税专用发票罪，判处罚金人民币30万元；

二、被告人徐某犯（单位）虚开增值税专用发票罪，判处有期徒刑一年六个月；犯虚开增值税专用发票罪，判处有期徒刑二年，并处罚金人民币20万元；决定执行有期徒刑二年九个月，缓刑三年，并处罚金人民币20万元。

一审判决后，被告未提起上诉，检察机关未提起抗诉，该判决已发生法律效力。

【法官后语】

虚开增值税专用发票罪既可以构成单位犯罪，又可以构成自然人犯罪，当单位犯罪中的直接责任人员既实施了单位犯罪，又实施了个人犯罪时，犯罪金额是应当累加计算，还是对单位犯罪和自然人犯罪分别量刑后再数罪并罚，不同的裁判思路直接影响被告人的宣告刑，此种差别在因数额累加而使基准刑升档时更为明显。根据罪数理论和单位犯罪理论，此种情形应当数罪并罚而非简单地累加计算。

一、被告人分别构成一罪的单位犯罪和自然人犯罪，属于数罪

罪数是指犯罪的个数。认定犯罪的个数，主要有四种理论主张，即犯罪行为基准说、犯罪意思基准说、侵害法益基准说、构成要件基准说。目前理论界和实务界达成共识，以构成要件基准说为认定罪数的标准，即行为符合一个犯罪构成的，是一罪；行为符合数个犯罪构成的，成立数罪；行为数次符合同一个犯罪构成的，也是数罪。认定罪数的逻辑包括：第一，应当判断被告人犯罪行为的个数，只有被告人实施多个犯罪行为，才有进一步讨论罪数的可能性。

第二，数罪分为异种数罪和同种数罪。本案的争议焦点系同种数罪要不要数罪并罚。自然人实施犯罪行为，如一被告人实施多次盗窃行为，其虽实施了数个盗窃行为，但按照其盗窃数额和情节，以一罪处罚。但自然人实施了数个犯罪行为，分别构成自然人犯罪和单位犯罪，是否有必要数罪并罚，应当以构成要件基准说进一步认定。

根据《中华人民共和国刑法》第三十一条的规定，单位犯罪的，对单位判处罚金，并对其直接负责的主管人员和其他直接责任人员判处刑罚。同一罪名的单位犯罪与自然人犯罪的构成要件有以下区别：第一，主体不同。单位犯罪的主体系单位，单位双罚制决定其处罚的主体包括单位和单位内部的直接责任人员；自然人犯罪的主体是行为人个人，其承担责任的依据是责任自负原则，行为人为自己的犯罪行为承担责任。第二，主观方面不同。单位犯罪系为单位谋取利益；自然人犯罪系为自身谋取利益。第三，客观方面不同。单位犯罪系行为人接受单位意志，对外以单位名义实施犯罪行为，事后将犯罪所得交由单位处置；自然人犯罪系行为人以自身名义，以为自身谋取利益为目的实施犯罪行为，事后将非法所得据为己有。同一罪名的单位犯罪与自然人犯罪，两种行为即使罪名相同，但是在犯罪的内部构成要件上具有本质上的不同，属于异种犯罪。

故根据罪数理论，同一罪名的单位犯罪与自然人犯罪的构成要件不同，当被告人实施了数个犯罪行为，分别构成单位犯罪和自然人犯罪时，应当认定为构成数个犯罪。本案被告人徐某分别实施了虚开增值税专用发票罪的自然人犯罪和单位犯罪，构成数个犯罪。

二、被告人分别构成一罪的单位犯罪与自然人犯罪，应当予以数罪并罚

我国刑事立法和司法实践对于同种数罪以一罪论处的情形较多，理由主要有：我国刑事立法中，一罪规定了多个量刑幅度，基本能够解决同种数罪不并罚的公正处罚问题；对于暴力性犯罪，适用数罪并罚会放纵罪犯。笔者认为，虽然我国刑事立法和司法对于同种数罪以一罪论处为常态，但同种数罪并罚也有其理论依据和现实基础：

第一，数罪分为同种数罪和异种数罪，原则上只要是实施了数个犯罪行为，均构成数个犯罪，“一罪一罚”的罪行关系原理、行为责任论、量刑情节差异性，决定了对于数个行为构成数个犯罪应当予以单独评价，适用数罪并罚。仅当刑事立法对于同种数罪有特殊规定的时候，根据罪刑法定原则，适用刑事立法，以一罪论处。即原则上同种数罪和异种数罪均应当予以并罚，以一罪论处是该原则的例外。

第二，根据《中华人民共和国刑法》第六十九条判决宣告前一人犯数罪的并罚、第七十条判决宣告后刑罚执行完毕前发现漏罪的并罚之规定，我国刑法总则肯定构成数罪应当进行并罚这一基本原则。只不过对于刑法分则中有法定刑升格或是从重处罚情节的，按照刑法分则的特别规定，以一罪论处。《最高人民法院关于判决宣告后又发现被判刑的犯罪分子的同种漏罪是否实行数罪并罚问题的批复》中明确指出，判决宣告后又发现被判刑的犯罪分子有同种漏罪，应当按照刑法规定实行数罪并罚。但对于一审判决尚未发生法律效力的，二审法院在审理期间，发现被告人在一审判决宣告前有同种漏罪未判决的，应当发回重审，一审法院重新审判时，不适用数罪并罚。我国司法解释也认可了同种数罪应当并罚，以不并罚为例外情况。

第三，我国司法实践中存在被告人分别构成一罪的自然人犯罪和单位犯罪予以数罪并罚的案例。例如，《刑事审判参考》（总第58集）[①] 刊登的第455号案例，对该情形的意见为单位责任人员在实施单位犯罪的同时，其个人又犯与单位犯罪相同之罪的，应予以数罪并罚。

本案中，被告人徐某作为公司的法定代表人，实施了虚开增值税专用发票的行为；同时，以自然人身份，让他人为自己经营的个体工商户虚开增值税专用发票。根据《中华人民共和国刑法》第二百零五条虚开增值税专用发票罪第一款自然人犯罪和第二款单位犯罪主管人员定罪量刑之规定，被告人分别构成虚开增值税专用发票的单位犯罪和自然人犯罪，无法通过一罪的从重情节或法

---

① 最高人民法院刑事审判第一、二、三、四、五庭主办：《刑事审判参考》（总第58集），法律出版社2008年版。

定刑升格情节以一罪论处，故应当对数个行为予以数个评价，进行数罪并罚。综上，被告人分别构成一罪的单位犯罪和自然人犯罪的，属于数罪，且无法通过一罪的从重或法定刑升格情节以一罪论处的，应当予以数罪并罚。故被告人徐某分别构成虚开增值税专用发票罪的单位犯罪和自然人犯罪，对其予以数罪并罚。

编写人：江苏省无锡市中级人民法院　王星光
江苏省无锡市滨湖区人民法院　郑捷

（七）侵犯知识产权罪

40

采用印有“西湖龙井”“狮峰龙井”标识的包装，以绿茶、龙井茶冒充西湖龙井茶销售的构成假冒注册商标罪

——方某等假冒注册商标案

【案件基本信息】

1. 裁判书字号

浙江省杭州市中级人民法院（2022）浙01刑终330号刑事裁定书

2. 案由：假冒注册商标罪

【基本案情】

商标注册证第912××××号“西湖龙井”注册商标，注册日期2011年6月

28日，有效期至2031年6月27日，核定使用商品项目为第30类：茶叶（截止），注册人××龙井茶管理协会，2012年5月“西湖龙井”商标被国家工商行政管理总局认定为驰名商标。商标注册证第3987××××号“狮峰”注册商标，注册日期2020年9月21日，有效期至2030年9月20日，核定使用商品项目为第30类：茶，用作茶叶代用品的花或叶（截止），注册人某茶叶集团股份有限公司。商标注册证第180××××号“狮峰”注册商标，注册日期2017年2月14日，有效期至2027年2月13日，核定使用商品项目为第30类：茶、用作茶叶代用品的花或叶、冰茶、茶饮料、糖、甜食（糖果）、饼干、面包、糕点（截止），注册人某茶叶集团股份有限公司。商标注册证第169269号“狮峰”注册商标，注册日期1983年1月15日，有效期至2023年2月28日，核定使用商品项目为第37类：龙井茶（截止），经商标转让给某茶叶集团股份有限公司。

2017年3月至案发，被告人方某、万某、张某以牟利为目的，租赁杭州市西湖风景名胜区双峰新村某处合伙经营茶叶公司，三人合伙比例为50%、25%、25%。

被告人方某、万某、张某与出租车司机、网约车司机、野导游项某、方某1、王某、王某1等（均另案处理）约定带客到店消费可获取销售额50%左右回扣，由上述人员带客到店后，店内服务员以“西湖龙井”“狮峰龙井”等本地茶名义向游客兜售店内茶叶；利用营业场所位于西湖龙井核心产区的地理优势，在场所外悬挂“西湖龙井茶炒制中心”“龙井问茶”广告牌，店堂悬挂国家领导人视察西湖龙井茶叶基地及品茶等照片，采用印有“西湖龙井”“狮峰龙井”标识的包装，虚构店内所售茶叶系“西湖龙井”“狮峰龙井”的事实，将产自富阳、新昌、丽水、磐安、武义、福建等非“西湖龙井”规定产区的茶叶，以及从房东处获取的少量西湖龙井茶（每年十斤左右）自行包装后出售给游客。

截至2021年4月，被告人方某、万某、张某非法经营数额共计人民币1643万余元。

审理过程中，公安机关冻结了被告人万某名下联合银行账户。

【案件焦点】

三被告人之行为的定性：构成生产、销售伪劣产品罪还是假冒注册商标罪。

【法院裁判要旨】

浙江省杭州市西湖区人民法院经审理认为：根据在案证据，公安机关从被告人处扣押的茶叶均符合龙井茶国家标准，对于在案的感官评审表，因该份证据的签字人是否具有专家身份不明，且不符合鉴定意见的形式要求，故本院不予采信该份评审表。因公诉机关提供涉案茶叶属于伪劣的证据尚不充分，故认定三被告人犯生产、销售伪劣产品罪属证据不足。辩护人的相应意见，本院予以采纳。关于辩护人所提本案构成销售假冒注册商标的商品罪的意见，经查，被告人方某等人在绿茶中使用“西湖龙井”“狮峰龙井”注册商标，属于在同一种商品上使用与注册商标相同的商标。本案中被告人的行为不仅有销售，还有使用，故应以假冒注册商标罪定罪处罚。

被告人方某、万某、张某未经注册商标所有人许可，在同一种商品上使用与注册商标相同的商标，情节特别严重，其行为均已构成假冒注册商标罪。公诉机关指控事实成立，但指控罪名不当，本院依法予以纠正。在共同犯罪中，被告人方某、万某起主要作用，系主犯，被告人张某起次要作用，系从犯，予以从轻处罚。辩护人相应辩护意见，本院予以采纳。被告人方某在有期徒刑刑罚执行完毕后五年内再犯应当判处有期徒刑以上刑罚之罪，系累犯，予以从重处罚。三被告人自愿认罪，酌情予以从轻处罚。

浙江省杭州市西湖区人民法院于2022年6月20日作出（2021）浙0106刑初614号刑事判决：

一、被告人方某犯假冒注册商标罪，判处有期徒刑七年，并处罚金人民币400万元；

二、被告人万某犯假冒注册商标罪，判处有期徒刑六年，并处罚金人民币300万元；

三、被告人张某犯假冒注册商标罪，判处有期徒刑四年，并处罚金人民币130万元；

四、被告人万某名下联合银行账户资金予以追缴，违法所得人民币1643万余元予以追缴，不足部分责令三被告人退赔；扣押在公安机关的手拎袋、礼盒、茶叶罐、茶叶等犯罪工具和材料予以没收和销毁；扣押在公安机关的笔记本、人员花名册、记账本、回扣账目等涉案物品予以没收；

五、禁止被告人方某、万某、张某在三年内从事食品生产、销售及相关活动。

方某、万某不服一审判决，提出上诉。浙江省杭州市中级人民法院经审理判决：

驳回上诉，维持原判。

【法官后语】

本案的争议焦点在于三被告人采用印有“西湖龙井”“狮峰龙井”标识的包装，以绿茶、龙井茶冒充西湖龙井茶的行为定性，应以生产、销售伪劣产品罪定罪还是以假冒注册商标罪定罪？

第一种意见认为，三被告人的行为构成生产、销售伪劣产品罪。《最高人民法院、最高人民检察院关于办理生产、销售伪劣商品刑事案件具体应用法律若干问题的解释》第一条第三款对《中华人民共和国刑法》第一百四十条规定的生产、销售伪劣产品“以次充好”行为方式进行了界定，指以低等级、低档次产品冒充高等级、高档次产品，或者以残次、废旧零配件组合、拼装后冒充正品或者新产品的行为。

被告人方某、万某、张某以从茶贩处购入的产自富阳、新昌、丽水、磐安、武义、福建等非“西湖龙井”规定产区的低档次外地茶，自行封装后，冒充高档次“西湖龙井”“狮峰龙井”进行销售，属于上述的以次充好，且销售金额二百万元以上，应当构成生产、销售伪劣产品罪。与此同时，三被告人又在伪劣产品上使用他人的注册商标，同一行为侵害了两个法益，属于想象竞合犯。根据《最高人民法院、最高人民检察院关于办理生产、销售伪劣商品刑事案件具体应用法律若干问题的解释》第十条的规定，实施生产、销售伪劣商品犯罪，同时构成侵犯知识产权、非法经营等其他犯罪的，依照处罚较重的规定定罪处罚。故三被告人的行为应以生产、销售伪劣产品罪定罪处罚。

第二种意见认为，三被告人的行为构成假冒注册商标罪。本案中，××龙井茶管理协会、某茶叶集团股份有限公司分别系“西湖龙井”注册商标和“狮峰龙井”注册商标的持有人，依法对相应注册商标享有合法权益，而三被告人在未经注册商标所有权许可的情形下，采用印有“西湖龙井”“狮峰龙井”标识的包装，将产自富阳、新昌、丽水、磐安、武义、福建等非“西湖龙井”规定产区的茶叶自行包装后予以销售，情节特别严重，三被告人的行为构成假冒注册商标罪。

笔者同意第二种意见。本案涉及的茶叶属于食品安全类的范畴，同时又涉及区分此罪与彼罪、是否存在竞合的法律适用问题，需审慎对待。

第一，两罪侵犯的客体不同。生产、销售伪劣产品罪侵犯的是复杂客体，包括国家有关产品质量、工商行政管理制度和消费者的合法权益。假冒注册商标罪侵犯的客体主要是国家对商标的管理制度和他人对注册商标的专用权。

第二，从客观方面的表现形式出发。案涉茶叶是否属于伪劣？或是伪而不劣？

《最高人民法院、最高人民检察院关于办理生产、销售伪劣商品刑事案件具体应用法律若干问题的解释》第一条前四款对《中华人民共和国刑法》第一百四十条规定的生产、销售伪劣产品“在产品中掺杂、掺假”“以假充真”“以次充好”“以不合格产品冒充合格产品”四种行为方式进行了界定。该条第五款规定，对本条规定的上述行为难以确定的，应当委托法律、行政法规规定的产品质量检验机构进行鉴定。由此可见，刑法意义上对伪劣产品的判断标准是实质性的判断。

本案中茶叶的产地富阳、新昌、磐安属于龙井茶产区，丽水、武义、福建属于非龙井茶产区。以龙井茶冒充“西湖龙井”属于混淆产地的行为，公安机关扣押的茶叶公司的茶叶实物经鉴定符合龙井茶国家标准，在案除感官评审表外没有其他证据能证实该种茶叶为低等级、低档次。这就涉及非西湖龙井茶与西湖龙井茶质量（档次）孰高孰低的问题，可以断定，未经特定批次实物产品的比较，难以得出西湖龙井茶一定优于非西湖龙井茶的结论。属于以其他绿茶冒充龙井茶，但在案未查实具体的茶叶数量、价格、品质、产地情况。本案涉及的龙井茶属于农产品，受制于茶叶品质、保存环境、季节等因素，单纯以进价和售价间差价较大为由，判断属于以低等级、低档次产品冒充高等级、高档次产品的依据不足。概言之，如果公诉机关可以证实每批次进的茶叶是何种茶、茶叶等级情况，并经与西湖龙井最低档次的标准比对，才能得出孰优孰劣的结论。但是涉案价值 2000 余万元的茶叶已经销售出去，未能找到实物。且根据公安机关出具的情况说明：对茶叶进行是否为西湖龙井的鉴定，需将送检样本与西湖龙井茶叶标准样进行比对，现阶段全国范围内尚未确立西湖龙井茶叶标准样。故未经鉴定，不能草率认定涉案茶叶属于伪劣产品。

本案查扣的茶叶经鉴定符合国家标准，被告人的行为系以绿茶、龙井茶冒充西湖龙井茶，因认定涉案茶叶属于伪劣的证据不充分，只能认为伪而不劣，指控被告人的行为构成生产、销售伪劣产品罪属于证据不足，应以假冒注册商标罪定罪处罚。

编写人：浙江省杭州市西湖区人民法院　宗盼　赵浙飞

41

互联网直播销售假冒名牌商品构成销售假冒注册商标的商品罪的司法认定

——周某甲等销售假冒注册商标的商品案

【案件基本信息】

1. 裁判书字号

广东省惠州市中级人民法院（2022）粤 13 民终 48 号刑事裁定书

2. 案由：销售假冒注册商标的商品罪

【基本案情】

自2022年3月开始，被告人周某甲通过在某平台建立直播网店，在惠东县大岭街道某厂房内，直播销售假冒知名品牌的服装。周某甲聘请被告人罗某甲、周某乙、罗某乙、高某某和周某丙（另案处理）一起参与销售，由周某乙负责仓库管理，罗某甲负责主播，每月工资5000元；罗某乙负责客服，高某某、周某丙负责打包，每月工资4000元，工人工资均无提成，由周某甲负责发放。周某甲等人销售假冒品牌服装期间，周某甲先通过微信找到直播商品的供应商，联系购进假冒品牌的货品，短袖每件进货价格8~9元；长袖每件进货价格15~16元，棉服进货价格28~29元，然后和罗某甲把货品通过网店直播的方式出售：短袖售价19.9元一件或者29.9元两件；长袖售价29.9元一件或者49元两件。当客人拍下商品后，由周某乙打单后交给高某某、周某丙根据货单拣货、打包和发货，如有客人需要退换货，就由客服罗某乙负责处理。至被抓获时，周某甲等人销售假冒注册商标的商品的金额共计达733207.9元。

2022年8月5日18时，惠东县公安机关联合市场监督管理局在上述厂房内缴获上述6个品牌的服装共计9630件，经鉴定均为假冒注册商标的产品。以销售价（长袖29.9元每件、短袖19.9元每件）或拟销售价（棉衣69元每件）计，尚未销售的侵权产品价值共计达276652.3元。2022年10月27日，周某甲、周某乙的家属代为向公安机关分别退回其非法获利60000元和10000元，罗某乙退出赃款8000元。

【案件焦点】

1. 关于被告人周某甲等销售数额的认定问题；2. 关于缴获的假冒注册商标的商品的价值认定问题；3. 关于对从犯能否适用缓刑的问题。

【法院裁判要旨】

广东省惠州市惠东县人民法院经审理认为：公安机关从被告人周某甲在某

销售平台提取的其网店的销售记录显示其销售的涉及本案假冒的知名品牌六种注册商标商品的销售额，是其自己在平台的销售记录，该记录真实可靠，可以认定为本案被告人周某甲销售假冒伪劣产品的数额，经统计该六种商品在某销售平台销售数额共计 339053.43 元。此外，从周某甲在某平台销售表中可以显示短袖衣服 23.99 元一件，长袖衣服 33.99 元一件，棉衣 69.9 元一件。被告人周某甲、罗某甲供述的销售价格与其真实销售列表的销售价格基本一致且比真实销售价格低，现根据其供述的价格计算出其对长袖、短袖、棉衣的拟销售价格可以作为认定销售商品的价格。而本案被告人周某甲从 2022 年 3 月开始通过网络直播方式面向不特定的多数消费者销售侵权假冒商品，销售时间长、数量大，社会危害性大，为切实保护知识产权权利人合法权益，维护消费者合法权利，对被告人不宜适用缓刑。

综上，被告人周某甲、罗某甲、周某乙、高某某、罗某乙销售明知是假冒注册商标的多种商品，数额超过 15 万元，情节特别严重，其行为构成销售假冒注册商标的商品罪，公诉机关指控的被告人犯罪事实清楚，证据确实充分，罪名成立，本院予以支持。被告人周某乙、罗某甲、高某某、罗某乙受雇请销售假冒注册商标的商品，在共同犯罪中起次要作用，是从犯，依法应减轻处罚。被告人周某甲、罗某甲、周某乙、高某某、罗某乙认罪认罚，依法可从宽处罚。据此，判决如下：

一、被告人周某甲犯销售假冒注册商标的商品罪，判处有期徒刑三年，并处罚金人民币 100000 元；

二、被告人周某乙犯销售假冒注册商标的商品罪，判处有期徒刑十个月，并处罚金人民币 5000 元；

三、被告人高某某犯销售假冒注册商标的商品罪，判处有期徒刑八个月，并处罚金人民币 4000 元；

四、被告人罗某甲犯销售假冒注册商标的商品罪，判处有期徒刑十个月，并处罚金人民币 5000 元；

五、被告人罗某乙犯销售假冒注册商标的商品罪，判处有期徒刑八个月，并处罚金人民币4000元；

六、被告人周某甲退出的违法所得人民币60000元、被告人周某乙退出的违法所得人民币10000元、被告人罗某乙退出的违法所得人民币8000元、被告人高某某退出的违法所得人民币8000元、被告人罗某甲退出的违法所得人民币10000元，予以没收上缴国库（由惠东县公安局上缴国库）；

七、扣押的假冒注册商标的商品由扣押单位依法处理。

五名被告人不服一审判决，提出上诉。广东省惠州市中级人民法院受理案件后，裁定：

驳回上诉，维持原判。

【法官后语】

根据《中华人民共和国刑法》第二百一十四条规定，明知是假冒品牌商品仍多次通过网络平台直播带货销售，违法所得数额较大的，构成销售假冒注册商标的商品罪。根据主客观一致原则，要证明行为人构成销售假冒注册商标的商品罪，需证明其客观上违法所得数额达到数额较大标准，或者有其他严重情节，主观上有销售假冒注册商标商品的“明知”。

首先，构成销售假冒注册商标的商品罪，客观上需证明行为人违法所得数额达到相应标准或有其他严重情节。由于通过网络直播平台销售假冒注册商标的商品的行为在网络平台处存在销售记录的“痕迹”，客观上假冒注册商标商品的销售金额及未售货值可以通过网络平台的销售记录，并结合被告人供述及银行流水进行确定。在本案中，对于被告人销售假冒注册商标商品的销售额认定系以网购平台真实可靠的销售记录为依据；而对于缴获的假冒注册商标商品的价值认定则是结合被告人对销售商品价格的供述与销售记录两项证据，最终计算出缴获商品的拟销售价格作为缴获商品的价值。

其次，构成销售假冒注册商标的商品罪，需证明行为人主观上有销售假冒注册商标商品的“明知”。但在实践中，“明知”作为行为人的内在心理活动，若行为人不主动供述，很难被他人知悉。审判过程中，法官往往需要结合证据认定行为人的客观行为，再运用经验法则和逻辑推理进行推定销售明知是假冒注册商标的商品。如何在审判中准确把握销售假冒注册商标的商品罪的“明知”的认定标准，准确打击侵犯知识产权类刑事犯罪行为，是本案中值得研究探讨的重点问题。

具体而言，结合直播带货实践中常见的模式，当行为人存在网络直播售假行为，且具有以下事实又不能向法庭作出合理解释的，可以认为其对销售的商品系假冒的存在主观的“明知”：

一是以明显低于市场价格对外销售。被假冒的商标通常是市场上名气较大、受众较多的知名品牌，此类商品的价格一般相对稳定，较少出现大幅度低于市场价格的情况。本案中销售的品牌服装以数十元不等的价格出售，明显低于相关品牌的实际市场价格，五名被告人在供述中亦表示，自己之所以知道所销售的商品系假冒注册商标商品，是因为销售的价格明显低于该品牌的市场价。

二是直播带货中存在覆盖商标、以其他表述代称知名商标等异常行为。为了防止被监测、举报侵犯注册商标，不少销售假冒注册商标商品的主播在直播展示商品时会选择将商品上的商标遮盖住，同时在介绍假冒的品牌时以其他表述代称知名商标，以达到介绍展示商品的目的。

三是行为人未尽初步审查义务。本案中，主播罗某甲供述称“在哪里进的货我不清楚”，说明罗某甲在直播前并未要求商家提供能证明权利人允许供应商销售商品和使用知识产权的授权证明文件。当然，行为人只需要尽初步审查义务即可，不要求其对上述文件的真实性进行确认。

四是曾因销售假冒注册商标的商品被电商平台处罚后又销售同一种假冒注册商标的商品。在网络直播行业中，直播平台发现店铺存在销售假冒注册商标的商品的行为会对其予以禁播或者封号，若相关经营者或主播受到上述处罚后又销售同一种假冒注册商标的商品，则可以认为其具有售假的主观明知。

此外，商家通常是以直播团队的形式进行网络销售直播活动的，其中并非只含有主播这一单一主体，一般还包括客服人员、运营人员、物流人员等在内。由于各成员在直播团队中所处的地位和分配的工作范围并不相同，因此团队成员各自承担的注意义务也应有所区分，不宜以同一标准推定他们的主观“明知”。对于商家经营者和主播而言，由于其直接对接货源、选择直播商品、介绍推广商品，在团队中具有一定的管理权和决定权，在销售商品中发挥关键作用，因此应当有较高的注意义务，审理案件时可参考上文的四条路径论证其主观明知。对其他团队成员而言，他们在直播过程中更多的是承担辅助性工作，如担任客服联系消费者、担任仓库管理人统计库存、担任物流人员打包寄送商品等，较少参与商品的选择与销售，因此，不能苛求其承担与经营者、主播这类关键角色等同的注意义务，可以通过其在履行工作职责的过程中是否知晓商品价格显著低于市场价，并通过查看其与团队成员之间、与消费者之间的聊天记录等综合分析其是否具有主观明知。

综上，行为人明知是假冒品牌商品，仍多次通过网络平台直播带货销售的，构成销售假冒注册商标的商品罪。在认定违法所得数额时，可以结合网络平台的销售记录确认销售金额及未售商品的货值大小。在认定行为人是否“明知”销售的商品系假冒注册商标商品时，可以从行为人是否以明显低于市场价格对外销售、是否存在销售异常行为、是否未尽初步审查义务以及是否曾因销售假冒注册商标的商品受罚四条路径出发，结合其他在案证据及行为人在直播团队中所处的地位进行犯罪构成要件中主观方面的认定。

编写人：广东省惠州市惠东县人民法院　许小龙　蔡嘉威

42

刑法修订后，销售假冒注册商标的商品罪入罪条件的适用

——何某某销售假冒注册商标的商品案

【案件基本信息】

1. 裁判书字号

北京市第三中级人民法院（2022）京03刑终471号刑事裁定书

2. 案由：销售假冒注册商标的商品罪

【基本案情】

被告人何某某在某服装百货生活广场的摊位内销售卷烟。2021年11月8日，在何某某租赁的某服装百货生活广场某摊位内，起获利群（新版）、黄鹤楼（软蓝）等品牌卷烟1281条。经鉴定，起获卷烟中共有1128条为假冒注册商标且伪劣的卷烟，货值共计人民币18余万元。被告人何某某于2022年1月20日被民警抓获。

公安机关扣押了涉案卷烟及何某某的华为手机1部。

【案件焦点】

刑法修订后，应如何准确理解销售假冒注册商标的商品罪入罪条件。

【法院裁判要旨】

北京市朝阳区人民法院经审理认为：被告人何某某销售明知是假冒注册商标的商品，未销售货值金额较大，其行为已构成销售假冒注册商标的商品罪，应予惩处。鉴于在案扣押的卷烟尚未售出，被告人何某某系犯罪未遂，依法对

其从轻处罚。在案物品依法处理。故判决如下：

一、被告人何某某犯销售假冒注册商标的商品罪，判处有期徒刑二年，罚金人民币10万元；

二、在案之卷烟，均由扣押机关依法处理；在案手机一部，予以没收。

何某某提起上诉。北京市第三中级人民法院经审理认为：一审法院根据上诉人何某某犯罪的事实、性质、情节和对于社会的危害程度所作出的判决，事实清楚，证据确实、充分，定罪和适用法律正确，量刑适当，审判程序合法，应予维持。故裁定如下：

驳回上诉，维持原判。

【法官后语】

《中华人民共和国刑法修正案（十一）》对销售假冒注册商标的商品罪的罪状及入罪条件进行修改，由单一的“数额”标准改为“数额”加“情节”的双重标准，在针对该罪的配套司法解释尚未出台前，准确考量《中华人民共和国刑法》修正前相关司法解释规定适用与否及如何适用，具有重要意义。

一、《中华人民共和国刑法》修正前，相关司法解释确立的具体入罪条件及其联系

关于修正前《中华人民共和国刑法》中“数额较大”“数额巨大”的具体标准，《最高人民法院、最高人民检察院关于办理侵犯知识产权刑事案件具体应用法律若干问题的解释》（以下简称《解释》）第二条规定，销售明知是假冒注册商标的商品，销售金额在5万元以上的，属于《中华人民共和国刑法》第二百一十四条规定的“数额较大”，应当以销售假冒注册商标的商品罪判处三年以下有期徒刑或者拘役，并处或者单处罚金。销售金额在25万元以上的，属于《中华人民共和国刑法》第二百一十四条规定的“数额巨大”，应当以销售假冒注册商标的商品罪判处三年以上七年以下有期徒刑，并处罚金。

针对相关商品尚未销售的情形，《最高人民法院、最高人民检察院、公安

部关于办理侵犯知识产权刑事案件适用法律若干问题的意见》（以下简称《意见》）规定："销售明知是假冒注册商标的商品，具有下列情形之一的，依照刑法第二百一十四条的规定，以销售假冒注册商标的商品罪（未遂）定罪处罚：（一）假冒注册商标的商品尚未销售，货值金额在十五万元以上的；（二）假冒注册商标的商品部分销售，已销售金额不满五万元，但与尚未销售的假冒注册商标的商品的货值金额合计在十五万元以上的。假冒注册商标的商品尚未销售，货值金额分别达到十五万元以上不满二十五万元、二十五万元以上的，分别依照刑法第二百一十四条规定的各法定刑幅度定罪处罚。"

综上，考虑上述规定均在《中华人民共和国刑法》修正前颁布，将修正前的《中华人民共和国刑法》《解释》与修正前的《中华人民共和国刑法》《意见》规定两相比较，可以发现：前者规定销售金额5万~25万元、25万元以上分别构成本罪"数额较大""数额巨大"；后者规定尚未销售货值金额在15万~25万元、25万元以上时分别在本罪"数额较大""数额巨大"法定刑幅度内定罪处罚。但后者系未遂，在量刑时可以比照既遂犯从轻或者减轻处罚。从数额规定上看，二者仅在最低档数额上有所区分，可以认为，规则制定者考虑尚未销售货值金额15万元的危害程度基本近似于销售金额5万元，故在尚未销售货值金额达到15万元时作入罪处理，但按照犯罪未遂可以从轻或者减轻处罚。

二、《中华人民共和国刑法》修正后，本罪入罪条件的适用

《中华人民共和国刑法》修正后，本罪入罪条件修改为"违法所得数额较大或者有其他严重情节"，《解释》中关于"销售金额"的标准不宜直接适用，但可根据具体案情，以相关情形构成"有其他严重/特别严重情节"为由入罪处理。

笔者认为，首先，在规范概念层面，无论是《解释》《意见》，还是其他涉知识产权刑事案件的司法解释，均明确区分"违法所得数额""销售金额""非法经营数额"等概念，并设定不同数额标准作为入罪与否的判断依据，在同一罪名的入罪条件中，"违法所得数额"相较"非法经营数额"均更小。《解释》第十二条规定："本解释所称'非法经营数额'，是指行为人在实施侵犯知识产权行为过程中，制造、储存、运输、销售侵权产品的价值。已销售的侵权产品

的价值，按照实际销售的价格计算。制造、储存、运输和未销售的侵权产品的价值，按照标价或者已经查清的侵权产品的实际销售平均价格计算”，从上述规定来看，“销售金额”包含在“非法经营数额”概念之内；第九条规定：“刑法第二百一十四条规定的‘销售金额’，是指销售假冒注册商标的商品后所得和应得的全部违法收入”，该规定中“所得和应得的全部违法收入”的表述有别于“违法所得数额”，显然范围更大。综上，在规范意义上，“违法所得数额”与“销售金额”的内涵、外延明确不同，“违法所得数额”应当是“销售金额”扣除相应成本后的数额。其次，在规范解释层面，在《中华人民共和国刑法》修正后无新的相关司法解释发布的情况下，基于保障行为人合理预期、有利于被告人的原则，仍应根据原司法解释精神确定数额标准。如上所述，违法所得数额系销售金额扣除成本后所得数额，较销售金额更小，查清违法所得数额需要查清成本数额，存在调查成本。总体而言，单从数额标准来看，如新法规定的违法所得数额直接沿用《解释》关于销售金额的标准，则相当于提高了入罪门槛，有利于被告人。最后，在立法精神层面，《中华人民共和国刑法》修正后本罪另行增加“有其他严重/特别严重情节”条件，“数额较大”一档法定刑中取消了拘役，“数额巨大”一档最高刑由 7 年变更为 10 年，总体而言，修正后的《中华人民共和国刑法》处刑更重，体现了进一步严厉打击销售假冒注册商标商品行为的立法精神。在这种情况下，如按上述方式严格解释违法所得数额，不免将出现部分《中华人民共和国刑法》修正前构成犯罪的行为（销售金额在 5 万元以上，但违法所得数额不足 5 万元或无法查清违法所得数额）但在修正后不构成犯罪的现象，有悖于上述新法从严打击的立法精神。鉴于修正后的《中华人民共和国刑法》另行增加了“有其他严重/特别严重情节”，综合以上情况，在相关新司法解释出台前，修正后的《中华人民共和国刑法》规定可以理解为：在严格解释“违法所得数额”的前提下，依照修正前《中华人民共和国刑法》及相关司法解释构成犯罪的，应当视为存在修正后规定的“有其他严重/特别严重情节”，在修正后规定的更重法定刑区间内处刑。[①] 如此，在严格区分销售金额与违法所得数额概念的同时，避免了遗漏犯罪。

关于尚未销售的情形，笔者认为，《意见》中关于“尚未销售货值金额”的标准亦不宜直接适用，但可根据具体案情，以相关情形构成“有其他严重/特别严重情节”为由入罪处理。我们认为，《意见》规定直接指向法定刑幅度，在《意见》仍有效的情况下，可以适用修正后的《中华人民共和国刑法》。但是，《意见》系在修正前的《中华人民共和国刑法》仅规定销售金额、《解释》规定5万元的销售金额入罪条件的基础上制定，如上所述，系主要考虑尚未销售货值金额15万元的危害程度基本近似于销售金额5万元故而作入罪处理，但在《中华人民共和国刑法》修正后，“销售金额”变更为“违法所得数额”，鉴于违法所得数额还需扣除成本得出，顺次推理，尚未销售货值金额15万元的危害程度不可能达到违法所得数额5万元，而尚未销售货值金额与违法所得数额的对应关系目前尚无相关规定。《中华人民共和国刑法》修正时，一般难以认为立法者会考虑《解释》《意见》的规定，以统一调整的意思对修正前的《中华人民共和国刑法》《解释》《意见》确立的数额标准及标准之间的关系进行调整，后续相关数额标准的调整还是有赖于新司法解释确立。故此，在当前无新司法解释的情况下，《意见》确立的数额标准不应直接适用，但基于从严打击的立法精神，可以以相关入罪情况构成“有其他严重/特别严重情节”为由，继续适用《意见》第八条，指向修正后的《中华人民共和国刑法》相关法定刑幅度。

本案中，被告人尚未销售货值金额达到18余万元，符合修正前的《中华人民共和国刑法》《意见》规定的入罪条件，理应入罪处理，虽然《意见》的数

---

① 该观点与立法机关的有关观点一致。参见许永安主编：《中华人民共和国刑法修正案（十一）解读》，中国法制出版社2021年版，“需要注意的是，虽然刑法修正案（十一）将入罪标准由‘销售数额较大’修改为‘违法所得数额较大或者有其他严重情节’，但由于新的入罪标准增加了‘其他严重情节’作为兜底性规定，因此，销售金额本身的大小仍然应当属于衡量行为人所实施的犯罪行为的情节是否达到了严重的重要参照。所以，此前司法解释关于‘销售金额数额较大’的规定，依然可以作为认定行为人犯罪行为情节严重程度的参考标准……这里的‘其他特别严重情节’也需要根据侵权行为持续的时间长短、销售能力和销售规模的大小、犯罪的组织化程度、违法所得大小等因素综合进行判断。”

额标准不应直接适用，但本案符合“有其他严重情节”情形，仍可引用《意见》第八条，在修正后的《中华人民共和国刑法》第一档法定刑幅度内定罪量刑。审理法院同时引用修正后的《中华人民共和国刑法》及《意见》第八条作出判决，所引用规范及定罪量刑是正确的。

编写人：北京市第三中级人民法院　池天慧

43

开发软件在不储存作品前提下通过爬虫程序在其页面上展示扒取的第三方作品内容的行为构成侵犯著作权罪

——肖某侵犯著作权案

【案件基本信息】

1. 裁判书字号

江西省吉安市中级人民法院（2022）赣08刑终178号刑事裁定书

2. 案由：侵犯著作权罪

【基本案情】

上诉人肖某于2015年开发了某应用程序（APP）软件，并从某广告联盟下载广告包后插入该APP软件以实现营利目的，盈利模式为用户使用该APP软件阅读小说时点击了其中的广告，某广告联盟会自动以点击量计算广告推广费。

2019年，为增加某APP软件下载量从而获取更多利益，肖某将“爬虫”程序编程植入该APP软件中，使得该程序能够不间断地自动扒取互联网上各个小说网站的网页链接、小说名称、小说作者、小说简介等信息，并将上述信息分类存放在租用的腾讯云服务器当中，当用户在该软件中搜索小说相关文字后，服务器可以自动从扒取到的小说信息中提取出来，并通过转码将第三方网站（著作权人授权网站）网页上的小说内容进行重新排版，再插入广告公司提供的广告供用户阅读，该软件配置的转码技术能将原网站的个人计算机页面自动转码成适合手机客户端的阅读页面模式，还能自动排版、纠正错别字和乱码，以提升用户体验。某公司每月根据该APP软件中的点击量按每次0.2元至1元不等的价格结算广告推广费，费用转到肖某指定的银行账户。2020年1月1日至2021年8月24日，某公司向肖某支付广告推广费共计20318381.21元。

案发后，经鉴定，固定到某软件APK文件（应用程序包文件格式）并通过程序获得“侵权书单.xlsx”中与版权方北京某科技有限公司提供的小说相似度大于70%的合计4519部。

【案件焦点】

行为人在APP软件中内置搜索引擎并配置具有转码功能的爬虫程序，扒取、存储第三方享有著作权作品的名称、网址等，却并不存储作品内容，该软件在用户登录其阅读时通过转码技术直接在其页面显示第三方作品内容，对于此种行为能否纳入信息网络传播行为范畴从而用侵犯著作权罪予以规制。

【法院裁判要旨】

江西省永丰县人民法院经审理认为：被告人肖某开发的某APP中设置了爬虫程序可以从其他网站扒取小说书名、封面、网站链接等，并把这些信息存储到其服务器里，同时进行了增减、排版和过滤后插入广告，读者可以采取六种方式在该APP上进行阅读，其中“立即阅读”模式读者可以在该APP页面直接阅读小说，“全书缓存”模式可以下载小说供读者在选定的时间和地点阅读。该APP扒取的小说均未经过著作权人或其授权人的许可，侵害了著作权权利人的信息网络传播权。虽然该APP中确实有链接服务，但是其提供的不是普通链接服务，用户点击后并不直接跳转到第三方网页首页，而是直接在该APP中显示相关页面，读者也完全感觉是在某APP中进行阅读，而不是在其他网站进行阅读，故应当认定属于信息网络传播行为。某APP中扒取的小说经司法鉴定与被害人享有信息网络传播权的小说相似度大于70%的有4519部，因此，被告人肖某以营利为目的，未经著作权权利人许可，擅自在其开发的某APP中传播他人享有著作权权利的文字作品，其行为构成侵犯著作权罪。被告人肖某非法经营金额达2000余万元，非法传播他人作品的数量众多，属于情节特别严重，依法应在三年以上十年以下有期徒刑幅度内量刑，并处罚金。被告人归案后基本能如实供述主要犯罪事实，可认定为坦白，依法可以从轻处罚。据此，以侵犯著作权罪判处肖某有期徒刑五年，并处罚金人民币100万元。

肖某不服一审判决，提出上诉。江西省吉安市中级人民法院经审理认为：肖某主观上是以营利为目的，客观上实施了侵犯他人享有著作权的文字作品的行为，且已达刑事立案处罚标准，已构成刑事犯罪，肖某及其辩护人辩称肖某只构成民事侵权的意见与查明的事实和法律规定不符，不予采纳。据此，裁定如下：

驳回上诉，维持原判。

【法官后语】

本案肖某的行为特殊之处在于其开发的某APP软件并未存储被侵权作品，该APP软件内置的网络爬虫程序可以定向抓取第三方网站相关网页资源，经筛选后将有用的链接放入等待抓取的URL（统一资源定位符，又称网页地址）队列并建立索引以便后续公众用户查询和检索。爬虫程序具备的转码技术使得用户通过该软件阅读小说时，该软件可以对电脑端网页格式进行自动转换、排版等，以实现手机端网页内容的正常显示。本案争议焦点在于上诉人肖某的行为能否纳入信息网络传播行为范畴从而用侵犯著作权罪予以规制。

一、从形式解释论的立场，可以认定上诉人肖某的行为属于信息网络传播行为

肖某的行为解释为提供作品契合目的解释。刑法保护信息网络传播权的根本目的在于防止行为人未经许可在互联网空间向公众提供作品从而使公众可在个人选定的时间和地点获得作品。从这一目的可以看出，检验行为人的行为是

否侵犯信息网络传播权的标准应仅是公众是否可在选定的时间、地点获取作品。本案中肖某开发的该APP软件明显使用户可以在选定的时间、地点获得作品，如若对此种行为不通过刑法加以规制，将使得著作权人的信息网络传播权失去实质意义，这不符合侵犯著作权罪的设立目的。

肖某的行为解释为提供作品行为符合法秩序的统一性。我国立法上对于采用信息网络传播方式侵犯著作权是采取刑民一体化的“一元违法论”。从《最高人民法院关于审理侵害信息网络传播权民事纠纷案件适用法律若干问题的规定》第三条第二款规定来看，侵犯著作权并不一定要在服务器中储存作品，设置共享文件、利用文件分享软件等方式均可以认定为通过信息网络传播作品的提供行为。基于刑民一体化的立法例前提，从体系解释的角度来看，可以将肖某的行为认定为侵犯著作权罪中的信息网络传播行为。

二、从实质解释论的立场，应认定上诉人肖某的行为属于信息网络传播行为

肖某利用某APP软件向公众提供作品的行为具有法益侵害性。侵犯著作权罪保护的法益是部分著作权以及与著作权相关的权利。肖某开发的APP软件通过爬虫技术深度链接第三方网站，使得该软件用户在无须向第三方网站付费的前提下可以直接获得第三方网站的作品，并且产生是在该APP软件中阅读的错误认识。在上述过程中，肖某的行为导致该APP软件用户无须付费就能阅读著作权人的作品，而其自身则可以通过插入广告方式获利，第三方网站的知名度和流量明显会减少，其行为具有明显的法益侵害性，对其行为用侵犯著作权罪予以规制符合罪责刑相适应原则。

肖某提供深度链接的行为与存储提供作品行为在刑法评价意义上具有等价性。肖某虽未在服务器中存储他人作品，仅实施了所谓的“提供链接”服务，但其行为对著作权人利益的损害已达到与提供内容行为的同等水平。用户进入某APP软件阅读自己搜索的小说时，该APP软件经过自动转码后直接显示相关小说内容，并不会显示第三方网站网页的相关信息，用户阅读时无法分辨出是在第三方网站阅读，该APP软件已实际取代了第三方网站提供作品的作用。

因此，在侵犯著作权罪中的刑法评价中，肖某的行为具有与直接存储提供作品行为的等价性。

综上所述，上诉人肖某的行为属于通过信息网络传播方式向公众传播作品，在其主观具有营利目的，客观已达罪量标准的前提下，应认定构成侵犯著作权罪。

编写人：江西省吉安市中级人民法院　肖征元

江西省永丰县人民法院　陈春英

44

侵犯著作权罪中软件作品“实质性相似”规则的采用与审查要点

——王某侵犯著作权案

【案件基本信息】

1. 裁判书字号

上海市闵行区人民法院（2022）沪0112刑初577号刑事判决书

2. 案由：侵犯著作权罪

【基本案情】

自2020年6月起，被告人王某在未取得某公司授权许可的情况下，从他人处购得该公司的盗版激光切割某套料软件，并通过其开设的网店及个人社交平台号予以销售。其间，被告人王某对上述软件进行复制，并采用远程安装或者寄送加密狗的方式对盗版软件进行发行。截至案发，销售金额共计344409元。2021年10月12日，公安局某分局依法抓获被告人王某，并在其住处查获加密狗、账本等物。经某公司比对，被告人王某售卖的某公司某套料软件所侵犯的是该公司开发的某正版软件著作权。经公安机关委托，司法鉴定科学研究院对被告人王某销售的某软件与某公司的某正版软件进行鉴定，王某售卖的软件中的可执行文件与某公司的某正版软件项下的可执行文件的结构相似度、文件相似度均超过 90%，构成实质性相似。被告人王某到案后对上述犯罪事实供认不讳。

【案件焦点】

软件作品侵犯著作权犯罪中，如何审查侵权作品对原作品构成“复制”是该类犯罪的关键所在。

【法院裁判要旨】

上海市闵行区人民法院经审理认为：被告人王某未经著作权人许可，以营利为目的复制发行其计算机软件作品，非法经营数额达 34 万余元，属于有其他特别严重的情节，其行为已构成侵犯著作权罪。被告人王某系坦白，自愿认罪认罚，依法可从轻、从宽处罚。公诉机关的指控成立，量刑建议适当。辩护人以被告人王某认罪认罚等理由请求对被告人从轻处罚的辩护意见，予以采纳。

上海市闵行区人民法院依照《中华人民共和国刑法》第二百一十七条第一项、第六十七条第三款、第五十二条、第五十三条、第六十四条及《中华人民共和国刑事诉讼法》第十五条、第二百零一条之规定，作出如下判决：

一、被告人王某犯侵犯著作权罪，判处有期徒刑三年，并处罚金人民币 20 万元；

二、责令被告人王某退赔被害人的经济损失。

一审判决后，被告未提起上诉，检察机关未提起抗诉，该判决已发生法律效力。

【法官后语】

本案中，关于王某侵犯著作权罪的事实清楚、证据充分，公诉机关指控的罪名成立。本案审理的焦点在于计算机软件作品的著作权与传统作品区别，以及审查时特别需要注意的事项。

本案审理的难点在于：侵犯著作权罪中计算机软件作品著作权审查比对中如何认定“实质性相似”。

一、“实质性相似”规则在刑事案件中确立的一般法理

《中华人民共和国刑法》第二百一十七条第一项规定，未经著作权人许可，复制发行、通过信息网络向公众传播其文字作品、音乐、美术、视听作品、计算机软件及法律、行政法规规定的其他作品，违法所得数额较大或有其他严重情节，就可以构成侵犯著作权罪。根据刑法规定，构成侵犯著作权罪要求未经著作权人许可“复制、发行”相关作品。从字面意义上讲，“复制”则要求是相同的产品。但在计算机软件民事侵权纠纷中，完全照抄权利人的软件代码的现象较为少见，都是对权利人现有软件代码的修正。在民事案件中，引入了国外版权法理论中“实质性相似”理论。“实质性相似”的内容主要包括侵权作品的内容使用了原作品中的非公共领域的独创性表达，并且相似性达到一定程度，能够引起受众对两部作品产生相似性联想。这一判断标准在民事侵权领域运用较为广泛。但这一判断标准能否引入刑事司法领域，有不同认识。有观点认为，“复制发行”包括复制或发行以及复制且发行的行为。[①] 也有观点认为，通过非法手段，获取他人享有著作权的计算机软件中的相关核心程序文件，制作外挂软件，该外挂程序虽与官方客户端程序文件并不完全一致，但主体结构、功能系实质性相同的场合，也可以认定为复制他人计算机软件的行为。[②]

笔者认为，虽然刑法条文和相关司法解释没有明确将“实质性相似”的作品认定为复制。但从民事法律的应用实践看，该规则运用并无实质障碍，虽然民事侵权和刑事处罚分属不同的法律部门，但认定事实的标准和方法是通用的，实质性相似认定为复制没有事实上的障碍。因为侵犯著作权罪是要保护著作权人的智力成果，体现国家法律对智力成果的肯定和保护。实质性相似本身就是大量抄袭权利人作品的体现，不将该种情形理解为复制与著作权罪的立法精神不相符合。

---

① 张明楷：《刑法学》，法律出版社 2016 年版，第 824 页。

② 黎宏：《刑法学各论》，法律出版社 2014 年版，第 186 页。

从法院的相关判例看，也认可“实质性相似”构成复制。行为人未经著作权人许可复制其计算机软件，通过修改相应程序捆绑其他软件后在互联网上发布供他人下载，并因此获取广告费用等收益的，构成以营利为目的的复制发行。计算机软件侵权产品在某些程序、代码方面有所不同，但只要实现硬件产品功能的目标程序或者功能性代码与他人享有著作权的计算机软件作品实质相同，就属于非法复制。

综上，笔者认为计算机侵权产品只要与权利人的计算机软件作品构成“实质性相似”，就可以认定为侵犯著作权罪的复制。

二、确定“实质性相似”的多维度审查要点

由于计算机软件作品中由运行界面、运行风格等外观设计和具有实质内容的软件代码构成，所以在比对时也要分类型比对。本案从比对方法、复制比例、排除事项三个方面具体认定“实质性相似”。

第一，比对方法的审查。主要从以下几个方面进行：(1) 从软件界面、数据架构进行比对。对软件界面的审查主要是从外观布局、用户感受、运行界面、菜单功能、帮助提示功能等方面进行综合比对。在数据架构方面，主要从应用程序的组织结构、目录安排、安装流程等方面进行比对。在本案中，经过比对，被告人王某复制、发行的软件在界面和数据架构方面与被害单位的软件完全一致。(2) 对被害单位提供的源代码与被告人复制、发行的目标程序进行比对。在计算机软件作品中，对侵权作品与被害单位的原作品进行源代码的实质比对是最直接、有效的比对方法。但在案件办理过程中，查找被告人获取的源代码往往比较困难。那么，将被告人的侵权软件程序与被害人的源代码进行比对就是一种替代方法。本案中，公安机关先行委托被害单位将被告人复制、发行的侵权软件与被害单位的源代码进行比对，再委托第三方检测机构进行比对。

第二，软件代码相似性的复制比例审查。我国法律、法规、司法解释均没有规定复制达到某一比例就构成实质相似性。但司法实践中的常规做法是要进行相关的复制比例鉴定。在以复制比认定实质相似性的判决中，一般要求达到70%以上的复制比例。本案中，被告人王某复制被害单位的软件作品的结构相似度、文件相似度均超过90%。需要说明的是，在认定实质相似性时，复制比审查是一项认定实质性相似的重要标准，但并非唯一标准。实践中，还需要结合被告人的供述，软件是否具有文件同源性、结构相似性，是否存在巧合等证据综合认定。

第三，软件代码内容相似性的排除性审查。这里主要涉及两种情况：一是由于技术限制或被告人拒绝提供相关软件的源程序导致无法比对时，能否根据软件的相关功能和技术缺陷进行比对。如果已经证实侵权软件与权利人的软件存在功能和缺陷的相同或相似性，可以认定被告人持有但拒不提供相关证据的源软件的实质相似性。因为不同源软件功能相同或相似的较多，但缺陷相同或相似概率较小，如果两种软件有相同或相似的缺陷，则说明二者同源的盖然性较高。二是被告人的侵权软件与权利人的软件复制比达到一定比例时，要排除一些特定情形。在侵权软件与权利人软件都使用第三方开源代码，且第三方代码不享有排他性著作权时，不能因为二者在该部分的相同或相似就判定二者具有实质相似性。在有些案件中虽然比对相似性比例较高，但多属于公有领域的表达，或不具有独创性的表达，或代码表达的有限性导致软件复制比达到一定比例，而软件中表达的独创性、特有性内容却属少数，就需要排除不具有独创性表达等内容，将“关键少数”进行再次比对，以确定是否侵权。本案中，由于被告人王某仅仅对被害单位的原始软件添加了一个“加密狗”程序，防止买受该软件的人再次售卖造成泛滥。所以，本案中在进行复制比对时不存在需要排除的内容。

编写人：上海市闵行区人民法院　李国泉　何刚　李涛

45

数字版权中软件“换皮”侵权行为的审查认定

——黄某某侵犯著作权案

【案件基本信息】

1. 裁判书字号

广东省广州市中级人民法院（2022）粤01刑终1061号刑事裁定书

2. 案由：侵犯著作权罪

【基本案情】

2017年，软件公司开发《麻将》游戏，向国家版权局登记了游戏的计算机软件著作权，向国家新闻出版广电总局申请网络游戏出版物号并获准出版运营。2019年，软件公司组织员工即同案人胡某某等人，开发完成《麻将》游戏集合下的某1、某2、某3三种地方麻将游戏，委托黄某某代理上线运营。同年，上诉人黄某某与同案人预谋后，同案人辞职设立科技公司，将其以工作便利获取的软件公司游戏作品源文件、源代码进行简单修改，聘请人员设计美术方案，复制制作“换皮游戏”并发行，由黄某某负责代理运营。经鉴定，涉案某1、某2、某3麻将游戏与软件公司上述游戏在文案文字、排版样式、目录源文件及源代码等方面相同或实质性相似。至2020年6月，黄某某代理推广该侵权盗版游戏，获下载、注册数达15万个，玩家充值金额176.3万余元。

【案件焦点】

1. 数字版权的复制与发行如何理解和评价；2. 计算机软件的换皮侵权行为如何审查认定。

【法院裁判要旨】

广东省广州市黄埔区人民法院经审理认为：被告人黄某某以营利为目的，未经著作权人许可，复制发行其计算机软件作品，其行为已构成侵犯著作权罪，情节特别严重，应判处三年以上七年以下有期徒刑，并处罚金。被告人黄某某的犯罪行为实施于《中华人民共和国刑法修正案（十一）》颁布前，依据“从旧兼从轻”原则，适用修订前的刑法科处刑罚。依照1997年修订的《中华人民共和国刑法》第二百一十七条、第五十二条、第六十一条，以及《最高人民法院、最高人民检察院关于办理侵犯知识产权刑事案件具体应用法律若干问题的解释》第五条第二款、第十二条，《最高人民法院、最高人民检察院关于办理侵犯知识产权刑事案件具体应用法律若干问题的解释（三）》第十条之规定，以犯侵犯著作权罪判处被告人黄某某有期徒刑三年六个月，并处罚金90万元。

宣判后，原审被告人黄某某不服，提起上诉。广东省广州市中级人民法院经审理认为：上诉人黄某某以营利为目的，未经著作权人许可，复制发行计算机软件作品，情节特别严重，其行为已构成侵犯著作权罪，依法应予惩处。其负责侵权游戏运营，并获取涉案侵权游戏大部分利润，为非法利益主要获取者，且符合以营利为目的的构成要件。其作为有多年游戏代理经验的从业人员，不仅有多名同案人指证，而且结合其认知程度与能力足以认定其主观明知，至少有放任的主观故意。原判认定事实清楚，定罪和适用法律准确，审判程序合法，量刑适当，应予维持。据此，裁定：

驳回上诉，维持原判。

【法官后语】

一、数字版权的复制与发行具有同质性

发行包括总发行、批发、零售、通过信息网络传播以及出租、展销等活动。实践中，对发行含义存在不同理解。例如，有观点认为发行仅指复制者本身实施，不包括他人实施的上述行为。根据《最高人民法院、最高人民检察院关于办理侵犯知识产权刑事案件具体应用法律若干问题的解释（二）》第二条的规定，侵犯著作权罪中的“复制发行”，包括复制、发行或者既复制又发行的行为；侵权产品的持有人通过广告、征订等方式推销侵权产品的属于发行。因此，根据上述司法解释，发行主体不应局限于复制者，发行一般涵盖了销售。从法秩序统一相对性角度，刑法意义上的复制发行不完全等同于著作权的复制发行，前者应实质理解，如著作权中网络传播权、广播权是并列的。区别于传统作品，网络软件以源代码形式体现为数字版权，复制与发行具有结合性、独立性均有的属性，如单机游戏与网络游戏，前者销售方与传统作品类似，后者运营方则不仅是销售行为。上述区别影响发行的定性，前者宜认定为销售侵权复制品罪，后者宜认定为侵犯著作权罪。本案中，黄某某未经著作权人软件公司的许可，又不属于合理使用、法定许可使用和强制许可使用范围，其行为系以营利为目的，未经著作权人许可，发行计算机软件的侵犯著作权犯罪行为。其虽未直接参与涉案计算机软件的复制行为，但负责侵权软件上线运营，属游戏代理环节，起到发行作用，与复制行为作用相当。

二、“换皮”行为的证据审查与侵权认定

计算机软件一般采取版权和商业秘密并举的保护模式，侵权常呈现双重性。因此，软件的著作权和商业秘密侵权认定具有一定相似性，尤其是同一性的认定。判断软件换皮侵权需综合运用多种比对方法，如双方软件运行界面比对、源代码内容比对、是否存在共同缺陷及相同的个性化标注、注释等，综合文案文字、排版样式、源文件及源代码等方面审查表达构成相同或实质性相似。《计算机软件保护条例》第二十四条规定，软件侵权包含复制或部分复制。换皮软件属部分复制，需根据软件类型、用途判断对内容的部分改动、删减是否具有创造性，抑或判断创造性是否关乎关键核心功能或经济利益实现方式。软件仅为换皮即复制他人核心功能和结构的，部分侵权可作整体评价，否则更宜以侵权比例对应犯罪数额的具体认定。本案中，不仅负责侵权软件开发的同案人，即接触被侵权游戏被害单位原员工供认侵权事实，而且通过对文件抓包数据、源代码目录及代码、音频目录、游戏画面等对应文件数据的结构对比，证实某玩麻将与被害单位游戏除画面背景上略有不同，版式安排一致、文字用语相同、文件前后缀基本相同、源代码基本一致；比对双方游戏登录服务器端、游戏服务器端及客户端源代码，实质相似比例均超70%。基于此，综合鉴定意见及与之印证的其他证据，可认定核心功能与结构实质性相似，涉案“换皮游戏”无实质性修改，属非创造性再现，侵权实际涉及游戏整体和总体价值，据之应作整体评价。

编写人：广东省广州市中级人民法院　曹虎

46

利用工作便利窃取并使用采取保密措施的技术信息构成侵犯商业秘密罪

——司某某等侵犯商业秘密案

【案件基本信息】

1. 裁判书字号

江苏省常熟市人民法院（2022）苏0581刑初437号刑事判决书

2. 案由：侵犯商业秘密罪

【基本案情】

甲公司是一家为芯片封装材料提供生产设备的企业，研发环保节能高效智能型电子元件排胶烧结装备技术与应用、新能源汽车动力电池材料烧成炉及自动化上下料系统等技术与装备，其生产的相应窑炉是芯片制造产业中的关键设备，该公司也是国内高端芯片封装材料生产设备的唯一供应商。经营中，甲公司建立了完善的保密制度。

被告单位乙公司成立后，因缺乏相关技术人才，遂不断以高薪或入股等方式，从甲公司招揽人才。2017年7月左右，经被告人陆某某介绍，乙公司法定代表人徐某与甲公司网络管理人员、被告人司某某取得联系，承诺许以好处费，引诱其利用工作中的便利，非法向乙公司提供甲公司采取保密措施的设计图等含有技术信息的资料。后，徐某向司某某支付好处费22万余元。司某某则不断利用工作便利，窃取并向乙公司的陆某某提供甲公司的经营信息等采取保密措施的资料，并成为乙公司的隐名大股东。

乙公司获取甲公司采取保密措施的上述载有技术信息等内容的秘密资料后，使用该资料生产销售与甲公司窑炉设备高度近似产品。其中，2020年7月至2021年5月，乙公司向甲公司先前的客户且在本次购买前曾向甲公司询价的瓷某公司，生产销售类似产品。

经审计，乙公司的行为给甲公司造成损失达人民币500余万元；经鉴定，司某某向乙公司提供的载有甲公司技术信息的技术图纸中，甲公司主张的5个密点均属于不为公众所知悉的技术信息，且密点4与乙公司实际使用的技术信息一致。

【案件焦点】

1. 密点4是否具备非公知性，是否应因使用该密点技术信息的设备的销售而丧失秘密性；2. 非法获利与权利人损失在侵犯商业秘密刑事案件处理中是否存在优先适用顺位。

【法院裁判要旨】

江苏省常熟市人民法院经审理认为：被告人司某某向乙公司提供的甲公司的技术图纸所载的涉案技术信息，不为公众所知悉、具有商业价值，并经甲公司采取保密措施，应认定为系甲公司的商业秘密。

被告单位乙公司系有限责任公司，以贿赂等不正当手段获取权利人的商业秘密并使用，被告人陆某某、徐某系直接负责的主管人员，被告人司某某违反保密义务披露其所掌握的商业秘密，情节特别严重，均应当以侵犯商业秘密罪追究其刑事责任。被告单位乙公司与被告人司某某系共同犯罪。被告人陆某某、司某某、徐某均系主犯；被告人徐某案发后自首且主动退赔甲公司的部分损失，具有悔罪表现，可以从轻处罚；被告单位乙公司、被告人陆某某、司某某均如实供述，被告人陆某某、司某某、徐某均认罪认罚。判决如下：

一、判处被告单位乙公司罚金人民币450万元；

二、判处被告人陆某某有期徒刑三年六个月，并处罚金人民币35万元；

三、判处被告人司某某有期徒刑三年六个月，并处罚金人民币35万元；

四、判处被告人徐某有期徒刑三年，缓刑四年，并处罚金人民币30万元；

五、追缴被告人司某某的违法所得人民币228000元，予以没收，上缴国库；

六、暂扣于常熟市公安局的存储有甲公司技术信息等商业秘密的手机、移动硬盘、U盘、台式电脑主机硬盘等载体，予以没收并封存至上述商业秘密公开之日止；

七、暂扣于常熟市公安局的、由被告人徐某退赔的部分损失人民币120万元，发还甲公司。

判决后，当事人未上诉，本判决现已生效。

【法官后语】

本案系适用《中华人民共和国刑法修正案（十一）》严厉惩处商业秘密刑事犯罪的典型案例。本案中，甲公司生产的高端电子元件气氛烧成炉，系芯片陶瓷基座烧结制造装备，是用于生产中高端芯片、国防设备使用芯片等重要设备芯片制造与封装的关键装备。自2022年起，国外就该种设备对我国进行断供，甲公司系该种设备的国内唯一生产商。因此，本案所涉的商业秘密，体现了我国在高端芯片制造、封装领域的部分关键装备制造技术的进步，承载着我国高端芯片制造的自主化的梦想。

本案的争议焦点一在于密点4是否具备非公知性以及该密点在相应的设备销售后是否丧失了非公知性。对此，我们认为，在相应的鉴定意见中已经明确，密点4在2021年4月25日前属于不为公众所知悉的技术信息，具备非公知性；甲公司主张的密点信息与乙公司为瓷某公司生产涉案窑炉的图纸相比，密点4中

“凹面砖”的技术信息一致，即乙公司使用的技术信息与甲公司的商业秘密信息相同，具备同一性，上述鉴定符合法律规定，合法有效，应予以采信。此外，虽然使用密点4的窑炉已经销售，但公诉机关向法院提交的证据显示，甲公司对于包括密点4在内的技术信息采取了保密措施，同时，密点4涉及的窑炉顶砖并非暴露于窑炉设备之外，仅通过一般的观察无法获取相应的技术信息，并且，商业秘密并不因使用该技术秘密信息生产制造的商品的销售而丧失秘密性。因此，密点4中的技术信息应认定为商业秘密。

本案的争议焦点二在于相应的损失计算的标准。我国刑法及司法解释规定，以不正当手段获取权利人的商业秘密后使用的，损失数额可以根据权利人因被侵权造成销售利润的损失确定，而权利人因被侵权造成销售利润的损失，可以根据权利人因被侵权造成销售量减少的总数乘以权利人每件产品的合理利润确定。本案中，首先，瓷某公司曾系甲公司的客户，并且在向乙公司购买涉案窑炉前，已经向甲公司进行了询价，足以证实瓷某公司有向甲公司购买涉案窑炉的意图；其次，中国电子专用设备工业协会的协查回函显示，截至2021年10月，甲公司系窑炉制造行业内首家自主研发、生产和销售陶瓷封装基座烧结炉的企业，该协会目前尚未掌握到国内有其他自主研发成功并生产销售该类窑炉的相关企业，即，甲公司系涉案窑炉在国内的唯一合法生产企业，其遭受的损失，并无其他类似产品生产企业的利润率可供参考；最后，甲公司的合理利润率，有相应会计师事务所的审计评估报告为证，鉴于涉案窑炉为非标准化产品，在相应审计评估中所使用的样本的价格，也低于甲公司同类产品目前的价格，并且，甲公司销售同类窑炉的价格，有相应的销售合同为证，乙公司向瓷某公司销售涉案窑炉的价格，有销售合同、发票等在案为证。因此，本案中以甲公司因被侵权造成销售利润的损失来作为相应损失的计算标准，符合法律与司法解释的规定，并不存在非法获利与权利人损失优先适用的顺位问题。

编写人：江苏省常熟市人民法院　李军

47

侵犯工业技术信息类商业秘密行为的认定

——皮某某侵犯商业秘密案

【案件基本信息】

1. 裁判书字号

广东省广州市中级人民法院（2022）粤01刑终1921号刑事裁定书

2. 案由：侵犯商业秘密罪

【基本案情】

2001年10月，某尾公司在广州成立某尾电机厂，由某尾公司全资子公司某尾电机公司提供技术指导，主要生产“某某投影灯芯”产品。2005年6月至2012年8月，皮某某利用担任某尾电机厂制造部、品质部经理的职务便利，以不正当手段获取该厂“某某投影灯芯”生产工艺技术信息。2015年，皮某某离职后成立某某浦公司，利用上述技术信息，生产、销售与某尾电机厂“某某投影灯芯”相同的产品。2020年12月8日，公安机关在某某浦公司查获灯芯成品、半成品、生产设备等，现场扣押的皮某某的手提电脑、硬盘中存有大量与某尾电机厂各项关键生产工艺信息相同或实质相同的技术信息。经鉴定，某尾电机厂上述生产工艺信息属不为公众所知悉的技术信息；某某浦公司与被害单位上述生产工艺实质相同。经审计，2015年4月至2020年3月，香港某尾公司向某尾电机株式会社支付相关产品委托费约1.45亿元，某尾电机厂向广州某尾电机公司支付业务费3637万余元，其中技术指导费1980万元；2017年1月至2019年12月，某某浦公司销售同类型产品429737个，按被害单位销售毛利计，上述侵权产品毛利共7463万余元。

【案件焦点】

1. 被害单位是否就主张的商业秘密采取了合理适当的保密措施；2. 如何审查认定以不正当手段获取商业秘密并使用；3. 如何具体认定造成权利人重大损失。

【法院裁判要旨】

广东省广州市白云区人民法院经审理认为：被告人皮某某以不正当手段获取权利人的商业秘密，造成特别严重后果，其行为已构成侵犯商业秘密罪。被告人皮某某实施犯罪行为的时间在《中华人民共和国刑法修正案（十一）》颁布前，依据“从旧兼从轻”原则，适用修订前的刑法科处刑罚。考虑被告人犯罪行为方式、危害后果、认罪悔罪态度等情节，依照相关法律规定，以侵犯商业秘密罪判处被告人皮某某有期徒刑六年，并处罚金人民币 500 万元。

一审宣判后，皮某某不服，提起上诉。广东省广州市中级人民法院经审理认为：上诉人皮某某作案时间长、涉案金额特别巨大，不仅给权利人的经济利益造成重大损失，也破坏了社会主义市场经济秩序，具有较大社会危害性，依法应予惩处。原判根据犯罪事实、犯罪的性质、情节和对社会危害程度，对上诉人皮某某予以惩处，体现了法律对商业秘密权利人劳动成果的尊重和承认。原判认定事实清楚，证据确实、充分，适用法律正确，量刑适当，审判程序合法，应予维持。据此，裁定：

驳回上诉，维持原判。

【法官后语】

一、权利人是否采取保密措施需实质判断

权利人是否对所主张商业秘密采取了法律意义上的保密措施，常为司法实践中的争议焦点。《中华人民共和国反不正当竞争法》第九条第四款以“相应”限定保密措施，采取了实质性标准。如通过市场规则、经营制度及惯例，他人能认识到企业采取的措施是为防止第三方获取及使用，并明示识别性基本要素，在正常情况下能起到防止商业秘密泄露的作用，抑或使他人难以通过正当方式获取即可，则可认定符合“采取相应保密措施”的判断标准，不苛求权利人的保密措施达到完全杜绝侵权的程度。本案中，被害单位为防止技术信息泄露，采取了制定总体技术协议、保密规章制度、员工管理守则、密级与权限划分、组织教育培训等有效保密措施，同时设置了秘密分级、秘密种类等识别示明方式，足以认定被害单位已采取适当的保密措施。此外，员工保守商业秘密是其必须履行的法律义务，保密条款仅为保密措施之一，未与员工签署保密协议不代表未采取合理的保密措施。

二、综合审查认定侵权模式并排除合理怀疑

非法获取及使用技术信息商业秘密的认定，区别于经营信息的相对直观性，需重点审查是否具有“接触+实质相同”的侵权模式，除综合审查鉴定意见与其他证据的对应印证程度外，还要审查排除辩解的其他可能性，如自行研发、反向工程、善意使用及关键不同等。本案中，皮某某使用不正当手段获取技术信息商业秘密后利用该技术信息，生产、销售与牛尾电机厂“某某投影灯芯”相同的产品：其一，其曾为被害单位负责生产技术的高管能接触到技术秘密；其二，鉴定意见与客观证据相印证，证实其个人储存介质和侵权产品上均有与权利人主张的商业秘密相同或实质相同的技术信息，在客观上以不正当手段或违反保密义务获取商业秘密；其三，其用于生产、经营的信息与权利人主张的技术信息密点具备同一性，专家证人证言及生产工艺流程、图纸细节，均反映涉案技术信息不能通过反向工程获得；其四，其辩解合法来源为自主研发或以并购获取，前后不一，既与客观证据相悖，也不能提供基本细节以资查证，无合理辩解基础，未形成合理怀疑。

三、合理认定造成权利人重大损失

根据《最高人民法院、最高人民检察院关于办理侵犯知识产权刑事案件具体应用法律若干问题的解释（三）》第四条的规定，除可直接判断的直接导致权利人因重大经营困难而破产、倒闭外，给权利人造成重大损失是侵犯商业秘密行为的主要入刑标准。权利人的重大损失是以给权利人造成损失或因侵犯商业秘密违法所得的数额来判断。根据上述解释第五条的规定，侵权人以不正当手段获取权利人商业秘密后使用，损失数额可根据权利人因被侵权造成销售利润的损失确定，低于商业秘密合理许可使用费的，根据合理许可使用费确定。本案中，虽然被害单位相关委托费高于皮某某的销售毛利，但鉴于香港某尾公司是否仅销售某尾电机厂生产的涉案产品存疑，故相关委托费认定为合理的许可使用费不符合证据确实、充分的刑事案件证明标准。故本案中以侵权产品销售量乘以权利人每件产品的合理利润来确定权利人的损失数额更符合实际情况及司法解释的规定。

编写人：广东省广州市中级人民法院　曹虎　常秋华

（八）扰乱市场秩序罪

48

合同诈骗与民事合同欺诈的区分认定

——姜某合同诈骗案

【案件基本信息】

1. 裁判书字号

山东省淄博市中级人民法院（2023）鲁 03 刑终 62 号刑事裁定书

2. 案由：合同诈骗罪

【基本案情】

被告人姜某系某科技公司法定代表人。2019 年 12 月 15 日，其利用某科技公司（涉案合同乙方）的名义与某数据公司（涉案合同甲方）签订大数据应用系统开发服务合同，同时其本人作为涉案合同丙方签字确认，该合同约定：某科技公司为某数据公司开发宣传与发行系统，名称为“×宣传”；系统功能包括一键式后台登录各网络平台、与公安部网络安全局内置芯片数据信息共享的网安数据融合权、在全网合作方发布广告的广告发布权、总账号下可任意开设代理账号的代理开户权、总账号下可任意开设客户账号的客户开户权等多项功能；甲方需要向乙方支付60万元，乙方在甲方款项到位后48小时内开始实施，15个工作日交付调试版，调试版完成后，甲方提供相关资质进行绑定和完善，所有资质提供完毕7个工作日内交付正式版。丙方承担乙方违约责任，并负责甲方技术运营落实。

2019年12月16日，某数据公司依约向某科技公司转账人民币60万元，姜某在收款以后的几日内将上述款项的大多数分转给葛某某、田某、张某某等人用于归还个人债务，剩余的用于家庭生活和个人消费等支出。

姜某系经于某某介绍，与某数据公司董事长张某相识，因某数据公司要做企业品牌推广，姜某便向张某介绍了大数据网络推广的情况，并向张某演示了从其他公司购买的（谎称是其某科技公司自行研发的）一个小型推广系统，并据此获得了张某的信任。后姜某谎称自己有实力开发大数据网络推广系统，可以为张某的公司制作大数据推广系统，双方遂于2019年12月15日，签订涉案合同。

涉案合同签订后，姜某并未组织相关技术人员针对合同要求进行系统研发，仅联系了曾有业务往来的李某某，与其口头约定，由李某某负责“×宣传”广告推广系统的研发，但并未向李某某详细介绍其公司与某数据公司签订的合同内容以及合同想要达到的目的，也没有商谈支付任何费用给李某某。李某某将登录界面设计成了“×发行系统”、把网页标识设计成“张某某大数据”字样，但当张某某需要发布广告时仍然需要和平时发布广告一样登录和充值缴费，未能实现合同的目的。

姜某对外演示的小型推广系统系2017年通过李某某购买，支付了20万元的平台费用。2019年4月，李某某成立科技公司，该公司的营业范围系技术开发输出和广告推广，投资1000余万元研发了广告投放平台。基于合作赚取广告费用的目的，李某某公司在该广告投放平台上，给姜某开放了平台登录的端口，给他一个可以登录的账号密码，但平台的数据、维护、服务器等仍由李某某公司掌握。李某某陈述，是想看看姜某具体的业务量大小，再决定收取费用，并不会免费提供服务，最重要的是姜某说自己是一个电影行业的协会成员，能够跟影视宣发的相关部门联系，而且他们在这个平台每年的影视宣发的业务量也非常大。至案发，没有广告的投放量，姜某说的那些广告也没有。

某科技公司成立于2018年11月，杨某某占2%的股份，姜某占98%的股份，公司登记信息显示注册资本实行认缴，认缴出资时间定为2048年12月31日，截至案发，该公司没有任何实缴资本。2019年12月25日，股东身份杨某某变更为郑某。杨某某在职期间该公司没有开展业务，郑某在职期间，只是从事报税工作，纳税申报表、银行账户流水也显示，该公司基本没有业务。

【案件焦点】

被告人的行为是构成合同诈骗犯罪还是民事合同欺诈行为。

【法院裁判要旨】

山东省淄博高新技术产业开发区人民法院经审理认为：关于姜某及其辩护人称姜某不构成合同诈骗罪，与张某之间的合作行为是经济纠纷，属于民事欺诈的辩解、辩护意见，合同诈骗犯罪与民事欺诈虽然表面形式极为相似，但在非法占有目的上存在本质区别，应坚持主客观相一致的原则分析判断，以行为主体取得财物时有无履约能力为基本出发点，结合诈骗内容程度、履约行为、无法履约根本原因、对财物取得后处置情况、事后态度、损失挽回等外化行为要素进行事实推定综合判断。本案中一方面要充分考量合同签订前被告人是否明知不具备履约的能力而虚构、隐瞒真相，骗取信任，使对方与之签订合同；另一方面要充分评估合同签订后被告人是否采取积极行为具备实际履约实现合同目的的能力以及合同目的的实现的可行性；同时要充分考虑涉案合同目的不能实现、被告人无法履约的根本原因以及被告人是否积极挽回损失并与对方达成解决意见。经查，合同签订前，被告人姜某谎称其早前购买的他人的小型系统系自行研发，骗取了张某的信任，在没有履约能力的情况下，又隐瞒真相虚构了某科技公司有制作“×宣传”系统的实力，致使张某信以为真，从而与之签订合同，并支付了相关费用60万元；合同签订，被告人姜某收到相关费用后，没有将此款项投入制作系统研发，而是用于偿还个人债务和日常消费；自合同签订之日起至案发为止，没有证据证明被告人姜某具备实现合同目的的能力，被告人姜某亦始终没有交付符合合同要求的系统；在合同目的不能及时实现双方矛盾发生后，被告人姜某始终没有与对方形成解决意见，其亦未退还相关费用，因此，被告人姜某非法占有的目的比较明确。综上，被告人姜某自始至终没有履行合同的条件、能力，却骗取他人信任，签订合同，从而收取、占有60万元款项，拒不返还，符合合同诈骗的要件组成，并非一般的民事欺诈行为。

山东省淄博高新技术产业开发区人民法院根据其犯罪事实、性质、情节和对社会的危害程度及认罪态度决定其刑罚。据此，依照《中华人民共和国刑法》第二百二十四条第三项、第六十一条、第五十二条、第五十三条、第六十四条之规定，判决：

一、被告人姜某犯合同诈骗罪，判处有期徒刑八年，并处罚金6万元；

二、继续追缴被告人姜某犯罪所得60万元，依法返还被害单位某数据公司。

姜某不服一审判决，提起上诉。山东省淄博市中级人民法院经审理认为：关于上诉人姜某所持“本案系经济纠纷，原审判决认定上诉人构成合同诈骗罪事实不清，证据不足”的相关上诉理由，根据本案的事实和证据，依照法律规定，综合评判如下：

在卷证据能够形成完整证据链，足以证实姜某没有实际履行能力，在签订、履行合同中，虚构事实、隐瞒真相，骗取某数据公司60万元，用于偿还个人债务和日常消费，至今不能偿还，其行为符合合同诈骗罪特征，原审判决认定其构成合同诈骗罪事实清楚，证据确实充分。

关于上诉人姜某所提“被害人张某陈述、证人于某某、葛某某、张某某等证言不真实，其供述系被诱供，均不应被采信”的上诉理由，经查，被害人张某陈述，证人于某某、葛某某、张某某等人证言，上诉人姜某在侦查阶段供述均系侦查机关依法取得，并经被害人、证人、上诉人签字确认，与在案的其他证据能够相互印证，合法有效，应予采信。

上诉人姜某以非法占有为目的，在签订履行合同过程中，骗取他人财物，数额巨大，其行为构成合同诈骗罪。原审判决认定事实清楚，证据确实充分，定罪准确，量刑适当，审判程序合法。据此，二审裁定：

驳回上诉，维持原判。

【法官后语】

本案主要涉及合同诈骗与民事合同纠纷或者说民事合同欺诈的区分认定问题。

现实生活中以合同的手段来实施诈骗犯罪的情况并不鲜见，合同诈骗类犯罪的认定应坚持主客观相统一的原则，客观上要审查行为人是否采取欺骗手段骗取被害人信任签订合同、是否有积极履约行为等；主观上要审查行为人的目的动机，即行为人对合同款项是否具有非法占有的目的，在行为人否认想非法占有涉案合同款的情况下，通过客观行为来推定行为人主观目的和心态是当前行之有效的办法，也符合相关司法解释的规定。

一、审查行为人是否具有以欺骗手段签订合同的行为

合同诈骗与合同欺诈虽然都采取了欺骗手段，与被害方签订合同，但二者采取欺骗手段的内容与程度完全不同，合同诈骗采取的欺骗是完全捏造、歪曲事实，隐瞒真相的手段，行为人缺乏任何履约合同的基础和条件，单纯以虚构事实，导致被害方陷入错误认识，签订合同，处分财产，行为人在签订合同后压根儿不想也无力履行合同；而合同欺诈采取的是部分欺骗的手段，行为人有履约合同的基础条件，只是为签订合同存在片面吹嘘、夸大能力等行为，行为人在签订合同后，会积极创造条件履行合同，只是在合同实现质量上可能存在瑕疵，而非单纯无对价地占有合同款。

二、审查涉案合同是否具有可行性

合同诈骗与合同欺诈的基础都是涉案合同，因此首先要从合同双方权利、

义务、合同标的、履约期限等方面全面审查涉案合同，如果涉案合同存在约定的合同双方权利义务严重失衡，合同标的严重脱离实际不具有实现的现实可能性，约定标的与履约时限不对等、合同标的与合同金额严重不匹配等情况，足以证明涉案合同脱离实际，不具有现实可操作性和可行性，行为人以欺骗手段签订合同，明显具有借助合同非法占有合同款的目的。

三、审查行为人是否具有履行合同的能力

行为人是否具有履行合同的能力是判断行为人签订合同行为是刑事犯罪还是民事合同纠纷的重要标准，履约能力包括经济实力、技术实力、人力资源实力等。如果行为人明知自己没有履约能力，仍虚构事实，隐瞒真相，骗取被害人信任签订合同，非法占有合同款，就具有了非法占有的主观故意嫌疑。如本案中，行为人实施委托他人代为研发“×宣传”宣传与发行系统的，还应当审查被委托人是否具有研发合同约定系统的能力及所研发的系统是否符合合同约定条件，行为人能否享有受托人所研发系统产权完成向合同方的真实交付义务等。

四、审查行为人对合同款的支配

合同诈骗与合同欺诈的另一重要区别，就是行为人对待合同款的不同态度，合同诈骗以非法占有合同款为目的，行为人对合同款一般用于挥霍、消费、偿还债务等，不会将其用于履行合同，或者用于履行合同的部分非常少。合同欺诈则并非以非法占有合同款为目的，行为人通常将合同款用于与履行合同相关的事项。实践中如行为人非法获取资金后逃跑，隐匿、销毁账目，搞假破产、假倒闭以逃避返还资金可以认定具有非法占有的目的。

五、审查行为人事后的处理方式

行为人在合同诈骗与合同欺诈中表现出的事后处理方式也明显不同：合同诈骗在合同未能履行时，面对对方的联系，行为人往往采取消极的回避，以各种理由辩解、开脱，不采取补救措施，也不返还对方财物，甚至潜逃、失联；而合同欺诈与之相反，在合同未能履行时，行为人是积极与对方沟通，寻求解决问题的办法。

编写人：山东省淄博市中级人民法院　刘华蕾

49

不动产交易中，应从整体财产的视角判定行为人是否有非法占有的故意

——郭某合同诈骗案

【案件基本信息】

1. 裁判书字号

北京市第二中级人民法院（2022）京 02 刑终 351 号刑事裁定书

2. 案由：合同诈骗罪

【基本案情】

2018 年 8 月至 9 月，被告人郭某在签订房屋买卖合同后履行该合同过程中，明知其房屋已被人民法院查封不能过户出售，且自己处于高额负债状态下，却向被害人贾某一家隐瞒事实，继续收取其购房款人民币 680 万元，并将其中 200 余万元用于还涉案房产银行抵押的专项用款隐瞒被害人私用，致 680 万元房款全部用于偿还个人欠款及其他所用而未办理房产解除查封及银行抵押，致使房屋未能过户。后被告人郭某更换手机号码逃匿至湖北省。2020 年 11 月 2 日，被告人郭某被抓获归案。

【案件焦点】

被告人为交易房产的实际所有人，能否认定其具有非法占有的目的。

【法院裁判要旨】

北京市大兴区人民法院经审理认为：被告人郭某以非法占有为目的，在履行合同过程中骗取被害人财物，数额特别巨大，其行为已构成合同诈骗罪，依

法应予惩处。北京市大兴区人民检察院指控被告人郭某犯合同诈骗罪的事实清楚，证据确实、充分，指控罪名成立。根据庭审中出示证据，可以证实被告人郭某在已有巨额欠款的情况下与被害人贾某家人签订房屋买卖合同，在明知其所售涉案房产被法院查封不得办理产权变更登记的情况下，向被害人隐瞒该根本事实骗取购房款人民币 680 万元，且双方约定将其中 200 余万元用于还涉案房产的银行抵押后办理相关过户手续，但郭某在收到该专项用款后隐瞒被害人私自取款用于偿还个人其他欠款及其他所用，其亦明知该行为将导致涉案房产无法办理银行抵押权注销登记造成房屋不能过户，且无法办理房产解除查封，后逃匿至武汉。综上，被告人郭某的客观行为反映其在履行合同过程中具有非法占有被害人财物的目的，其行为已经触犯刑事法律构成合同诈骗罪。故对被告人郭某的辩解及辩护人的辩护意见，不予采纳。

北京市大兴区人民法院依照《中华人民共和国刑法》第二百二十四条、第五十二条、第五十三条第一款、第六十四条之规定，判决如下：

一、被告人郭某犯合同诈骗罪，判处有期徒刑十三年，并处罚金人民币 26 万元；

二、责令被告人郭某退赔违法所得人民币 680 万元，发还被害人贾某 1、贾某 2、贾某 3；

三、扣押物品随案保留；扣押被告人郭某持有的手机一部，留案备查。

一审判决后，被告人提起上诉。

北京市第二中级人民法院经审理认为：郭某身负巨额债务，于 2018 年 8 月 25 日以其妻石某的名义与被害人签订房屋买卖合同，双方约定不能履约时应当及时告知对方；证人刘某、郝某的证言与社交平台聊天记录相互印证，证明郭某在同年 9 月 5 日已知其所售房屋被司法机关查封；同年 9 月 10 日、21 日，郭某对被害人隐瞒房产被查封、无法过户的事实，诱使被害人交付购房款 680 万元；郭某与被害人约定其中 200 余万元用于归还向银行的抵押借款，其在收款后隐瞒钱款真实去向，用于其他个人支出，导致无法办理解押手续，进一步印证其不具有履约的意图。综上，郭某在履行房屋买卖合同过程中，向被害人隐瞒房产的真实情况，骗取被害人的购房款，既不具备办理房产过户的条件，亦无退款能力，足见其具有非法占有他人钱款的主观故意，其行为已超出民事纠纷的范畴，符合合同诈骗罪的构成要件，郭某所提上诉理由不能成立，不予采纳。

上诉人（原审被告人）郭某以非法占有为目的，在履行合同过程中，骗取对方当事人财物，其行为已构成合同诈骗罪，且诈骗数额特别巨大，依法应予惩处。一审法院认定郭某犯合同诈骗罪的事实清楚，证据确实、充分，根据其犯罪的事实、性质、情节及对于社会的危害程度所作的判决，定罪及适用法律正确，量刑适当，责令退赔被害人经济损失以及对扣押物品的处理无误，审判程序合法，应予维持。北京市第二中级人民法院依照《中华人民共和国刑事诉讼法》第二百三十六条第一款第一项之规定，裁定如下：

驳回上诉，维持原判。

【法官后语】

本案的争议焦点在于在二手房交易过程中如何区分合同诈骗与民事违约行为之间的界限。虽然经济交易中不得不容忍某种程度的欺诈，但由此带来的后果是诈骗行为堂而皇之进入了交易并具有了一定的根基，严重损害了交易秩序，且中间并无行政处罚这一阻挡隔离，因此在审查行为人是否构成合同诈骗罪时，需要准确把握其与民事欺诈之间的区别。本案是商品房买卖合同类的诈骗行为，被告人为真实的房产所有权人，但鉴于不动产交易的特殊性，拥有所有权并不代表其有着完整的履约能力，最终能否实现不动产过户是衡量履约能力的重要因素。因此在审查该类案件时，要认定在签署合同时是否存在完整的或者拥有部分的履约能力，这决定了其在签订合同时隐瞒房产重要权属状况的行为是否为欺诈行为，涉及罪与非罪、此罪与彼罪的认定；此外还应从整体财产观的视角来认定行为人是否存在非法占有目的，对于行为人整体的财产仍足以退还已交付购房款的，不应认定为犯罪。

一、不动产交易类合同诈骗案件中履约能力的审查路径

在我国，不动产本身蕴含着极大的经济价值，合同交易相对人在签订交易合同之前更是会尽到审慎调查等注意义务，尤其是房地产行业中中介为买房购

房者提供了大量的基本的不动产信息。因此卖房者与房产实际拥有者不一致的合同诈骗行为已不多见，构成合同诈骗的卖房者往往就是房产的所有者，在民众的一般情感中，房屋所有者售卖自己的房屋与诈骗行为相去甚远，但鉴于不动产交易中物权、债权二分的法律关系和所有权转移的特殊性，一旦不动产上面设定了诸多权利负担，且遭受了相关部门的查封保全等限制时，由于各行政部门之间的信息尚未达到共享互联，就会造成交易相对人信息不对等的情况，影响到交易的安全性。因此不动产所有人在交易过程中涉嫌合同诈骗时，应着重审查卖方在签订合同之前是否明知不动产权利状态存在瑕疵，如交易之前整体的债务状况、法院保全的送达时间等证据，并结合其事后有无实际履约行为、收到资金后的去向和用途来综合认定其是否主观上具有诈骗的故意。若在签订合同之前行为人便知晓或者应当知晓不动产的权利状态，且在签订合同之后并未积极履行合同的义务，并将资金用于他处拒不退还的，应认定其主观上有欺骗的故意且不具备履约能力。对于签订合同时有着部分履约能力，在合同签订后积极履约的，并且所收购房资金亦用于实现最终房产过户的目的的，即便因为某些客观原因导致合同不能如期履行，也不能认定为合同诈骗罪，购房人因此造成的财产损失仍应在民事法律的框架内主张。

二、应从整体财产的视角判定行为人是否有非法占有的故意

合同能否完成关键看合同双方的履约能力，在合同一方已经支付购房款的情况下，重点应当审查行为人有无履约能力。若是因行为人合同上的欺诈行为导致房产不能变动，则应认定其具有主观上欺诈的故意。但是合同债权债务本质上还是一种金钱上的法律关系，即便行为人丧失房屋过户的能力，但其只要不具备非法占有的目的，那么购房者的损失仍能够在民事法律的范围内得以主张。此外，不能单纯以购房资金被行为人转移作他用而导致返还购房款为由认定行为人存在非法占有的目的，并因此构罪，原因还是合同本质上是一种利益交换关系，最终表现为一种金钱给付关系。若是行为人的财产从整体上来看足够归还购房人的购房款，并且愿意归还购房款并承担一定的预期利益的损失，虽然可能不能立刻归还，但也不能认定行为人构成合同诈骗。因此无论是合同

诈骗还是民事欺诈，都存在捏造事实、隐瞒真相的故意，在判断是否构罪时，最终还要从行为人整体财产的视角来认定是否存在非法占有的目的。

编写人：北京市第二中级人民法院　邵泓斐

50

为诈骗商业保理融资款进行双重欺诈行为的司法认定

——周某合同诈骗案

【案件基本信息】

1. 裁判书字号

北京市高级人民法院（2021）京刑终 189 号刑事判决书

2. 案由：合同诈骗罪

【基本案情】

2017 年 3 月至 8 月，被告人周某以某公司的名义，采用隐瞒没有真实货物、虚构货物在库单等手段，与某集团签订玉米、大麦购销合同，又与被害单位某 1 公司、某 2 公司、某 3 公司签订保理合同，分别骗取某 1 公司保理融资款 3820 万元、某 2 公司保理融资款 5000 万元、某 3 公司保理融资款 2500 万元。周某后采用相同手段与被害单位某 4 公司、某 5 公司签订玉米的购销合同，某 4 公司、某 5 公司又就同一标的与某集团签订购销合同，分别骗取某 4 公司融资款 9295.92 万元、某 5 公司融资款 5534 万元。上述被害单位以保理服务费、货款、定金、违约金等方式回收了部分款项，实际经济损失共计 2.1 亿余元。

【案件焦点】

被告人以非法占有为目的，在不存在真实基础交易的前提下，欺骗合同相对方与其签订买卖合同后，虚构应收账款欺骗保理公司与其签订保理合同骗取对方财物的，其双重欺诈行为应当如何定性。

【法院裁判要旨】

北京市第二中级人民法院经审理认为：对于被害单位诉讼代理人所提某2公司不是本案被害人的意见，经查，周某在资金链断裂情况下，利用某公司与某集团签订购销合同，与其他公司签订保理合同，犯罪对象系融资款，提供融资的公司亦基于错误认识向周某交付了钱款，应为本案被害单位。法院认定上述提供融资的公司系被害单位，与被害单位和某集团之间的经济纠纷属于不同范畴的法律关系，不影响被害单位向某集团主张民事权利。上述意见不成立，法院不予采纳。对于周某辩护人所提本案系单位犯罪的意见，经查，周某作为某公司的实际控制人，以公司的名义在签订、履行合同中实施诈骗行为，在案证据不足以证明某公司以实施犯罪为主要活动或所骗钱款主要被周某个人占有，按有利于被告人的原则，认定本案属单位犯罪。相关辩护意见成立，法院予以采纳。被告人周某作为某公司的实际控制人，以非法占有为目的，在签订、履行合同过程中，骗取被害单位钱款，数额特别巨大，其行为已构成合同诈骗罪，依法应予惩处。

北京市第二中级人民法院依照《中华人民共和国刑法》第二百二十四条第五项、第三十条、第三十一条、第二百三十一条、第五十七条第一款、第五十九条、第六十七条第一款、第六十一条、第六十四条之规定，判决如下：

一、被告人周某犯合同诈骗罪，判处无期徒刑，剥夺政治权利终身，并处没收个人全部财产；

二、责令被告人周某退赔被害单位的经济损失。

周某不服一审判决，以其融资是为了公司经营未挥霍，一审判决量刑过重为由提起上诉。北京市高级人民法院经审理认为：上诉人周某作为某公司的实际控制人，以非法占有为目的，在签订、履行合同过程中，骗取被害单位钱款，其行为已构成合同诈骗罪，依法应予惩处。虽周某有自首情节，但其给被害单位造成巨额损失，社会危害性极大，不足以对其从轻处罚。

北京市高级人民法院依照《中华人民共和国刑事诉讼法》第二百三十六条第一款第一项之规定，裁定如下：

驳回上诉，维持原判。

【法官后语】

保理合同为《中华人民共和国民法典》新规定的有名合同。根据《中华人民共和国民法典》第七百六十一条的规定，保理合同为“应收账款债权人将现有的或者将有的应收账款转让给保理人，保理人提供资金融通、应收账款管理或者催收、应收账款债务人付款担保等服务的合同”。从产生背景来看，商业保理主要是为解决赊销贸易中上游企业的现金流缺口问题，即以应收账款让与为手段、以融资为目的的应收账款融资活动。本案就是一起以虚构的应收账款债权为标的，欺骗保理公司签订保理合同后诈骗融资款的新型诈骗案件。因为行为人同时对买卖合同相对方及保理公司实施了欺诈行为，所以属于双重欺诈案件。

一、涉案刑、民法律关系情况梳理

1. 涉案刑事法律关系梳理

本案被告人为骗取钱款，欺骗购货方与其签订买卖合同，又利用未发生真实交易的买卖合同虚构应收账款债权，诱骗保理公司与其签订保理合同，先后针对不同的合同相对方分别实施了欺诈行为，被告人的上述行为符合合同诈骗罪的客观行为构成要件，其中，欺骗某集团与其签订购销合同的行为手段符合《中华人民共和国刑法》第二百二十四条第三项“没有实际履行能力，以先履行小额合同或者部分履行合同的方法，诱骗对方当事人继续签订和履行合同的”规定。欺骗保理公司与其签订保理合同亦属于在签订、履行合同过程中实施虚构事实或者隐瞒真相，可以适用《中华人民共和国刑法》第二百二十四条第五项的兜底条款。

2. 涉案民事法律关系梳理

刑民交叉案件的审理应当遵循法秩序统一原则，避免在实体上的相悖处理损害司法的公正性和权威性。在中国裁判文书网查阅保理合同民事纠纷生效案例时，发现大多数法院在审理该类型案件中均遵守如下裁判规则：一是保理合同与基础交易合同是互相独立的法律关系，基础交易合同的无效不影响保理合同的效力；二是应收账款债权人以欺诈方式与保理人签订保理合同，保理人未请求变更或者撤销的，保理合同有效。上述裁判规则，具有相当数量的民事裁判文书予以支持，可以认为是民事审判中的共识性规则，亦可作为刑民交叉案件中对相类似民事法律关系进行判断的依据。参考上述裁判规则可知，作为基础合同的买卖合同和保理合同虽然具有一定关联性，但可以独立存在。周某对买卖合同及保理合同分别独立承担民事法律责任。

二、被告人以欺骗手段签订保理合同的行为构成合同诈骗罪

本案中，周某的两个欺诈行为均具有民事上的不法性，亦同时符合合同诈骗罪的客观行为要件。应当结合行为人主观上是否具有非法占有目的以及客观行为的社会危害性进行双重评价，厘清民事不法与刑事犯罪的边界。周某虽辩称其虚构事实与合同相对方签订买卖合同、保理合同的目的是获得资金用于归还其之前所欠融资款，在获得融资款后，将大部分款项用于归还银行贷款、钱款，主观上并不具有将骗取钱款据为己有的非法目的。但综合在案证据，其在明显不具备偿还能力的前提下，骗取资金使用后无力偿还，主观上对可能给他人财产造成损失的危害后果持放任心态，可以推定其具有非法占有目的。

在非法占有目的可以认定的基础上，两个欺诈行为是否都定性为合同诈骗罪则要结合行为的社会危害程度来进行评价。结合被告人供述及诈骗所得款项性质来看，周某实施诈骗行为的最终目的是获得融资款，其实施前一个欺诈行为是为实施后一个欺诈行为做准备，前一个犯罪行为被后一个犯罪行为所吸收，前一个行为社会危害性应当纳入后一个行为统一进行评价，不能重复评价，故周某欺骗某集团签订买卖合同的行为不宜认定构成合同诈骗罪。当然，若周某通过前一欺诈行为成功骗取某集团的货款，则该行为不再只是后一欺诈行为的准备工作，而单独成立合同诈骗犯罪事实，应依法予以惩处。此外，周某的行为符合合同诈骗罪的客观行为要件，给被害人造成高达 2.1 亿余元的财产损失，

数额特别巨大，且无力偿还，有极大的社会危害性，故应当认定其行为构成合同诈骗罪。周某作为某公司的实际控制人，以某公司的名义在签订、履行合同中实施诈骗行为，在案证据不足以证明某公司以实施犯罪为主要活动，或者所骗钱款主要被周某个人占有，按照有利于被告人的原则，认定本案属单位犯罪。

三、本案被告人诈骗对象应为保理公司

首先，周某对某集团的欺诈行为系准备行为，被后一欺诈行为所吸收，不构成合同诈骗罪，某集团在本案中没有财产损失，不能成为案件被害人。其次，诈骗类犯罪与其他侵财类犯罪最大的区别是，被害人系在受到欺骗的情况下，陷入错误认识，自愿处分财物。在欺诈行为与处分财产之间，必须介入被害人的错误认识。如果被害人不是因欺诈行为产生错误认识而处分财产，就不成立诈骗犯罪。本案中，某集团虽陷入错误认识，但未向周某交付财物。保理公司受到周某的欺骗，陷入错误认识后向周某交付了融资款，是事实上的财产损失方。

四、刑事被害人的认定不影响保理公司向第三人主张民事权利

在刑民交叉案件中的当事人很容易混淆民事责任与刑事责任，陷入一种由被害人承担全部财产损失的认识误区。实际上，刑事被害人的认定并不影响被害人向第三人主张民事权利。本案中，虽然周某与保理公司之间的保理合同因就同一事实涉及民事法律关系和刑事法律关系的竞合而导致民事合同无效，但引发某集团作为应收账款的债务人与保理公司之间经济纠纷的民事法律事实与本案的犯罪事实并不完全相同。保理公司亦可以通过民事诉讼向某集团主张民事权利。

编写人：北京市第二中级人民法院　高畅

51

合同诈骗罪中“以非法占有为目的”需综合判断

——科技公司等合同诈骗、非法吸收公众存款案

【案件基本信息】

1. 裁判书字号

新疆维吾尔自治区高级人民法院（2021）新刑终99号刑事裁定书

2. 案由：合同诈骗、非法吸收公众存款罪

【基本案情】

一、非法吸收公众存款犯罪事实

2014年9月至2015年3月，尹某（另案处理）、李某（另案处理）、杨某以5000万元将某1公司、某2公司80%的股权转让予被告人齐某。被告人齐某安排被告人杨某和被告人杨某某代持其在公司的股份并负责经营管理公司。2014年9月至2016年8月，未经有关部门依法批准，以高额利息为诱饵，被告人齐某、杨某、杨某某利用齐某实际控制的15家科技公司及自然人的名义在某2公司P2P平台线上共发标1820支，发标金额804121700元，线上总投资人数3724人，截至2020年12月1日，线上平台逾期金额136836500元，涉及出借人1419人；某2资产线下发标金额1.8亿元，总投资人数63人，线下借款逾期金额57723300元，涉及投资人14人。某2资产线上、线下累计发标984121700元，投资人数3787人。被告人齐某利用自己实际控制的企业及自然人名义在某2公司P2P平台进行融资，并使用其实际控制的融资担保公司、担保公司及科技公司作为借款担保方，非法融资，资金主要用于偿还科技公司在银行到期的贷款本金及利息，支付工程款和材料款，支付购买某1公司和某2

公司的股权款5000万元，偿还被告人齐某个人高利贷借款及利息，支付某2公司员工业务提成和工资及公司其他各项费用支出等。

二、公诉机关指控合同诈骗罪的事实

2016年1月28日，齐某与供应链公司总经理彭某商议决定：通过供应链公司以轮胎贸易的方式给齐某进行融资，齐某用自己实际控制的某3公司将轮胎销售给供应链公司，供应链公司向某3公司支付购买轮胎的资金，再将轮胎卖给科技公司及某4公司，在此交易过程中供应链公司收取合同资金4.4%~15%不等的年化收益，在此合同交易中只有某3公司的出货单和供应链公司的进货单，没有轮胎实物的交割，彭某将此次轮胎贸易情况上报给供应链公司董事长张某和总经理雷某后，通过董事会决议，科技公司和供应链公司共同拟定了此次轮胎销售的协议。

2016年2月至8月，供应链公司与某3公司签订了《商品（轮胎购销协议）协议》，由某3公司向供应链公司销售轮胎，其间签订四份协议，协议总金额为105000万元。同时，供应链公司与科技公司、某4公司签订了四份商品（轮胎）购销协议。经司法会计鉴定，供应链公司应收取科技公司费用总计320837000.94元，根据对科技公司目前债务清偿能力的评价，初步估算造成供应链公司本金损失320837000.94元。2016年11月14日，根据供应链公司的要求，齐某为归还欠款，将物流公司100%的股权变更至供应链公司名下。2016年12月16日，被告人齐某配合供应链公司签署了内容为未付轮胎款454738025元的《欠据》，并以此制作具有强制执行效力的公证书，该公证书在执行过程中，法院将物流公司位于某小区11栋价值239352800元的房产及地下商服用地抵债给供应链公司，目前该案仍在执行中。

【案件焦点】

科技公司及齐某是否构成合同诈骗罪。

【法院裁判要旨】

新疆维吾尔自治区乌鲁木齐市中级人民法院经审理认为：公诉机关指控被

告单位科技公司、被告人齐某犯合同诈骗罪的事实不清，证据不能达到确实、充分的法定证明标准，不能认定二者构成合同诈骗罪。被告人齐某、杨某、杨某某违反国家金融管理法律、法规，未经国家有关主管部门批准，以某 2 公司为平台，向社会不特定对象变相非法吸收存款，扰乱金融秩序，线上、线下吸收公众存款共计 984121700 元，数额巨大，造成 1433 人的存款共计 194559800 元未归还，其行为均已构成非法吸收公众存款罪，且系共同犯罪。被告人齐某在收购某 2 公司股权后，利用其实际控制的企业及自然人名义通过某 2 公司的平台线上、线下非法吸收公众存款，并通过被告人杨某、杨某某等人实际控制某 2 公司，在共同犯罪中起主要作用，系主犯；被告人杨某、杨某某在共同犯罪中均起辅助作用，系从犯，可依法从轻处罚；被告人杨某某在到案后具有如实供述的坦白情节，其亦能主动退还部分违法所得，依法可对其酌情从轻处罚。

新疆维吾尔自治区乌鲁木齐市中级人民法院依照《中华人民共和国刑法》第一百七十六条第一款、第二十五条第一款、第二十七条、第六十七条第三款、第五十二条、第五十三条、第六十四条，最高人民法院《关于审理非法集资刑事案件具体应用法律若干问题的解释》第一条、第三条及《中华人民共和国刑事诉讼法》第二百条第一项、第二项的规定，作出如下判决：

一、被告单位科技公司无罪；

二、被告人齐某犯非法吸收公众存款罪，判处有期徒刑八年，并处罚金人民币 50 万元；

三、被告人杨某犯非法吸收公众存款罪，判处有期徒刑五年，并处罚金人民币 20 万元；

四、被告人杨某某犯非法吸收公众存款罪，判处有期徒刑三年六个月，并处罚金人民币 10 万元；

五、追缴某 2 公司原股东李某未退缴的股权获利款 12637440 元和查封的在案房产依法予以处理后并入扣押在案的现金 25332597 元，按比例返还各集资参与人，不足部分继续追缴被告人齐某、杨某、杨某某的财产，退赔集资参与人经济损失。其他财产由扣押机关依法处理。

公诉机关新疆维吾尔自治区乌鲁木齐市人民检察院不服一审判决，提出抗诉。

齐某、杨某、杨某某不服一审判决，提出上诉。

新疆维吾尔自治区高级人民法院经审理认为：上诉人齐某、杨某、杨某某违反国家金融管理规定，吸收公众存款，扰乱金融秩序，其行为均已构成非法吸收公众存款罪。三上诉人以某2公司为平台，向社会不特定对象吸收存款数额巨大，造成上千人的存款共计19455.98万元未归还，情节严重，应依法惩处。杨某某提供的线索系其应如实供述范围内的事实，不构成立功。在案证据无法证实杨某主动退缴全部违法所得，齐某虽表示愿意退缴，但无实际退缴行为，且退缴系二人的法定义务。原审对杨某、杨某某系从犯，杨某某具有坦白情节等已充分考虑并从轻处罚。公安机关依法查封某实业有限公司、科技公司、齐某、杨某、杨某某、丁某、朱某名下的房产，上述房产将在执行程序中确定权属后依法处理。原判认定的事实清楚，证据确实、充分，定罪准确，量刑适当，审判程序合法，依法宣告科技公司无罪准确。新疆维吾尔自治区人民检察院申请撤回抗诉符合法律规定，应予准许。

新疆维吾尔自治区高级人民法院依照《最高人民法院关于适用〈中华人民共和国刑事诉讼法〉的解释》第三百八十五条第二款、第三款，《中华人民共和国刑事诉讼法》第二百三十六条第一款第一项之规定，作出如下裁定：

一、准许新疆维吾尔自治区乌鲁木齐市人民检察院撤回抗诉；

二、驳回上诉人齐某、杨某、杨某某的诉讼请求，维持原判。

【法官后语】

本案的争议焦点是科技公司及齐某是否构成合同诈骗罪。

本案中，是否具有非法占有目的是认定科技公司、齐某合同诈骗罪成立与否的关键。认定是否具有非法占有目的，应从有无履行能力、有无实际履约行为、没有履行合同的原因、履行态度是否积极、行为人事后态度等方面加以判断，综观本案：

第一，从三方交易情况看，经司法会计鉴定及从资金流收付角度进行测算，被告单位科技公司及被告人齐某造成供应链公司本金损失320837000.94元，实际损失为81484200.94元。自齐某与彭某商定该种轮胎购销业务以来，双方购销额高达10余亿元，未收回的款项81484200.94元占总额比重较小。

第二，从操作模式看，在《商品（轮胎购销协议）协议》履行过程中，供应链公司利用该协议增加公司的业务量，科技公司从供应链公司获取资金，对于违规操作，双方均明知。

第三，从履行能力看，科技公司、齐某利用虚假轮胎贸易在供应链公司融得的资金，主要用于归还科技公司、齐某及关联公司的银行贷款、个人民间借贷、项目工程款和人员工资等。即涉案款项实际上用于投资经营而非挥霍转移。虽有部分证据证明2016年齐某控制的公司经营困难、经济状况恶化，但被告人齐某及其实际控制的多家公司持有50多套房产，还拥有多宗土地使用权，虽上述资产均处于抵押或被查封状态，属于负债经营，但这只是经营层面的问题，并不足以认定科技公司、齐某在签订合同时知道或者应当知道其资金链会出现问题，否则其应当将固定资产尽快变现转移。

第四，从事后态度看，经营出现困难后，齐某为还清欠款，将科技公司持有物流公司的100%股权全部转让给供应链公司，配合供应链公司签署《欠据》，注明科技公司欠供应链公司货款本金484738025元，担保人齐某、物流公司承担连带责任。供应链公司依据该《欠据》向乌鲁木齐市第二公证处申请制作的（2017）新乌证内字第34939号执行证书，证实该债权数额超出起诉书指控的科技公司、齐某合同诈骗造成供应链公司损失的本金数额320837000.94元，该案件目前仍在执行过程中。由此可见，齐某在供应链公司要求其补签欠据、制作执行证书的过程中，仍积极予以配合，因此难以认定科技公司、齐某在签订购销协议、出具商业承兑汇票过程中有非法占有或放任损失发生的主观故意。目前，齐某及科技公司虽无法偿还全部债务，但仍能反映出其具有归还债务的主观意愿。

第五，从责任承担看，科技公司、齐某在2016年2月至7月与供应链公司签订购销合同时经营情况正常，没有证据证明其知道或者应当知道资金链将发生断裂。购销协议签订后，科技公司向供应链公司支付了银行承兑汇票及本公司的商业承兑汇票，供应链公司已经承兑了大部分的汇票。之后，因齐某控制的公司在资金链断裂后造成其提供给供应链公司的汇票无法兑付，该情形不能成立合同诈骗犯罪的手段，且供应链公司、科技公司双方均操作不规范，故认定科技公司、齐某非法占有他人财物目的的证据尚未达到确实、充分的证明标准，在客观方面亦无确实、充分的证据证实科技公司、齐某无实际履行能力。综上，科技公司、齐某的行为不构成合同诈骗罪。

编写人：新疆维吾尔自治区乌鲁木齐市中级人民法院　宋仁伟　杨德力

52

采用实质判断原则甄别判断新型网络传销的“新型商业模式”

——孙某某等组织、领导传销活动案

【案件基本信息】

1. 裁判书字号

江苏省宿迁市中级人民法院（2022）苏 13 刑终 4 号刑事裁定书

2. 案由：组织、领导传销活动罪

【基本案情】

2018 年 11 月以来，被告人孙某某组织被告人马某等先后利用在互联网上搭建的“某吧”APP 平台和“某”虚拟货币交易平台，开发、运营“某吧”项目和“某 1”代币项目，非法发行“钻石”“某 1”等虚拟代币。“某吧”APP 平台通过设置与获利相关的活跃度、荣誉值、贡献值等级等自定义激励规则，采用静态收益与动态收益相结合的方式，形成下线会员直接或者间接返利上线的机制。被告人孙某某等以互联网为载体传播非法代币项目，通过城市或区县合伙人会议、“特训营”、网络直播等多种方式进行虚假宣传，以赠送矿机、免费挖矿、可变现“钻石”为诱饵，吸引大量人员注册并直接或者间接收取会员实名注册认证费，通过会员间的邀请与被邀请关系形成树形层级关系，以发展下线会员数量及缴纳或购买服务产品费用作为主要计酬及返利依据，引诱参加者继续发展他人参加，骗取财物。案涉“某吧”平台累计实名注册会员人数达1700万余人，累计层级达190余层。在传销活动中，被告人周某某等九名被告人以“拉人头”方式积极发展下线，通过竞拍或“某吧”激励机制成为城市或区县合伙人、星级达人，对传销组织的扩大起到了关键作用。被告人孙某某作为案涉传销平台的创建者，违法所得约1.6亿元。被告人仰某某等四名被告人作为案涉传销平台的管理者，帮助被告人孙某某获得违法所得约1.6亿元。被告人周某某、史某某等九名被告人直接发展下线会员分别在80至1万余人之间，下线总会员分别在3万至1242万余人之间，发展层级均在三级以上，违法所得分别为数万元至数百万元不等。

【案件焦点】

史某某是否构成组织、领导传销活动罪。

【法院裁判要旨】

江苏省泗阳县人民法院经审理认为：被告人孙某某、史某某等十四名被告人以提供服务为名，要求参加者以缴纳费用等方式获得加入资格，并按照一定顺序组成层级，直接或者间接以发展人员的数量作为计酬或者返利依据，引诱参加者继续发展他人参加，骗取财物，扰乱经济社会秩序，其行为均已构成组织、领导传销活动罪，且均属情节严重。该案十四名被告人分别与他人共同故意实施犯罪，系共同犯罪，被告人孙某某在共同犯罪中起主要作用，系主犯，被告人史某某等十三名被告人在共同犯罪中起次要或者辅助作用，系从犯；被告人孙某某、马某主动投案，归案后如实供述犯罪事实，系自首；被告人仰某某、史某某等十二名被告人归案后亦如实供述犯罪事实；十四名被告人均认罪认罚；被告人周某某提供的检举他人盗窃的犯罪线索经查证属实，系立功；被告人孙某某、周某某等八名被告人退缴部分违法所得，被告人孙某某还捐赠物资；被告人仰某某退缴私自挪用公款的违法所得以及该违法所得产生的收益；宣告缓刑对被告人史某某、仰某某等十三名被告人所在社区无重大不良影响，故对十四名被告人均减轻处罚并对被告人仰某某、史某某等十三名被告人适用缓刑。综合全案，依照《中华人民共和国刑法》第二百二十四条之一，第二十五条第一款，第二十六条第一款、第四款，第二十七条，第六十七条第一款、第三款，第六十八条，第六十四条，第七十二条第一款、第三款，第七十三条第二款、第三款，《中华人民共和国刑事诉讼法》第十五条之规定，作出判决：

一、对被告人孙某某、史某某等十四人均以组织、领导传销活动罪定罪，并分别判处有期徒刑四年六个月至缓刑不等刑罚，并处罚金；

二、没收被告人违法所得以及违法所得产生的收益；尚未退缴的继续追缴；扣押的属于被告人个人的手机、电脑等依法予以发还。

史某某不服一审判决，提起上诉。江苏省宿迁市中级人民法院经审理认为：原审被告人孙某某组织原审被告人马某、仰某某、马某某、徐某某等人利用在互联网上搭建的案涉“某吧”APP 平台和“某”虚拟货币交易平台，开发、运营“某吧”项目和“某 1”代币项目，非法发行“钻石”“某 1”等虚拟代币。案涉“某吧”平台以赠送矿机、免费挖矿、可变现“钻石”等为诱饵，吸引他人通过缴纳 1 元、其他小额费用或其他间接使平台获利的方式获得实名认证会员资格，在满足平台设置的规则情况下进而获得交易“钻石”获利的资格，引诱平台会员进行所谓的购买“钻石”投资和再交易。该平台还通过设置与获利相关的活跃度、荣誉值、贡献值、星级达人等级、城市（县区）合伙人等自定义激励规则，采用静态收益与动态收益相结合的方式，通过会员间的邀请与被邀请关系形成层级关系，并直接或间接以发展会员的数量规模作为计酬获利或者返利依据，引诱平台会员发展人员加入该平台，达到骗取财物的目的。截至案发，原审被告人孙某某等人运营、管理的该平台所发展的会员人数已超过 1700 万人，累计层级达到 190 余层，已达到情节严重的程度。其中，上诉人史某某在该平台的账户等级达到四星达人级别，其直接发展的下线会员达数十人，其下线总会员人数超过4万人，对传销活动的实施、传销组织的扩大起到了关键作用。综上，上诉人史某某和辩护人提出的上诉理由和辩护意见不能成立，不予采纳。

江苏省宿迁市中级人民法院依照《中华人民共和国刑事诉讼法》第二百三十六条第一款第一项的规定，作出如下裁定：

驳回上诉，维持原判。

【法官后语】

案涉“某吧”网络平台为典型的新型网络传销活动，以“区块链”“虚拟币”等热点概念制造噱头，设置隐性入门费标准和以拉人头为目的的逐利的层层门槛，引诱社会公众注册会员发展层级关系并进行所谓的“投资交易”，以“合法”形式掩盖其非法牟利的动机和目的，大肆骗取财物。依托互联网平台，新型网络传销发展人员数量动辄数以万计，“某吧”平台已发展“会员”数量更是高达1700万余人，且地域分布广，对宏观社会经济秩序和微观家庭生活的影响极大，对人民群众财产安全构成严重威胁。传统传销模式以“拉人头”式结构组织，形成层级利益关系、设置加入资格或获利准入门槛，以非法牟利为目的骗取财物为主要特点。新型网络传销通过“新型商业模式”伪装其传销犯罪行为，本案坚持以实质判断为原则，采用穿透式司法方法对新型网络传销行为予以甄别打击。

本案案涉“某吧”平台有以下四点明显特征：

一、设置隐性入门费标准，显性入门费概念弱化甚至取消

在新型网络传销中，以互联网金融、虚拟币等新兴概念为噱头，传销标的由有形事物泛化为无形事物，或者叫虚拟标的。以虚拟标的为抓手，同时为了规避犯罪，行为人设置了被发展人员免费加入网络平台的资格，表面上看似未缴纳任何费用，也未购买商品或服务即获得了所谓的会员资格。但实际上，行为人设计了逐利的层层门槛，被发展人员如欲从平台获利，必须投入一定的金钱成本跨过这层层门槛，才能取得获利资格且最大限度地不断逐利，而跨过每层门槛所付出的金钱成本都应视为潜在的隐性入门费用。本案中，被发展人员可以免费加入案涉平台并可获赠一台“试炼矿机”（纯虚拟），由“试炼矿机”

产出的“钻石”（纯虚拟）进行交易，但交易前提需要缴纳1元认证费用进行实名认证或点击观看一定数量平台链接的广告，而点击广告可使平台根据点击量从广告商处间接获得收益，该行为实为设置了隐性入门费标准。

二、显性或隐性入门费不再被直接瓜分，上线主要靠“拉人头”组层级以追逐依附在层级之上的利益

在新型网络传销中，因传销标的已变成所谓的虚拟币或虚拟的“矿机”“钻石”等，该类虚拟事物离开相关平台就不具有实际经济价值或价值极低，行为人设定了极低的显性入门费标准甚至直接给予免费入会的资格，转而将主要目光投向设置隐性的逐利资格标准门槛。同时为了规避犯罪，行为人在制度设计时不再设置上线层层瓜分入门费的传统获利方式，而是以互联网金融为噱头，设置更复杂、更隐蔽的获利制度。上线获利看似不再影响下线被发展人员的投入价值，但不变的是依附在层级上的利益附庸关系，上线人员能借助下线人员的加入及投入获利，这是判断存在层级利益关系的基础和关键。本案中，案涉“某吧”平台设立了基本活跃度、团队活跃度、贡献值、荣誉值等指标，这些指标与被直接推广发展人员数量、间接发展人员数量、会员账号活跃程度等密切相关，会员等级越高，“钻石”交易手续费越低，成为星级达人还可享受全国交易手续费的分红，成为城市合伙人、区县合伙人还可享受对应城市、区县会员交易手续费的分红和游戏充值额的分成。上线人员的收益不影响下线被发展人员“矿机”“钻石”的产量，下线被发展人员所投入的入门费和“投资”貌似没有被瓜分，但是上线会员主要靠“拉人头”组层级的形式追逐依附在层级之上的利益。

三、层级等级地位差别相对弱化，树状分层获利结构演变为网状分层获利结构

在新型网络传销中，尤其是以所谓的“虚拟币”为标的的传销中，借助网络技术，处于不同层级的会员之间可以相互交易虚拟产品，下线会员亦有机会从与上线会员的交易中获利。不同层级、不同分支之间的被发展人员可建立联系并进行交易获利，树状分层获利结构演变为网状分层获利结构。另外，还有

一些传销组织者、领导者基于非法牟利的目的等设定了下线会员跨越层级获取更高层级利益的规则。本案中，被发展人员在平台持有的虚拟“矿机”可以产生“钻石”，“钻石”可以复投“矿机”，也可以与其他相同或不同层级参与传销的人员按照一定价格进行交易，由此形成网状交易获利结构。参与传销的人员还可以通过有偿竞拍获得城市合伙人、区县合伙人资格，从而有机会从对应的城市、区县所有参与传销人员处按照一定规则获利。由此，参与传销的上线和下线之间的身份等级差别已极大弱化，下线通过付出金钱的方式还可直接提升身份等级。

四、骗取财物动机的伪装性更强，以部分所谓合法业务进行洗白

在新型网络传销中，组织者、领导者以互联网金融、投资虚拟货币、区块链等为噱头，辅之以“动动手指挖挖矿”就能投资赚钱的煽动性语言，迷惑性很强。部分传销组织者、领导者还成立公司进行运作，借助其形成一定规模后拥有的庞大会员数量与广告商、游戏运营商、电商等开展少量业务合作，以与合法的其他企业合作作为其合法的背书，妄图洗白其非法传销性质。但因传销组织没有实质经营活动，其宣扬的高额获利回报需要不断有下线会员加入、投钱方能运转下去，一旦没有新会员的加入及投入，传销组织者、领导者所宣扬的层级获利模式必然崩盘。本案中，“某吧”平台依托庞大体量的会员，与部分广告商、游戏开发商和电商进行合作，但这部分合作经营额只占传销所涉金额的很小一部分，由此产生的利润根本不足以维系其所宣扬的高额回报传销活动的持续运转。这部分所谓合法业务也是传销组织“拉人头”组层级非法牟利活动的衍生品，正是传销组织者、领导者进行的欺骗宣传活动才形成了庞大体量的层级，在“流量为王”的互联网时代，拥有1700多万名会员的组织很容易就能找到广告商、游戏商和电商合作开展一定的“合法业务”，但这小部分的“合法业务”也仅系组织、领导传销犯罪活动的衍生品而已，不足以篡改传销活动的非法属性。

案涉“某吧”网络平台为典型的新型网络传销，其设置隐性入门费标准，入门费不再被直接瓜分，上线主要通过靠“拉人头”组层级追逐附庸在层级之

上的利益，层级之间等级地位差别相对弱化，树状分层获利结构演变为网状分层获利结构，骗取财物动机的伪装性更强，以部分所谓合法业务进行洗白，虽然案涉平台的运作模式较传统传销体现了多个新特征，也更具迷惑性，但通过揭开“面纱”进行实质判断，其本质仍符合组织、领导传销活动罪的主、客观构成要件，应当以组织、领导传销活动罪进行刑事规制。

编写人：江苏省宿迁市中级人民法院　殷志浩　冯淑平

53

发展层级并从下线缴纳费用或者购买的商品、服务的费用中非法获利的，应构成组织、领导传销活动罪

——余某组织、领导传销活动案

【案件基本信息】

1. 裁判书字号

福建省厦门市集美区人民法院（2022）闽 0211 刑初 308 号刑事判决书

2. 案由：组织、领导传销活动罪

【基本案情】

2021 年 4 月至 9 月，被告人余某先后注册商贸公司厦门分公司、商贸公司，开发运营“某城”APP 网站平台，设计“拼团”模式、推荐奖励制度，虚构公司背景实力，以加入可获得高额回报、发展线下会员可获得返利为诱饵，引诱新会员加入并介绍他人参与，从事网络传销活动。该平台以购买商品的方式获取会员资格，会员收益分为静态收益与动态收益，静态收益以参加拼团购

物，观看广告获取返利（以下简称广告奖励）；动态收益以发展下线，获得下线消费提成（以下简称分红奖励），并以发展下线人员的数量作为主要返利依据。经福建某司法鉴定中心对“某城”APP后台数据进行鉴定，该APP共有11869个注册账号，形成最高三十八层级的上下级网络，相关用户消费金额人民币128347819.5元。经查，被告人余某共发展实际会员1000余人，收取传销资金人民币1117余万元。

2021年9月14日，经民警电话通知，被告人余某自行到公安机关投案。到案后，被告人余某在侦查阶段即如实供述了上述犯罪事实。

【案件焦点】

以推销商品、提供服务等经营活动为名，要求参加者以缴纳费用或者购买商品、服务等方式获得加入资格，并按照一定顺序组成层级，直接或者间接以发展人员的数量作为计酬或者返利依据，引诱、胁迫参加者继续发展他人参加，骗取财物，扰乱经济社会秩序的传销活动的，应认定为组织、领导传销活动罪，而非诈骗罪。

【法院裁判要旨】

福建省厦门市集美区人民法院经审理认为：被告人余某以推销商品为名，要求参加者以缴纳费用的方式获得加入资格，并组成三级以上层级，直接以发展人员的数量作为返利资格，引诱参加者继续发展他人参加，骗取财物，扰乱社会经济秩序，参与人员1000余人，涉案数额达人民币1117万元以上，情节严重，其行为已构成组织、领导传销活动罪。公诉机关指控罪名成立。被告人余某犯罪后自动投案，如实供述自己的罪行，且自愿认罪认罚，系自首，依法可以从轻处罚；公诉机关提出的对被告人余某在有期徒刑三年六个月至四年六个月间判处刑罚，并处罚金的量刑建议适当，予以采纳。据此，依据《中华人民共和国刑法》第二百二十四条之一、第六十四条、第六十七条第一款，《中华人民共和国刑事诉讼法》第十五条之规定，判决如下：

一、被告人余某犯组织、领导传销活动罪，判处有期徒刑四年二个月，并处罚金人民币20万元；（刑期从判决执行之日起计算。判决执行以前先行羁押的，羁押一日折抵刑期一日，即自2021年12月21日起至2026年2月20日止。）

二、暂扣于第三方保管中心的作案工具手机1部予以没收；车牌号“闽D1××××”宝马轿车1辆用于执行第一项判决；

三、对于组织、领导传销活动犯罪中用于接收、流转传销资金的银行账户和商户账号内的资金予以追缴，上缴国库。

判决后，当事人未上诉，公诉机关未提起抗诉，本判决现已生效。

【法官后语】

该案的裁判涉及最主要的问题是该案应当构成组织、领导传销活动罪还是诈骗罪。在案件审理过程中，诸多发展对象表示其系被欺骗加入，故该案应当认定为诈骗罪。但笔者认为，以推销商品、提供服务等经营活动为名，要求参加者以缴纳费用或者购买商品、服务等方式获得加入资格，并按照一定顺序组成层级，直接或者间接以发展人员的数量作为计酬或者返利依据，引诱、胁迫参加者继续发展他人参加，骗取财物，扰乱经济社会秩序的传销活动的，应认定为组织、领导传销活动罪，而非诈骗罪。

组织、领导传销活动罪，是指行为人组织、领导以推销商品、提供服务等经营活动为名，要求参加者以缴纳费用或者购买商品、服务等方式获得加入资格，并按照一定的顺序组成层级，直接或者间接以发展人员的数量作为计酬或者返利依据，引诱、胁迫参加者继续发展他人参加，骗取财物，扰乱经济社会秩序的传销活动的行为。传销活动的组织者、领导者采取编造、歪曲国家政策，虚构、夸大经营、投资、服务项目及盈利前景，掩饰计酬、返利真实来源或者其他欺诈手段，从参与传销活动人员缴纳的费用或者购买商品、服务的费用中非法获利的，应当认定为骗取财物，其中参与传销活动人员是否被骗，不影响骗取财物的认定。

组织、领导传销活动罪的犯罪主体是传销活动的组织者和领导者，也就是实施了倡导、发起、策划、指挥、招揽、引诱、胁迫、安排传销活动的人或者单位。这个罪名侵犯的是经济管理秩序，同时也侵犯了公民的财产权利和社会管理秩序。主观方面存在故意，并且具有非法牟利的目的。客观方面就表现为组织、领导传销活动的行为。

再看诈骗罪，是指以非法占有为目的，采用虚构事实或者隐瞒真相的方法，骗取数额较大的公私财物的行为。犯罪主体一般为自然人，单位不能成为主体。主观方面仍然是由直接故意构成，并且具有非法占有公私财物的目的。其侵害的客体是公私财物的所有权，其犯罪对象仅为公私财物，而不是骗取其他的非法利益。客观方面包括两个方面，一是行为人用虚构事实或者隐瞒真相的方法，使财物所有人、管理人信以为真，“自愿地”交出财物的行为，同时要达到数额较大的标准才能构罪。通过对比分析可以看出，组织、领导传销活动罪和诈骗罪在主观犯意上是一样的，但是在主体要件、客观表现以及侵犯的客体上都不尽相同，甚至有明显不同。

回到本案来看，被告人余某先后注册商贸公司厦门分公司、商贸公司，开发运营“某城”APP网站平台，设计“拼团”模式、推荐奖励制度，虚构公司背景实力，以加入可获得高额回报、发展线下会员可获得返利为诱饵，引诱新会员加入并介绍他人参与，从事网络传销活动。该平台以购买商品的方式获取会员资格，会员收益分为静态收益与动态收益，静态收益以参加拼团购物，观看广告的形式获取返利，动态收益以发展下线获得下线消费提成，并以发展下线人员的数量作为主要返利依据。经福建某司法鉴定中心对“某城”APP后台数据进行鉴定，该APP共有11869个注册账号，形成最高三十八层级的上下级网络，相关表格用户消费金额人民币128347819.5元。被告人余某的行为完全符合组织、领导传销活动罪的构成要件。而参与者认为自己被骗的点在于其并没有完全获得返利，甚至是血本无归。这个跟单纯的诈骗，诈骗行为人仅是为了直接获得被诈骗人的财物不同，组织、领导传销活动罪不仅针对固定的发展对象，而是通过不同的发展对象，发展或者推广出更多的层级，吸收更多的参与者，获得更多的非法利益。

编写人：福建省厦门市集美区人民法院　陈于婧

54

非法经营罪的法定刑适用不能唯“销售金额”论

——柯某某非法经营案

【案件基本信息】

1. 裁判书字号

浙江省温州市中级人民法院（2021）浙03刑终298号刑事判决书

2. 案由：非法经营罪

【基本案情】

2020年4月初，被告人柯某某在某镇营前村山上，违反国家规定私设生猪屠宰场，与胡某某等四人商定，共同屠宰生猪后按照各自需要分配猪肉，并各自销售，自负盈亏。其间，柯某某安排柯某盛、柯某旺在屠宰场内分别从事记账、收取生猪肉销售钱款以及打杂等活动。至2020年6月，柯某某等非法屠宰生猪400余头并用于销售，销售额达250万余元。其中柯某某个人销售生猪肉2万余斤，销售额达52万余元，个人非法获利4万余元。

2020年8月18日，瑞安市农业农村局在某镇营前村山上查获该非法屠宰场，并查扣了杀猪凳、刀具、铁钩、磨刀棒等作案工具及手机、账本等涉案物品，并在柯某盛处查获当日猪肉销售款21651元。同年10月14日，被告人柯某某被公安人员抓获，如实供述上述犯罪事实。

【案件焦点】

1. 几人“各自销售、自负盈亏”的松散型经营模式，被告人是否需要对共同的犯罪金额承担责任；2. 非法经营罪法定刑的适用应采用何种标准。

【法院裁判要旨】

浙江省瑞安市人民法院经审理认为：被告人柯某某违反国家规定，结伙私设生猪屠宰场，情节特别严重，其行为已构成非法经营罪。判决如下：

一、被告人柯某某犯非法经营罪，判处有期徒刑五年四个月，并处罚金4万元；

二、追缴被告人柯某某的违法所得人民币4万元，予以没收，上缴国库；

三、扣押的杀猪凳、刀具、铁钩、磨刀棒等作案工具以及21651元，均予以没收，其中21651元上缴国库。

柯某某不服一审判决，提出上诉。浙江省温州市中级人民法院经审理认为：上诉人柯某某与胡某某等四人虽在同一私设生猪屠宰场内共同屠宰生猪，但其等人按照各自需要分配猪肉，并各自销售，自负盈亏，柯某某仅需对其个人屠宰生猪的数额负责。柯某某等人进购生猪，私下屠宰后予以出售，根据相关规定，法律处罚的主要是私设生猪屠宰场宰杀生猪的行为，故以柯某某个人的生猪进购价，即48万元作为犯罪金额认定更符合法律规定，也更能体现罪责刑相适应原则。根据柯某某的犯罪金额以及情节，可对其依法从轻处罚。原判定罪正确，审判程序合法，但量刑不当。据此，判决如下：

一、维持浙江省瑞安市人民法院（2021）浙0381刑初189号刑事判决第二项、第三项；

二、撤销浙江省瑞安市人民法院（2021）浙0381刑初189号刑事判决第一项；

三、上诉人柯某某犯非法经营罪，判处有期徒刑二年，并处罚金人民币4万元。

【法官后语】

本案争议的焦点在于“各自销售、自负盈亏”的松散型经营模式下，柯某某是否需要对共同的犯罪金额承担责任，以及非法经营罪的法定刑适用是否仅以销售金额为衡量标准。

一、“各自销售、自负盈亏”的松散型经营模式下，被告人仅需对各自的犯罪金额承担责任

《中华人民共和国刑法》第二十五条第一款规定：“共同犯罪是指二人以上共同故意犯罪。”可见，成立共同犯罪需具备三个条件：一是共同的犯罪主体，二是共同的犯罪行为，三是共同的犯罪故意。认定是否具有“共同犯罪故意”，主要是以共同犯罪人之间是否具有共同的意思联络为标准。如果多名行为人仅是在同一场所实施犯罪行为，行为人之间并未达成共同的犯罪意思联络，则不应认定为共同犯罪。

具体到本案，被告人柯某某与胡某某等人虽是在同一私设生猪屠宰场内共同屠宰生猪，但其等人按照各自需要分配猪肉，并各自销售，自负盈亏，采用的是一种松散型的经营模式，相互间并未形成刑法意义上的犯罪意思联络，不属于严格意义上的共同犯罪，故柯某某仅需对其个人屠宰生猪的犯罪金额承担责任。

二、非法经营罪的法定刑适用不能唯“销售金额”论，量刑应体现罪责刑相适应原则

根据《中华人民共和国刑法》第二百二十五条的规定，“情节严重”是非法经营罪的构罪要件，“情节特别严重”则是上一档法定刑的适用标准。我国刑法并未明确规定非法经营“情节严重”的认定标准，综观相关司法解释，主要是从非法经营数额、违法所得额、非法经营物品数量、非法经营造成的损失额等方面对“情节严重”“情节特别严重”的认定标准作出规定。

根据《最高人民法院、最高人民检察院关于办理危害食品安全刑事案件适用法律若干问题的解释》第十七条第一款规定：“违反国家规定，私设生猪屠宰厂（场），从事生猪屠宰、销售等经营活动，情节严重的，依照刑法第二百二十五条的规定以非法经营罪定罪处罚。”

具体到本案，被告人柯某某伙同胡某某等人从农家收购散养的土猪，私下屠宰后进行销售，所销售的猪肉没有质量问题，不符合生产、销售不符合安全标准的食品罪或生产、销售有毒、有害食品罪的构成要件。认定柯某某的行为

构成非法经营罪，主要依据《中华人民共和国刑法》第二百二十五条第四项的规定，即“其他严重扰乱市场秩序的非法经营行为”。该条属于兜底条款，司法解释没有进一步规定“情节严重”的具体认定标准。因此，不仅要依据“数额”，同时还要考虑非法经营行为对市场秩序影响的程度，以及对行为主体、主观动机、目的、实施犯罪行为的手段、时间、侵害对象等进行全面评价。柯某某销售猪肉的行为没有违反相关国家规定，法律打击的是私自屠宰生猪的行为，故以柯某某进购生猪的价格，即48万元作为犯罪金额认定更符合法律原意。且在我国广大农村地区，私宰生猪的现象还是较为普遍的，根据被告人柯某某的供述，其直系五代以宰猪谋生，因其本人手部患有残疾，离异后上初中的儿子由70多岁的老父亲抚养，没有生活来源。对这样的案件不能机械地以“销售金额”作为衡量“情节严重”或“情节特别严重”的标准。故综合考虑立法原意、犯罪数额、犯罪情节、主观动机、对市场秩序影响的程度等，对柯某某在下一档法定刑幅度内从轻处罚，更能体现罪责刑相适应原则。

编写人：浙江省温州市中级人民法院　方彬微

55

利用现货交易平台采用期货市场的运行机制和交易方式属于变相非法经营期货的行为，构成非法经营罪

——黄某非法经营案

【案件基本信息】

1. 裁判书字号

广东省深圳市中级人民法院（2022）粤03刑终1340号刑事裁定书

2. 案由：非法经营罪

【基本案情】

被告人黄某通过注册成立金属公司等公司，成为某集团的实际控制人。2013 年，金属公司成为贵金属交易中心综合类会员单位后，双方约定由贵金属交易中心提供交易平台，以“现货交易”为依托，采用标准化合约、做市商集中交易、“T+0”双向交易、高杠杆、保证金强制平仓等期货交易方式作为交易规则，由金属公司招揽投资人在平台上向其买卖“现货贵金属”，即金属公司与其名下的投资人互为交易对手，投资人在贵金属交易中心的买单和卖单都由金属公司接单，从而使金属公司和其名下的投资人形成实质上的对赌关系。贵金属交易中心与金属公司约定，金属公司以其名下投资人的保证金总量为基准，按一定比例向贵金属交易中心缴纳保证金。金属公司和其名下投资人在贵金属交易中心均有保证金账户，贵金属交易中心负责金属公司和其名下投资人的交易结算。在结算时，投资人亏损的钱由贵金属交易中心在系统中从投资人的保证金账户划至金属公司的保证金账户，投资人盈利的钱由金属公司的保证金账户划至投资人账户，同时投资人须向贵金属交易中心缴纳交易手续费，费率为投资人保证金加杠杆后的 8‰，贵金属交易中心分取其中 3‰，金属公司分取剩余 5‰。此外，金属公司还以相同模式与贵金属交易中心 1、石化交易中心、农产品交易中心等交易平台合作开展运营。

经审计，某集团在相关交易中心关联的投资人账户共计 8418 个，总入金额达 12 亿余元，客户交易合计亏损 1.3 亿余元，支付手续费及延期费 1.3 亿余元。

【案件焦点】

利用现货交易平台采用期货市场运行机制和交易方式的行为定性。

【法院裁判要旨】

广东省深圳市福田区人民法院经审理认为：期货交易是指采用公开的集中

交易方式或者国务院期货监督管理机构批准的其他方式进行的以期货合约或者期权合约为交易标的的交易活动。现货交易则是指以实物商品或实物商品为标的的仓单、可转让提单等提货凭证等为交易对象的市场交易活动。因期货交易具有较大风险性，国家对经营期货业务有明确的规定和限制，未经批准不得擅自经营，且相关经营活动需接受日常监管。综合本案证据，足以认定金属公司等公司开展的涉案交易活动虽依托“现货交易”，但其利用涉案平台交易系统采取“标准化合约”、“T+0”持续交易、集中交易、杠杆交易等交易方式属于变相经营期货，并且涉案交易的资金规模已达12亿余元，投资客户亏损业已达1.3亿余元，足以扰乱市场秩序，情节特别严重，其行为已构成非法经营罪。被告人黄某曾因犯非法经营罪被宣告缓刑，在缓刑考验期限内犯新罪，依法应当撤销缓刑，对新犯的罪作出判决，把前罪和后罪所判处的刑罚进行数罪并罚。

广东省深圳市福田区人民法院依照《中华人民共和国刑法》第二百二十五条第三项、第六十九条、第五十二条、第五十三条和第六十四条之规定，作出如下判决：

一、撤销广东省深圳市罗湖区人民法院（2010）深罗法刑一初字第1074号刑事判决书对被告人黄某宣告的缓刑；

二、被告人黄某犯非法经营罪，判处有期徒刑九年，并处罚金人民币200万元；与前罪犯非法经营罪被判处有期徒刑三年，并处罚金人民币10万元并罚，决定执行有期徒刑十一年，并处罚金人民币210万元（其中10万元已缴纳）；

三、依法继续追缴违法所得，按比例返还本金有损失的投资人。经追缴后不足部分，责令被告人黄某继续退赔。

被告人黄某不服一审判决，提起上诉。广东省深圳市中级人民法院经审理认为：本案涉案交易模式已超出现货交易范围具有明显的期货交易特征。综合全案证据以及涉案交易目的、标的、交易方式来看，金属公司等公司以相关交易中心会员单位身份直接发展个人客户或发展代理商再由代理商发展个人客户，从事不以实物交割为目的的交易行为，通过对冲平仓了结交易，基本无实物交割，行情波动稍大即会导致投资者爆仓的模式，已脱离现货交易具备期货交易的特点，相关行为明显扰乱了一般市场秩序。原判认定事实清楚，证据确实、充分，定罪准确，适用法律正确，量刑适当，审判程序合法。依照《中华人民共和国刑事诉讼法》第二百三十六条第一款第一项之规定，裁定如下：

驳回上诉，维持原判。

【法官后语】

本案系利用现货交易平台采用期货市场运行机制和交易方式的变相非法经营期货案件。行为人作为某集团的实际控制人，指使金属公司员工及代理商采用电话营销、网络营销等方式，以高额回报等话术招揽、劝诱投资人到贵金属交易中心等平台进行交易。投资人开户后可在交易软件上进行双向交易，买涨或买跌，以对冲平仓了结交易。交易采取“T+0”模式，每天有22个小时的交易时间，且可缴纳一定的保证金放大交易杠杆（通常为10~33倍）。某公司担任做市商，即投资人与某公司互为交易对手，投资人在平台上的买单和卖单都由某公司接单，投资人盈利的钱由平台从某公司账户划至投资人账户，投资人亏损的钱由平台从投资人账户划至某公司账户，双方系“对赌”关系。投资人每次交易需缴纳固定比例的手续费，如持有商品的标准化合约过夜还需缴纳“隔夜费”。某公司通过获取投资人在交易中产生的手续费、“隔夜费”和客户的亏损获利。为获取利润，某公司组建商学院，将公司员工包装成资深分析师推荐给投资人，分析师故意引导投资人频繁交易以获取高额手续费，或反向交易导致投资人亏损，甚至诱使投资人重仓操作，导致投资人爆仓。在投资人亏损后，某公司还会以更换分析师、业务员、承诺带领投资人赚回亏损等方式诱使投资人追加资金从而继续以上述方式获利。某公司在监测到投资人盈利较多时会联系交易平台对投资人的账户进行暂时冻结，导致投资人无法交易或提取资金。

笔者认为，上述行为人依托现货交易平台，以现货交易为名，实际采取期货交易市场运行机制和交易方式进行交易的行为属于变相经营期货，符合非法经营罪的犯罪构成，具体评述如下：

现代期货交易模式是在市场力量推动之下，基于现货中远期合约交易模式演化而来，二者关联度和相似度很高，其判断认定标准在司法实践中一直模糊不清，导致变相经营期货案件频发。区分期货交易和现货中远期交易可从以下三点进行把握区分：第一，从交易目的进行区分把握。期货交易的主要功能在于价值发现与价格预测，而现货交易则以促进商品真实交换与现实流通为首要功能。故期货交易者的目的是在期货市场中“买空卖空”获取差价，现货交易者则是以较低价格获取交易商品的所有权。在本案中，投资者证言以及同案犯供述均可证明某公司系以投资获利为由诱骗投资人开户交易，投资人与某公司均非以获取交易商品所有权为交易目的。第二，从交易标的进行区分把握。期货交易以期货合约等标准化合约为交易标的，通过买卖承载物品交易价值的合约来实现投机价值。现货交易市场则明令不得交易标准化合约，其交易标的是具有个性化特征的现货商品，比如黄金、白银等贵金属均会标注不同商品的纯度以区分价格，交易双方亦会对商品品质、价格进行具体协商。即便是现货中远期交易，交易标的亦为“现货合约+中远期交割实物交割”。在本案中，某公司以标准化合约与投资者进行交易，交易合约中并不注明交易商品的特征，不含有特定化条款，且现货交割率几乎为零，充分说明交易双方不对商品或商品合约进行具体化的协商，而是简单地依照公布价格“买空卖空”，即涉案交易标的系商品的“交易价值”而非“使用价值”。第三，从交易方式进行区分把握。现货的交易形式以“一对一”（协议交易）、“一对多”（单向竞价交易）为限，不得采用公开的集中交易方式。而本案中，某公司依托现货交易平台与不特定的投资者进行集中交易并收集交易数据，交易标的为除价格条款外其他条款均系固定的合约，交易方式为双向交易（可买涨买跌）、“T+0”交易模式，缴纳一定比例保证金可放大杠杆，可通过对冲平仓方式了结权利义务，符合期货交易市场集中交易、采用标准化合约交易、保证金制度等特征。故综合交易目的、标的及交易方式，某公司以相关交易中心会员单位身份直接发展个人投资者或发展代理商再由代理商发展个人投资者，从事不以实物交割为目的的集中交易行为已脱离现货交易，实为期货交易，相关行为严重扰乱市场秩序，应当认定系非法变相经营期货行为。

编写人：广东省深圳市福田区人民法院　孙浩　杨潍陌

56

期货居间人变相从事期货咨询业务的行为定性

——宋某、佘某非法经营案

【案件基本信息】

1. 裁判书字号

上海市奉贤区人民法院（2022）沪 0120 刑初 840 号刑事判决书

2. 案由：非法经营罪

【基本案情】

2019 年 5 月，被告人宋某成立信息咨询公司，后以该公司名义与期货公司、期货有限公司等签订居间协议，约定为上述公司提供居间服务，上述期货公司按比例向信息咨询公司返还客户交易手续费。2019 年 11 月，被告人佘某入股 20%参与经营信息咨询公司，负责员工培训等工作。

宋某、佘某在未经中国证监会批准、未取得期货投资咨询业务资格的情况下，招募刘某（另案处理）等人担任期货交易分析师，黄某、胡某等 10 余人（均另案处理）担任业务员，指使业务员通过网络渠道发布期货行情分析。以承诺开户后提供期货交易辅导吸引客户开立账户，当客户在其指定的期货公司开户后，再指使分析师、业务员通过微信向客户提供“买点”“卖点”“止盈点”“止损点”等投资建议，引导、鼓励和促成客户交易。客户交易次数越多，期货公司收取的手续费就越高。徐某、高某和傅某根据宋某、佘某等人提供的期货投资咨询建议进行交易并产生手续费，宋某、佘某从三人交纳的手续费中获利人民币（以下币种同）24 万余元。

案发后，被告人宋某退出违法所得 10 万元，被告人佘某退出违法所得 5 万元。

被告人宋某、佘某对公诉机关指控的犯罪事实和罪名均无异议，且自愿认罪认罚。

【案件焦点】

1. 期货居间人为客户提供投资咨询服务应看作一种居间伴随行为还是期货咨询业务行为；2. 期货居间人变相从事期货咨询业务的行为该如何定性。

【法院裁判要旨】

上海市奉贤区人民法院经审理认为：期货居间人假借“有合法身份”“不直接收费”等外在掩饰，超越居间身份违法“喊单”并从中牟利系变相从事期货投资咨询，属于期货业务，应属非法经营罪的规制对象。未经中国证监会批准从事该业务，情节严重的，构成非法经营罪，且应对利用职业便利实施该犯罪行为的期货居间人适用从业禁止规定。

上海市奉贤区人民法院依照《中华人民共和国刑法》第二百二十五条第三项，第二十五条第一款，第二十六条第一款、第四款，第二十七条，第六十七条第三款，第五十二条，第五十三条，第六十四条，第三十七条之一及《中华人民共和国刑事诉讼法》第十五条，作出如下判决：

一、被告人宋某犯非法经营罪，判处有期徒刑一年，并处罚金人民币 30 万元；

二、被告人佘某犯非法经营罪，判处有期徒刑八个月，并处罚金人民币 10 万元；

三、退缴在案的违法所得人民币 15 万元予以没收，其余违法所得继续追缴；

四、禁止被告人宋某、佘某自刑罚执行完毕之日或者假释之日起三年内从事期货居间职业。

一审判决后，被告未提起上诉，检察机关未提起抗诉，该判决已发生法律效力。

【法官后语】

本案系全国首例期货居间人非法经营期货交易咨询业务案。由于该案发生于《中华人民共和国期货和衍生品法》发布之前，在行为能否定罪、罪名如何适用上均存在一定争议。

一、变相从事期货投资咨询应属刑法规定的非法经营期货行为

一是被告人变相提供期货投资咨询具有隐蔽性。有观点认为被告人作为期货居间人为客户提供投资咨询服务应看作一种居间伴随行为，本质上仍是居间行为。但，这种观点模糊了被告人提供咨询服务行为的实质属性。《期货公司居间人管理办法（试行）》明确规定，居间人不得以任何形式向投资者提供包括但不限于品种、价位、方向、数量等指向明确的交易建议。本案被告人主观目的系利用咨询服务牟利，招募分析师、业务员，以网络投放期货分析文章的方式吸引不特定投资人成为其客户，向客户提供“买点”“卖点”“止盈点”“止损点”等投资建议，促成交易垒高手续费，与相对固定的几家期货公司建立“返佣分账”合作经营模式，属于有组织、有分工、有计划地开展经营活动，其从事的期货投资咨询业务显然属于期货业务的范畴。因此，被告人提供期货投资咨询的行为不能涵盖在居间行为之中，应属具有单独评价意义的不法行为。

二是被告人变相提供期货投资咨询具有有偿性。从形式上看，被告人系为客户提供免费的咨询服务，其在提供咨询服务时未向客户收取费用。但实质上，被告人在与期货公司签订居间合同时已明确了高额的返佣比例，客户将服务费支付给期货公司，期货公司再将80%~90%的服务费返还被告人，被告人间接、隐蔽地从中牟利。高额返佣的背后是被告人利用咨询服务刻意垒高客户服务费的经营模式，该模式前期靠宣传能帮助投资人赚钱，以提供有价值的交易辅导为诱饵吸引不特定投资人在其指定的期货公司开户；后期，公司业务员通过微信向客户“喊单”，诱导客户增加交易次数，利用交易越多、手续费越高的交

易规则，逐步垒高交易手续费，再从期货公司获得高额“返佣”。

三是被告人变相提供期货投资咨询具有违法性。2017年修订的《期货交易管理条例》第十七条第一款规定，期货公司除申请经营境内期货经纪业务外，还可以申请经营境外期货经纪、期货投资咨询以及国务院期货监督管理机构规定的其他期货业务。该条虽是针对期货公司业务范围作出明确规定，但不难看出该条将期货投资咨询纳入期货业务范畴。从事期货投资咨询业务应当取得中国证监会的业务许可，否则即属违法。此外，《中华人民共和国期货和衍生品法》第六十三条第三款规定：“未经国务院期货监督管理机构核准，任何单位和个人不得设立或者变相设立期货公司，经营或者变相经营期货经纪业务、期货交易咨询业务……”

四是被告人变相提供期货投资咨询具有严重的社会危害性。期货投资咨询业务具有极高的专业性要求，金融监管部门亦对从事该项业务的机构设置了严格的监管制度。未经批准的期货投资咨询，意味着缺少资质、脱离监管，对我国金融风险防控、市场秩序维护以及投资者个人财产安全均会造成较大的社会危害。

二、非法经营金额应限定在通过“喊单”进行交易的投资人返佣手续费中

根据审计报告，本案被告人公司账户收到手续费返佣高达人民币400万余元，然而，因其本身系期货居间人并连续多年为多家期货公司从事居间业务，其中既有正常居间收入，也有非法咨询收入。本案将其非法咨询行为评价为犯罪，因此金额认定也应限缩在特定投资人（信任被告人提供的投资建议并进行交易，交易中不断被垒高手续费的客户）支付的手续费返佣中。从证人证言、微信聊天截图、某会计师事务所有限公司出具的专项审计报告等在案证据分析，投资人徐某、高某和傅某系信任被告人提供的期货投资咨询建议并依据其建议高频交易，向期货公司支付了高额手续费的特定投资人，被告人宋某、佘某共从三人交纳的手续费中获利24万余元。该笔金额应被认定为二名被告人的违法所得。

三、利用职业便利实施犯罪可以适用从业禁止规定

被告人宋某、佘某均具有期货从业资格证，并曾从事期货相关职业，其突

破行业界限提供非法咨询的行为对市场管理秩序已经造成破坏，并对社会公众财产安全形成潜在威胁。根据《中华人民共和国刑法》第三十七条之一第一款“因利用职业便利实施犯罪，或者实施违背职业要求的特定义务的犯罪被判处刑罚的，人民法院可以根据犯罪情况和预防再犯罪的需要，禁止其自刑罚执行完毕之日或者假释之日起从事相关职业，期限为三年至五年”的规定。本案首次在相关案件中适用从业禁止规定，这也与《中华人民共和国期货和衍生品法》中期货市场禁入制度的立法精神相一致。

编写人：上海市奉贤区人民法院　李晓杰　杨国志　胡玉洁

57

办理假冒伪劣烟草制品刑事案件中“明知”对定性的影响

——侍某甲等非法经营案

【案件基本信息】

1. 裁判书字号

广西壮族自治区钦州市中级人民法院（2022）桂 07 刑终 27 号刑事判决书

2. 案由：非法经营罪

【基本案情】

2021 年 2 月 21 日开始，被告人侍某甲、侍某乙、赵某某、侍某丙受“王老板”（另案处理）雇请，在未取得合法手续的情况下驾驶货车到广西合浦县帮助其运输伪劣卷烟到广东等地销售。2021 年 3 月 19 日 23 时许，被告人侍某甲、侍某乙、赵某某、侍某丙接受“王老板”安排，分别驾驶货车运输伪劣卷烟。其中，被告人侍某甲驾驶车牌号为皖 C3××××的重型仓栅式货车搭乘侍某丙，到钦州市钦南区丹竹江鸡心石江边空地装载并运输一批伪劣卷烟，于3月20日5时许行驶至合浦县三北高速公路红岭路段被执法人员查获。执法人员从皖C3××××货车上查获利群（新版）卷烟6500条、中华（软）卷烟3800条。被告人赵某某驾驶车牌号为皖C8××××的重型仓栅式货车从合浦县北部湾石油合浦县乌家金伟加油站运输一批伪劣卷烟，于3月20日5时许行驶至合浦县325国道乌家镇大岭头路段被执法人员查获。执法人员从皖C8××××货车上查获中华（大中华）卷烟5184条、芙蓉王（硬）卷烟4300条、中华（硬出口）卷烟2200条、玉溪（软）卷烟900条。被告人侍某乙驾驶车牌号为沪DT××××的重型仓栅式货车从合浦县北部湾石油合浦县乌家金伟加油站运输一批伪劣卷烟，于3月20日6时许行驶至合浦县乌家镇绿园停车场时被执法人员查获。执法人员从沪DT××××货车上查获中华（大中华）卷烟4032条、芙蓉王（硬）卷烟2750条、中华（硬出口）卷烟2350条、玉溪（软）卷烟2100条。经广西壮族自治区烟草产品质量监督检验站检验，上述查获的卷烟均是假冒注册商标且伪劣卷烟。经物价部门鉴定，被告人侍某甲、侍某丙运输的6500条利群（新版）假冒注册商标且伪劣卷烟、3800条中华（软）假冒注册商标且伪劣卷烟共价值人民币3635000元；被告人赵某某运输的5184条中华（大中华）假冒注册商标且伪劣卷烟、4300条芙蓉王（硬）假冒注册商标且伪劣卷烟、2200条中华（硬出口）假冒注册商标且伪劣卷烟、900条玉溪（软）假冒注册商标且伪劣卷烟共价值人民币2286815元；被告人侍某乙运输的4032条中华（大中华）假冒注册商标且伪劣卷烟、2750条芙蓉王（硬）假冒注册商标且伪劣卷烟、2350条中华（硬出口）假冒注册商标且伪劣卷烟、2100条玉溪（软）假冒注册商标且伪劣卷烟共价值人民币2038963元。以上涉案卷烟合计价值人民币7960778元。

【案件焦点】

1. 生产销售伪劣产品罪中的主观明知该如何认定；2. 侍某甲、侍某乙、赵某某、侍某丙在主观上是否明知自己销售或运输的货物属于假冒伪劣烟草制品；3. 侍某甲、侍某乙、赵某某、侍某丙的行为该如何定性。

【法院裁判要旨】

广西壮族自治区钦州市钦南区人民法院经审理认为：被告人侍某甲、侍某乙、赵某某、侍某丙参与运输过程中各自心里怀疑运输的货物是否违法（是走私货物），也怀疑运输的不是普通货物，可能是国家禁止运输的违禁物品。对装货时间、地点、装卸方式、行驶过程中有人“带路”等也感觉其行为异常。但为获取高额运费，对货物来源不明或违法的情形心照不宣。侍某丙还供述“除了这次作案，还有 3 月 10 日和 3 月 13 日两次运输走私香烟，3 月 10 日那次是侍某甲负责‘带路’，赵某某负责开车运输走私香烟；3 月 13 日那次是侍某甲负责‘带路’，赵某某、侍某乙负责轮流开车运输走私香烟。侍某丙、侍某甲、侍某乙、赵某某事先都知道运输的是香烟，四人均没有合法手续”的事实。在案的抓获经过、涉案手机数据检查的内容、钦州市烟草专卖局检查（勘验）笔录、现场勘验检查、扣押决定书、扣押笔录、扣押清单，钦州市价格认证中心出具的关于涉案香烟的价格认定结论书、鉴定意见通知书，《广西壮族自治区烟草专卖局关于明确 2021 年涉案卷烟和雪茄烟零售价格的通知》（桂烟计［2021］11 号）所列明的价格目录表等物证、书证，均能证明涉案的卷烟包装上均无钦州烟草激光喷码，属于假冒注册商标或伪劣卷烟的事实及相关价格计算的数额情况。

综上分析，以上物证、书证确实充分，相互印证了本案被告人供述的对其参与运输的货物是事先知道的事实。以上证据也证实本案被告人运输的香烟均是尚没有销售的假冒注册商标或伪劣卷烟的事实。被告人侍某甲、赵某某、侍某乙、侍某丙明知他人销售伪劣卷烟仍提供运输帮助，其四人行为触犯了《中华人民共和国刑法》第一百四十条的规定，符合生产、销售伪劣产品罪的构成要件，构成生产、销售伪劣产品罪。依照《中华人民共和国刑法》第一百四十条、第五十二条和第五十三条、第二十三条、第二十五条第一款、第二十七条、第六十四条、第六十七条第三款的规定，以及《最高人民法院、最高人民检察院关于办理非法生产、销售烟草专卖品等刑事案件具体应用法律若干问题的解释》（法释［2010］7 号）第二条的规定，判决：

被告人侍某甲犯生产、销售伪劣产品罪，判处有期徒刑八年六个月，并处罚金 60000 元；被告人赵某某犯生产、销售伪劣产品罪，判处有期徒刑七年一个月，并处罚金 50000 元；被告人侍某乙犯生产、销售伪劣产品罪，判处有期徒刑八年，并处罚金 50000 元；被告人侍某丙犯生产、销售伪劣产品罪，判处有期徒刑七年六个月，并处罚金 50000 元；对查获的涉案的卷烟依法予以没收，上缴国库；对从赵某某处扣押的 OPPO RENO5 蓝色手机一部、OPPO K3 渐变色手机一部，从被告人侍某甲、侍某丙处依法扣押的渐变色 OPPO 手机一部、黑色华为手机一部，从侍某乙处依法扣押的 VIVO X27 PRO 手机一部，依法没收上缴国库。

一审宣判后，被告人侍某甲、侍某乙、赵某某、侍某丙不服，提出上诉。广西壮族自治区钦州市中级人民法院经审理认为：上诉人侍某甲、侍某丙、赵某某、侍某乙为获取不法利益而伙同他人未经行政主管部门许可经营烟草制品，扰乱市场秩序，且情节特别严重，其行为已触犯《中华人民共和国刑法》第二百二十五条第一项的规定，构成非法经营罪。对于四上诉人的犯罪行为，依法应判处五年以上有期徒刑，并处违法所得一倍以上五倍以下罚金或者没收财产。四上诉人为获取不法利益而接受他人雇请非法运输烟草制品，其中侍某甲、侍某丙运输的涉案卷烟价值达 3635000 元，赵某某运输的涉案卷烟价值达 2286815 元，侍某乙运输的涉案卷烟价值达 2038963 元，均属情节特别严重的情形，四上诉人在共同犯罪中起次要作用，是从犯，依法应当从轻、减轻或者免除处罚；四上诉人归案后，能如实供述其罪行，认罪态度较好，辩解称不构成生产、销售伪劣产品罪，不知道运输的是属于假冒伪劣产品的卷烟，只是构成非法经营罪，是对犯罪性质的辩解，不影响其认罪态度，依法可以从轻处罚。一审法院以生产、销售伪劣产品罪进行定罪量刑不当，本院依法予以纠正，应按非法经营罪定罪量刑。二审期间，四上诉人主动向本院缴纳部分罚金，其中侍某甲缴纳 5000 元、赵某某缴纳 3000 元、侍某乙缴纳 3000 元、侍某丙缴纳 3000 元，有一定的悔罪表现，可酌情从轻处罚。根据四上诉人的犯罪事实、性质、情节和对社会危害程度及其悔罪表现，本院决定对四上诉人减轻处罚。依照《中华人民共和国刑事诉讼法》第二百三十六条第一款第二项和《中华人民共和国刑法》第二百二十五条第一项、第二十五条第一款、第二十七条、第六十七条第三款、第六十一条、第六十三条、第六十四条、第五十二条、第五十三条、第四十七条以及《最高人民法院、最高人民检察院关于办理非法生产、销售烟草专卖品等刑事案件具体应用法律若干问题的解释》第三条的规定，判决如下：

一、维持广西壮族自治区钦州市钦南区人民法院（2021）桂 0702 刑初 410 号刑事判决第五、六项；

二、撤销广西壮族自治区钦州市钦南区人民法院（2021）桂 0702 刑初 410 号刑事判决第一、二、三、四项；

三、上诉人侍某甲犯非法经营罪，判处有期徒刑四年十个月，并处罚金 30000 元；

四、上诉人侍某丙犯非法经营罪，判处有期徒刑四年六个月，并处罚金 20000 元；

五、上诉人赵某某犯非法经营罪，判处有期徒刑四年，并处罚金 20000 元；

六、上诉人侍某乙犯非法经营罪，判处有期徒刑三年六个月，并处罚金 20000 元。

【法官后语】

本案的争议焦点在于侍某甲、侍某乙、赵某某、侍某丙在主观上是否明知自己销售或运输的货物属于假冒伪劣烟草制品以及四被告人的行为应该如何定性的问题，是构成生产、销售假冒伪劣产品罪还是生产经营罪。

一、《中华人民共和国刑法》中犯罪对象关于“明知”的认定

《中华人民共和国刑法》第十四条第一款规定，明知自己的行为会发生危害社会的结果，并且希望或者放任这种结果发生，因而构成犯罪的，是故意犯罪。“明知”是故意犯罪的基本内容，犯罪对象满足“明知”的要求是成为犯罪故意的前提。在某些故意犯罪的罪名中，特定的犯罪对象是成立犯罪不可或缺的要件。在此类犯罪中，犯罪对象与危害结果具有紧密联系性，行为人只有明知行为针对的特定对象，其才能认识到该行为会产生相应的危

害结果。在犯罪对象明知的具体类型上包括“确实知道”和“应当知道”两类，前者顾名思义就是明确知道，后者则是指行为人虽然对其主观明知的事实拒不供认，但是司法机关根据其他证据或者行为人的客观举动推定行为人对犯罪对象具有“明知”。

二、“明知”对办理假冒、伪劣烟草制品刑事案件定性的影响

在办理假冒伪劣烟草制品刑事案件中，行为人是否“明知”的问题，直接影响到其行为应当定什么罪。最高人民法院、最高人民检察院、公安部、国家烟草专卖局《关于办理假冒伪劣烟草制品等刑事案件适用法律问题座谈会纪要》(以下简称《纪要》) 第二条规定，销售明知是假冒烟用注册商标的烟草制品，销售金额较大的，构成销售假冒注册商标的商品罪，并明确规定了销售明知是假冒烟用注册商标的烟草制品中关于“明知”的具体情况：(1) 以明显低于市场价格进货的；(2) 以明显低于市场价格销售的；(3) 销售假冒烟用注册商标的烟草制品被发现后转移、销毁物证或者提供虚假证明、虚假情况的；(4) 其他可以认定为明知的情形。《纪要》第四条关于共犯的规定，知道或者应当知道他人实施本《纪要》第一条至第三条规定的犯罪行为，仍实施下列行为之一的，应认定为共犯，依法追究刑事责任：(1) 直接参与生产、销售假冒伪劣烟草制品或者销售假冒烟用注册商标的烟草制品或者直接参与非法经营烟草制品并在其中起主要作用的；(2) 提供房屋、场地、设备、车辆、贷款、资金、账号、发票、证明、技术等设施和条件，用于帮助生产、销售、储存、运输假冒伪劣烟草制品、非法经营烟草制品的；(3) 运输假冒伪劣烟草制品的。综上，根据行为人明知或者应当知道的情形，结合案件实际情况判断行为可能构成销售假冒注册商标的商品罪、销售假冒、伪劣产品罪和非法经营罪。

三、结合本案的具体情况进行分析

本案中，根据侍某甲、赵某某、侍某乙、侍某丙的供述，四上诉人只是怀疑或意识到运输的物品是违禁品，但违禁品不等于就是假冒伪劣产品，没有证据证实四上诉人主观上明知运输的是假冒伪劣烟草制品。根据生产、销售假冒伪劣产品罪的定义和构成要件，符合该罪的主观方面必须明知生产、销售的是

伪劣产品而仍然予以生产或销售，或者明知生产、销售假冒伪劣产品而提供帮助。因此，四上诉人的行为不符合生产、销售假冒伪劣产品罪的构成要件，不构成生产、销售假冒伪劣产品罪。本案中，侍某甲、赵某某、侍某乙、侍某丙受他人雇请驾驶货车运输烟草制品被当场查获，并经检验证实被查获的烟草制品为假冒注册商标且伪劣卷烟的事实清楚，证据确实充分。侍某甲、赵某某、侍某乙、侍某丙主观上明知运输的是违禁品，客观上实施了受他人雇请，在未办理合法手续的情况下运输烟草制品的行为。根据《最高人民法院、最高人民检察院关于办理非法生产、销售烟草专卖品等刑事案件具体应用法律若干问题的解释》的有关规定，明知他人实施非法经营烟草专卖品的行为，而为其提供运输等便利条件的，应当按照非法经营罪的共犯追究刑事责任，故侍某甲、赵某某、侍某乙、侍某丙的行为构成非法经营罪。

编写人：广西壮族自治区钦州市中级人民法院　赵丽娟

58

帮助赌博网站非法支付结算行为的性质认定

——林某等非法经营案

【案件基本信息】

1. 裁判书字号

福建省南平市中级人民法院（2021）闽07刑终157号刑事判决书

2. 案由：非法经营罪

【基本案情】

2019年3月，被告人吕某和被告人姚某共谋，通过租赁服务器搭建网络平台，为赌博网站提供支付结算服务，从中抽取手续费牟利。所搭建平台通过与赌博网站、其他非法支付平台以及拥有网络商铺和银行卡的“码商”对接，由“码商”负责在某宝、某多多等网络商铺通过虚假交易生成他人代付的二维码上传至平台（以下简称产码），平台将代付二维码直接提供给赌博网站或通过其他非法支付平台转接到赌博网站，供赌客扫码充值赌资，为赌博网站提供充值服务。

2019年6月至2020年4月，被告人吕某、姚某等陆续搭建了多个涉案平台，除一个平台自己运营外，其余租给他人，从交易流水中抽取手续费。2019年8月开始，被告人林某组织薛某、罗某（另案处理）等人提供银行卡给吕某团伙用于收取平台获利，并帮助提取现金，从中收取报酬。同年9月，林某又帮助平台“产码”获利。截至案发，林某团伙通过取现获利4万元，通过“产码”获利60万元，其中林某个人违法所得20.4万元，薛某个人违法所得5万元。

【案件焦点】

1. 为赌博网站提供结算帮助是否构成非法支付结算；2. 为赌博网站提供支付结算帮助是否构成上游犯罪共犯。

【法院裁判要旨】

福建省南平市延平区人民法院经审理认为：被告人吕某、姚某、林某、吕某某、黄某、王某、薛某未经国家有关主管部门批准，非法从事资金支付结算业务，扰乱金融市场秩序，其中吕某、姚某、吕某某、黄某、王某非法结算资金17816.8367万元，林某、薛某共同违法所得60万元，其行为均构成非法经营罪，且属情节特别严重。根据本案犯罪事实、情节以及对社会的危害程度，判决如下：

依法以非法经营罪判处被告人吕某有期徒刑八年六个月，并处罚金350万元；判处被告人姚某有期徒刑七年十个月，并处罚金250万元；判处被告人林某有期徒刑五年十个月，并处罚金25万元；判处被告人吕某某有期徒刑四年，并处罚金20万元；判处被告人黄某有期徒刑三年六个月，并处罚金15万元；

判处被告人王某有期徒刑三年，并处罚金 5 万元；判处被告人薛某有期徒刑二年，缓期四年执行，并处罚金 3 万元。判决追缴被告人的违法所得，没收犯罪工具，上缴国库。

判决后，被告人林某不服，提出上诉。福建省南平市中级人民法院经审理认为：上诉人林某、原审被告人吕某、姚某、吕某某、黄某、王某、薛某违反国家规定，未经国家有关主管部门批准，非法从事资金支付结算业务，扰乱市场秩序，其行为构成非法经营罪，且属情节特别严重。同时，明知他人利用信息网络实施犯罪，仍为其提供支付结算帮助，情节严重，构成帮助信息网络犯罪活动罪。择一重罪以非法经营罪定罪处罚。一审判决认定事实清楚，证据确实、充分，定罪准确，量刑适当，审判程序合法。据此，裁定如下：

驳回上诉，维持原判。

【法官后语】

非法支付结算活动违法提供资金流转通道，为犯罪活动推波助澜，导致违法犯罪资金逃避监管，扰乱金融市场秩序，威胁金融安全。随着互联网金融的迅猛发展，新型网络非法支付方式不断出现，造成其性质认定和法律适用困难，给审判工作带来挑战。本案是一起新型网络支付结算案件，涉及被告人的行为能否认定为"非法从事支付结算业务"以及罪名如何选择适用等争议问题。

一、新型网络非法支付结算行为的定性

根据《中华人民共和国刑法》第二百二十五条第三项的规定，违反国家规定，未经国家有关主管部门批准，非法从事资金支付结算业务，情节严重的，以非法经营罪定罪处罚。《最高人民法院、最高人民检察院关于办理非法从事资金支付结算业务、非法买卖外汇刑事案件适用法律若干问题的解释》（以下简称《支付解释》）第一条第一项将违反国家规定，使用受理终端或者网络支付接口等方法，以虚构交易、虚开价格、交易退款等非法方式向指定付款方支付货币资金等情形解释为上述"非法从事资金支付结算业务"。

本案是否构成非法经营罪，案件审理中存在以下两种观点：一种认为，本案不属于上述规定中"从事资金支付结算业务"的任何一种情形，涉案平台仅在某宝与“码商”之间起中介、技术服务作用，没有沉淀客户资金，也不具备支付结算的功能，不构成非法经营罪。另一种则认为，行为人所搭建涉案平台属于变相从事资金支付业务，根据刑法第二百二十五条第三项的规定，构成非法经营罪。

笔者同意后一种观点。鉴于涉案行为并不符合《支付解释》所列明的任何一种具体情形，应根据涉案平台交易流程和运行模式，结合资金支付结算的本质特征，准确界定其行为性质。

本案行为模式为，行为人租用服务器搭建平台，通过对接与“码商”及其他支付平台，以特定的交易流程形式，实现赌客与网络赌博平台之间的资金收付。

从上述交易流程和运行模式分析，单纯从平台功能看，平台本身没有资金转移支付的功能，只是提供支付信息的收集、传输、反馈服务，赌客充值及网络赌博平台的资金回流由“码商”通过网络虚假交易完成。但从整体交易流程来看，行为人是通过整个交易流程实现赌客与网络平台经营者之间的资金转移与收付。也即，赌客与赌博网络平台之间的资金收付是通过所搭建平台、“码商”、网络赌博平台、其他第四方支付平台共同完成，上诉人林某等人作为码商为吕某、姚某所雇用，形成密不可分的整体，共同完成资金转移与收付行为。并非仅就支付各方信息流而提供的中介服务和技术服务。

从“非法支付结算行为”的特征分析，其危害性主要表现为，使资金脱离监管，扰乱金融秩序，威胁金融安全。《支付解释》列举的以虚假交易等方式支付资金、提供单位公共账户套现或公转私服务、票据套现和其他兜底的资金支付结算方式，其本质是脱离监管的非法流转资金行为，此也是进行刑事打击的原因所在。本案中，在涉案平台交易模式下，行为人通过网络商铺进行虚假交易，生成代付二维码进行技术提取后，用于赌博平台资金收取，然后根据需要，将赌资进行转账或提现，共导致1.7余亿元赌资脱离金融监管，“体外循环”会造成金融监管风险，扰乱金融市场秩序，其行为特征和危害性与法定的“非法支付结算”情形具有类似性，且属情节特别严重，构成非法经营罪。

值得一提的是，本案中行为人所搭建的平台等不属于所谓“第四方支付”平台，也不具有直接聚合第三方支付平台的功能。

综上，上诉人林某通过帮助吕某、姚某等人收取、提取平台获利，并利用没有真实商品的网络商铺为赌金收取“产码”，充当码商，应认定为吕某、姚某等人的共犯，以非法经营罪论处。

二、“帮助赌博网站”非法支付结算的定性

本案中，还涉及对被告人所搭建支付平台为赌博网站“提供赌资支付结算帮助”行为的评价问题。一种观点认为，行为人明知他人利用网络实施犯罪，仍为其提供支付结算帮助，情节严重，构成帮助信息网络犯罪活动罪。另一种观点则认为，行为人明知是赌博网站，而为其提供支付结算服务，应成立开设赌场罪的共犯。两种观点的争议，涉及如何妥当界分帮助信息网络犯罪活动罪与其他犯罪帮助犯的问题。

笔者同意第一种观点，理由为：根据《中华人民共和国刑法》第二百八十七条之二第一款规定，明知他人利用信息网络实施犯罪，为其犯罪提供互联网接入、服务器托管、网络存储、通讯传输等技术支持，或者提供广告推广、支付结算等帮助，情节严重的，构成帮助信息网络犯罪活动罪。本案中，被告人明知他人从事网络赌博犯罪，搭建支付网站，为其提供支付结算帮助，支付结算金额和违法所得均达到“情节严重程度”，应构成帮助信息网络犯罪活动罪。

关于是否成立开设赌场罪共犯的问题，以往司法实践中虽然有不少司法解释、规范性文件规定，只要行为人明知他人实施犯罪而为其提供帮助的，即成立共同犯罪。但是，这是在为相关犯罪提供帮助的行为未能独立入罪前提下的解决方案。帮助信息网络犯罪活动罪的实质是帮助行为独立入罪，在此背景下，宜对帮助信息网络犯罪活动适用共同犯罪处理的情形作出适当限制，以彰显修法的精神。具体而言，对于帮助他人利用网络实施犯罪，适用共同犯罪论处的，宜限于“通谋”的情形，对于主观上仅具有明知，且对于后续实施的犯罪未实际参与的，原则上宜以帮助信息网络犯罪活动罪论处。本案中，被告人与赌博犯罪分子不存在“事前通谋，分工实施”的情况，其行为仅限于提供支付结算帮助，对其他行为不知情也未参与。此外，开设赌场的上游犯罪分子并未到案，相关犯罪事实尚未进一步查清，故不宜要求本案被告人对开设赌场罪承担刑事责任，否则不符合罪责刑相适应原则的要求。

综上分析，本案中被告人帮助赌博网站非法支付结算的行为，构成帮助信息网络犯罪活动罪，同时构成非法经营罪，根据《中华人民共和国刑法》第二百八十七条之二第三款的规定，应择一重罪以非法经营罪定罪处罚。

编写人：福建省南平市中级人民法院　王宏涛　陈紫莹

59

开设场外虚盘配资平台，但按真实证券市场行情予以结算的刑法定性

——网络科技公司等非法经营案

【案件基本信息】

1. 裁判书字号

上海市第二中级人民法院（2022）沪 02 刑终 139 号刑事裁定书

2. 案由：非法经营罪

【基本案情】

2015 年 8 月起，被告人张某、牛某先后成立被告单位网络科技公司及关联公司网络科技中心 1、网络科技中心 2、网络科技中心 3、网络工作室，两人作为被告单位网络科技公司股东、总经理、副总经理，共同负责经营管理。2018 年 10 月 31 日，网络科技公司法定代表人变更为被告人牛某，2020 年 5 月 18 日，被告人牛某将持有的网络科技公司的股份转让给被告人张某，同年 6 月 23 日法定代表人变更为被告人卢某。2020 年 6 月起，被告人张某担任网络工作室

负责人。

2018 年 9 月起，被告单位网络科技公司在未经国家有关主管部门批准的情况下，由实际控制人被告人张某、牛某决定，由技术总监被告人马某某引进技术并进行修改后设立多个具有开立账户、委托交易、风险控制、证券结算等证券交易功能的证券交易分仓软件，由销售主管被告人王某某带领销售人员通过互联网等方式进行宣传，开展为他人买卖股票提供配资的活动。被告人张某、牛某等人使用上述证券交易分仓软件，为配资客户开立非实名子账户，以 1∶3 至 1∶10 不等的杠杆比例为客户提供配资。客户通过非实名子账户下达证券交易指令后，被告人张某、牛某等人利用实际控制并事先绑定在上述分仓软件中的“张某”“牛某”“杜某某”等证券账户代客户买卖股票，从中赚取交易佣金和配资利息。

2020 年 4 月起，被告人张某指使技术人员马某某等对上述四个分仓软件进行设置，使得客户在分仓软件下单的证券交易指令未关联至证券母账户，未在证券市场实现真实股票交割，仅在软件系统内进行虚拟交易，并根据真实证券市场行情予以结算。

经司法审计，涉案保证金达人民币 9100 余万元，交易成交金额 21.7 余亿元，交易佣金 410 余万元，递延费 520 余万元。

【案件焦点】

虚盘配资平台内不发生真实股票交割，而仅在软件系统完成虚拟交易，并根据真实证券市场行情予以结算，对于开设此类平台的行为如何定罪。

【法院裁判要旨】

上海市普陀区人民法院经审理认为：开设场外实盘配资平台兼具证券经纪业务和证券融资融券业务特征，应认定为非法经营罪。场外虚盘配资中，虽未发生真实股票交易，但同时具备数据真实性、无后台人为操纵、证券交易自由、出金提现自由特征，其行为性质与实盘配资无异，系扰乱证券市场秩序，属于未经批准非法经营证券的经纪行为，成立非法经营罪。据此，被告单位网络科技公司未经国家有关主管部门批准非法经营证券业务，情节特别严重，被告人张某、牛某系被告单位直接负责的主管人员，其余被告人系其他直接责任人员，其行为均已构成非法经营罪，依法均应予以处罚。

上海市普陀区人民法院依照《中华人民共和国刑法》第二百二十五条第三项，第二百三十一条，第二十五条第一款，第三十条，第三十一条，第二十六条第一款、第四款，第二十七条，第六十七条第一款、第三款，第七十二条第一款、第三款，第七十三条第二款、第三款，第五十二条，第五十三条，第六十四条，《最高人民法院关于处理自首和立功具体应用法律若干问题的解释》第一条及《中华人民共和国刑事诉讼法》第十五条规定，作出如下判决：

一、被告单位网络科技公司犯非法经营罪，判处罚金人民币 1100 万元；

二、被告人张某犯非法经营罪，判处有期徒刑七年六个月，并处罚金人民币 1000 万元；

三、被告人牛某犯非法经营罪，判处有期徒刑六年三个月，并处罚金人民币 630 万元；

四、被告人王某某犯非法经营罪，判处有期徒刑三年，缓刑四年，并处罚金人民币 130 万元；

五、被告人马某某犯非法经营罪，判处有期徒刑三年，缓刑三年，并处罚金人民币 120 万元；

六、被告人张某某犯非法经营罪，判处有期徒刑一年六个月，缓刑一年六个月，并处罚金人民币 70 万元；

七、被告人卢某犯非法经营罪，判处有期徒刑二年六个月，缓刑二年六个月，并处罚金人民币 100 万元；

八、作案工具依法没收；违法所得依法予以追缴。

一审宣判后，公诉机关未抗诉，被告人张某、牛某提出上诉。上海市第二中级人民法院同意一审法院裁判意见，裁定如下：

驳回上诉，维持原判。

【法官后语】

本案审理重点在于对开设场外虚盘配资平台的行为如何定罪。本案犯罪既涉及场外实盘配资平台，又涉及场外虚盘配资平台。实践中，对开设场外实盘配资平台定性为非法经营罪无争议，而开设场外虚盘配资平台则多以诈骗罪论处。但本案虚盘配资平台具有数据真实性、无后台人为操纵、证券交易自由、出金提现自由的特征，该行为属于未经批准非法经营证券经纪的行为，应认定为非法经营罪。具言之：

第一，数据真实性特征。在一些场外虚盘配资模式下，若平台捏造、篡改证券市场数据欺骗投资者，其行为符合诈骗罪的欺诈手段。本案中，在系统分仓模式下，涉案公司平台利用技术手段接入证券市场实时数据，投资者可根据真实市场数据下单交易并进行结算，平台不存在伪造数据诓骗投资者的行为。投资者的盈亏取决于真实证券市场数据，交易指令及资金是否投入真实证券市场不影响其收益。换言之，虚盘配资行为并未对投资者的实际权益产生损害，投资者所承担的风险与正常投资风险别无二致。

第二，无后台人为操纵特征。部分案件中行为人为谋取不当利益，会在虚盘配资后台修改K线图、止盈率等数据，甚至插入延时插件、进行手动平仓等操作，直接获取投资人钱款。但本案中，技术后台未发现人为删改客户数据的痕迹，投资者与网络科技公司平台达成交易的规则与正常证券公司类似，资金账户并未遭受额外的人为操纵风险。简言之，网络科技公司平台未干预投资者资金账户，投资利润未被人为攫取。

第三，证券交易自由特征。在某些以诈骗罪认定的虚盘配资案中，配资平台通过建立“投资导师”人设，反向推荐“目标股票”引导投资者做出错误判断，致使投资者遭受损失，由此诱骗投资者交付的保证金、手续费等钱款。而本案中，投资者通过分仓软件为其开设的非实名子账户，依据真实证券市场数据自愿进行证券交易，可以自主决定股票持仓情况，其所承担的就是一般证券市场的交易风险。

第四，出金提现自由特征。提现是投资交易的最后环节，若平台拒绝或限制投资者提现，即使投资成功也无法获利，对投资者而言相当于“纸面游戏”，这种情形下应认定平台具有欺诈故意。而本案中，涉案公司平台支持正常提现，投资者只需按照双方约定支付足额的保证金和手续费，即可随时进行后续操作，有不少投资者已通过平台提取了盈利资金，未发现平台运营者存在拒绝出金、私自侵吞、转移投资钱款的行为，与正常证券账户的提现方式一致。

综上，本案的场外虚盘配资平台主观上不存在非法占有投资款的故意，客观上不存在欺诈投资者的行为，投资者的损失亦非因虚盘配资行为产生，不符合诈骗罪的犯罪构成要件。在同类案件中，当配资平台同时具备数据真实性、无后台人为操纵、证券交易自由及出金提现自由四项特征时，又按正常交易模式从事委托交易、清算结收及信息查询等证券交易服务，即便投资者的交易订单和资金未实际进入股票市场，对投资者而言该配资平台与正常证券公司平台没有差异，虚盘配资平台的行为系未经批准非法经营证券经纪行为，应当成立非法经营罪。

编写人：上海市普陀区人民法院　谭佳怡　孙唯和

60

未经许可非法零售经营来源不明柴油的行为定性

——余某某等非法经营案

【案件基本信息】

1. 裁判书字号

广东省清远市中级人民法院（2020）粤18刑终359号刑事裁定书

2. 案由：非法经营罪

【基本案情】

2017 年 5 月至 2019 年 12 月 5 日，被告人余某某、钟某某、黄某某等在未取得工商营业执照、成品油零售许可证、危险化学品经营许可证等证照的情况下，雇请人员，购置设备，租用停车场作为储存及售油点，多次从伍某某、“林老板”“赖老板”“黄老板”等（均另案处理）处购进柴油，加价后销售给工地、运输车队，从中赚取差价牟利。

三被告人中，被告人余某某与被告人钟某某为合伙出资人，各占 50%股份，负责该非法油站的经营管理；被告人黄某某与被告人钟某某为夫妻关系，负责油站财务账册、资金结算等工作。经核查，该油站自 2017 年 5 月至 2019 年 12 月 5 日非法购进柴油总额为人民币 274355993 元，销售总额为 281295105 元，非法获利 4767614 元。

2019 年 12 月 6 日，公安民警与区市场监督管理局人员对该油站进行了查处，当场查扣待售柴油 34.8 吨以及运油车 6 辆、储油罐 1 个、加油机 2 台、胶罐 5 个及收据等物品一批；在被告人黄某某的住处及小汽车内进行搜查并扣押了手机 2 台、现金 61985 元、记账本、记账单、收据、银行卡及现金 15800 元等物品一批；扣押了被告人钟某某的手机 2 台；在被告人余某某的住处搜查并扣押了手机 1 台、银行卡、电脑等物品一批。所查扣的柴油经石油石化产品质量监督检验中心依法检验，分别属于-20、-35 号柴油馏分；硫含量、多环芳烃和十六烷值不满足标准中任何型号规格、质量指标要求。闪点（闭口）结果分别为 58.5℃、63.5℃。

2020 年 4 月 9 日，被告人余某某、黄某某主动到区人民检察院各退出违法所得 50000 元。一审审理过程中，被告人黄某某主动退出了违法所得 50000 元。

【案件焦点】

未经许可非法零售经营来源不明柴油的行为是否构成非法经营罪。

【法院裁判要旨】

广东省清远市清新区人民法院经审理认为：被告人余某某、钟某某、黄某某未经行政许可，非法经营成品油，扰乱市场秩序，情节特别严重，三被告人的行为均已构成了非法经营罪，应依法追究三被告人的刑事责任。在共同犯罪中，被告人余某某、钟某某是主犯，依法应当按照所参与的全部犯罪处罚；被告人黄某某起次要作用，是从犯，依法可以从轻或减轻处罚。综上，鉴于三被告人归案后均能坦白认罪，依法给予被告人余某某、钟某某从轻处罚，依法给予被告人黄某某减轻处罚，并适用缓刑。一审判决如下：

一、被告人余某某犯非法经营罪，判处有期徒刑七年，并处罚金人民币4800000元；

二、被告人钟某某犯非法经营罪，判处有期徒刑七年，并处罚金人民币4800000元；

三、被告人黄某某犯非法经营罪，判处有期徒刑三年，缓刑五年，并处罚金人民币500000元；

四、扣押的运油车6辆、储油罐1个、加油机2台、胶罐5个及柴油34.8吨，均予以没收，上缴国库，由清远市公安局清新分局负责处理；

五、被告人余某某、黄某某主动退出的违法所得150000元，予以没收，上缴国库；

六、继续追缴被告人余某某、钟某某、黄某某的违法所得4617614元，予以没收，上缴国库；

七、公安机关查扣的被告人黄某某的现金77785元及冻结的涉案各账户余额134297.4元及其孳息用于折抵本判决的第六项，不足部分继续追缴，予以没收，上缴国库。

余某某等人不服一审判决，提出上诉。

广东省清远市中级人民法院经审理认为：关于上诉人的行为是否构成非法经营罪。刑法中的“国家规定”是指全国人民代表大会及其常务委员会制定的法律和决定，国务院制定的行政法规、规定的行政措施、发布的决定和命令。2016年修订的《国务院对确需保留的行政审批项目设定行政许可的决定》所附目录中的第一百八十三项“石油成品油批发、仓储、零售经营资格审批”，属于予以保留并设定行政许可的项目。上述决定现仍在施行，属于刑法中的“国家规定”。《国务院关于取消和下放一批行政许可事项的决定》中仍保留了成品油零售经营资格的审批，该事项属于下放审批层级的行政许可事项。因此，上诉人余某某等未经许可非法零售经营柴油的行为，属于违反国家规定的非法经营行为。上诉人余某某等人非法零售经营柴油销售总额达 2.8 亿多元，获利达 4700000 多元，应当认定为非法经营“情节特别严重”。上诉人所经营的柴油的闭杯闪点在 60℃左右，该细节并不影响认定其零售经营的产品是成品油。上诉人余某某、钟某某、黄某某等人未经许可非法零售经营成品油，扰乱市场秩序，情节特别严重，其行为均构成非法经营罪，均应依法惩处。原判认定的事实清楚，证据确实、充分，定罪准确，审判程序合法。依照《中华人民共和国刑法》第二百二十五条第一项、第二十五条第一款、第二十六条第一款与第四款、第六十七条第三款、第六十四条、第四十七条、第五十二条以及《中华人民共和国刑事诉讼法》第二百三十六条第一款第一项、第二百三十七条第一款的规定，裁定：

驳回上诉，维持原判。

【法官后语】

本案审理过程中，对于未经许可零售经营成品油的行为如何定性，存在两种意见，经过检索，对于类似案件既有无罪判决，也存在有罪判决案例。第一种意见认为，因商务部废止了《成品油市场管理办法》，涉案柴油不再属于国家所明确限制买卖的物品，对未经许可零售经营柴油的行为不应再评价为非法经营罪；第二种意见认为，行为人在未获得行政许可的情况下私自经营来源不明的柴油等成品油零售业务，其本质上仍违反了国务院的决定设定的行政许可规定。未经许可非法零售经营柴油等成品油的行为，属于违反国家规定的非法经营行为。该类非法经营行为，情节严重的，构成非法经营罪。

本案采纳第二种定罪处理意见，主要理由如下：

1. 合理解释《中华人民共和国刑法》关于非法经营罪条文中“违反国家规定”的含义，避免应用“口袋罪”的嫌疑

国家规定是指全国人民代表大会及其常务委员会制定的法律和决定，国务

院制定的行政法规、规定的行政措施、发布的决定和命令。因此，国务院制定的《国务院对确需保留的行政审批项目设定行政许可的决定》以及《国务院关于取消和下放一批行政许可事项的决定》属于“国家规定”，在这两个决定中，均保留了成品油零售经营资格的审批，仅是审批层级内部进行了调整，不能解释为取消了该项行政许可事项。对违反国务院制定的决定理解为刑法关于非法经营罪条文中的“违反国家规定”，符合罪刑法定的要求。

2. 对该类非法经营行为是否应以非法经营罪定罪处罚，还需根据犯罪情节来认定

未经许可非法零售经营柴油等成品油的行为，属于违反国家规定的非法经营行为。对该类非法经营行为是否应以非法经营罪定罪处罚，还需根据案件事实、证据、情节来认定，对于情节严重的，可认定构成非法经营罪，对于经营数额特别巨大的，还可以认定为“情节特别严重”。行为人经营的柴油的闭杯闪点在60℃左右，但只要经过合法鉴定认定所销售产品性质为柴油，闭杯闪点的数值并不影响认定其零售经营的产品是成品油。本案中，上诉人余某某等人长期非法零售经营柴油总额达2.8亿多元，获利达4700000多元，应当认定为非法经营“情节特别严重”。

3. 基于防范重大责任事故、遏制走私成品油犯罪、维护成品油零售市场秩序的多个刑法预防犯罪的作用和价值，对在未获许可情况下私自经营来源不明的柴油等成品油零售业务有给予刑事制裁的必要性

成品油零售设备由于体积小、机动灵活，零售贩卖成品油极容易深入城乡各个生产经营角落，安全生产部门难以监管，因此有必要对其进行经营资格的许可限制，对于违反这种国家规定的许可、情节严重的行为，给予刑事制裁，从而在刑法适用层面可以发挥法的评价、指引、教育作用，抑制这类非法行为的发生，消除安全生产隐患。

在未获许可情况下私自零售经营案件查获的柴油、汽油等成品油绝大部分缺乏合法的来源凭证，有极大可能属于走私的成品油，只是由于侦查取证的限制，未能查证其上游犯罪，也不宜以掩饰、隐瞒犯罪所得罪定罪处理。该行为实际上存在走

私犯罪的极大可能性，从刑事制裁角度打击私自经营来源不明的成品油零售行为也在一定程度上打击了走私成品油的终端消费市场，可以预测对于遏制上游走私成品油犯罪将有一定的效果。

未获许可而私自贩卖的来源不明的成品油普遍价格较低，经营成本低，经营场所设备简单，容易流动经营，油品质量不受监管，如不能予以刑事制裁，仅限于行政处罚，其违法成本低，将严重损害正规守法成品油零售企业的利益，产生“劣币驱逐良币”的效果，严重扰乱正常成油品零售市场，从刑事制裁角度打击私自经营来源不明的成品油零售行为，符合制裁非法经营罪维护社会主义市场经济秩序的立法目的。

编写人：广东省清远市中级人民法院　罗立兵

61

非法买卖外汇的非法经营数额应双边计算并以客观证据为主认定

——徐某某等非法经营案

【案件基本信息】

1. 裁判书字号

北京市第三中级人民法院（2022）京03刑终369号刑事裁定书

2. 案由：非法经营罪

【基本案情】

被告人徐某某于2016年至2019年1月，伙同被告人徐某1、张某等人，在我国澳门特别行政区某处，通过使用多部销售终端（POS机）关联人民币银行账户收、支人民币，同时使用在我国澳门特别行政区开设的港元账户收、支港元，在我国澳门特别行政区用上述 POS 机刷取他人账户钱款后为他人兑换港元，以此获利。兑换金额共计人民币 17 亿余元。其中，被告人徐某某、张某、徐某 1 系前期组织和出资者，张某后因私自用款赌博于 2018 年 1 月退出该团伙；王某、刘某、杨某、赵某 1、冯某某、李某等系后期主要出资者，王某、刘某同时负责管理外出换汇人员；杨某、郝某某在其二人家中负责接收信息，统计换汇金额和股东分红及人员工资，并通过郝某某的银行卡向被告人发放钱款；徐某 1 之妻陈某以及经刘某介绍的刘某 1 负责操作网银进行转账；经刘某介绍的赵某、孙某某、付某、姜某、吴某某、刘某某等以及经张某介绍的郭某在该团伙中具体操作换汇事宜。李某、杨某、郝某某等人还将本人名下的银行卡提供给徐某某等人用于绑定 POS 机。2018 年 9 月至 11 月，被告人张某伙同李某某等人，使用 POS 机及张某控制的李某某等人名下的多个人民币账户，在我国澳门特别行政区从事上述非法换汇行为，兑换金额共计人民币 2000 余万元。

被告人徐某某、付某、姜某、刘某某、刘某 1、孙某某、王某、赵某、张某在我国澳门特别行政区被查获；其余被告人在不同时间被公安机关查获。

公安机关起获并扣押了有关物品，冻结了有关银行账户。部分被告人退缴部分款项在案。

【案件焦点】

在非法买卖外汇的非法经营案件中，应如何准确计算非法经营数额。

【法院裁判要旨】

北京市朝阳区人民法院经审理认为：关于本案中换汇金额的认定，根据在案杨某、郝某某所记录的表格数据，基数与会计鉴定相符但高于会计鉴定金额，公诉机关依照有利于被告人的原则，以 POS 机交易金额进行指控；根据相应的银行账户交易明细，将 POS 机交易中涉及与所绑定卡本身的金额剔除，以此确定徐某某团伙的犯罪金额。被告人徐某某、刘某、王某、张某、徐某 1、杨某、赵某 1、李某、赵某、付某、吴某某、姜某、陈某、郝某某、孙某某、冯某某、刘某某、刘某 1、郭某、李某某违反国家规定，实施或伙同他人实施变相买卖外汇行为，扰乱金融市场秩序，李某某系情节严重；其他被告人均系情节特别严重，二十名被告人的行为均已触犯了《中华人民共和国刑法》，构成非法经营罪，依法应予惩处。在共同犯罪中，徐某某、刘某、王某、张某、徐某1、杨某系主犯；赵某1、李某、赵某、付某、吴某某、姜某、陈某、郝某某、孙某某、冯某某、刘某某、刘某1、郭某、李某某系从犯。鉴于本案被告人归案后均能如实供述基本犯罪事实，有认罪认罚表现，李某某另有立功情节。另结合上述人员的参与时间、是否入资、具体负责事项、违法所得及退赃情况等因素，对徐某某、刘某、王某、张某、徐某1、杨某、赵某1予以从轻处罚；对李某、赵某、付某、吴某某、姜某、陈某、郝某某、孙某某、冯某某、刘某某、刘某1、郭某、李某某予以减轻处罚。在案款物，依法予以一并处理。故判决如下：

一、被告人徐某某犯非法经营罪，判处有期徒刑十年，罚金人民币150万元；

二、被告人刘某犯非法经营罪，判处有期徒刑七年六个月，罚金人民币100万元；

三、被告人王某犯非法经营罪，判处有期徒刑七年六个月，罚金人民币80万元；

四、被告人张某犯非法经营罪，判处有期徒刑七年六个月，罚金人民币80万元；

五、被告人徐某1犯非法经营罪，判处有期徒刑七年，罚金人民币70万元；

六、被告人杨某犯非法经营罪，判处有期徒刑六年，罚金人民币60万元；

七、被告人赵某1犯非法经营罪，判处有期徒刑五年六个月，罚金人民币60万元；

八、被告人李某犯非法经营罪，判处有期徒刑四年九个月，罚金人民币50万元；

九、被告人赵某犯非法经营罪，判处有期徒刑四年九个月，罚金人民币50万元；

十、被告人付某犯非法经营罪，判处有期徒刑四年六个月，罚金人民币 50 万元；

十一、被告人吴某某犯非法经营罪，判处有期徒刑四年三个月，罚金人民币 40 万元；

十二、被告人姜某犯非法经营罪，判处有期徒刑四年，罚金人民币 30 万元；

十三、被告人陈某犯非法经营罪，判处有期徒刑四年，罚金人民币 30 万元；

十四、被告人郝某某犯非法经营罪，判处有期徒刑四年，罚金人民币 30 万元；

十五、被告人孙某某犯非法经营罪，判处有期徒刑三年六个月，罚金人民币 30 万元；

十六、被告人冯某某犯非法经营罪，判处有期徒刑三年六个月，罚金人民币 30 万元；

十七、被告人刘某某犯非法经营罪，判处有期徒刑三年五个月，罚金人民币 20 万元；

十八、被告人刘某 1 犯非法经营罪，判处有期徒刑三年五个月，罚金人民币 20 万元；

十九、被告人郭某犯非法经营罪，判处有期徒刑三年二个月，罚金人民币 15 万元；

二十、被告人李某某犯非法经营罪，判处有期徒刑二年二个月十七日，罚金人民币 3 万元；

二十一、在案被告人退缴的款项，分别用于执行各被告人的罚金刑；

二十二、扣押在案之款物依法处理。

刘某、张某、赵某 1、付某、姜某、陈某上诉。北京市第三中级人民法院经审理认为：一审法院所作的判决，定罪及适用法律正确，量刑适当，审判程序合法，应予维持。故裁定如下：

驳回上诉，维持原判。

【法官后语】

近年来，以境内外“对敲”方式进行资金跨国（境）兑付的变相买卖外汇的行为已成为常见的犯罪形式，这类地下钱庄又被称为“对敲型”地下钱庄，即资金在境内外实行单向循环，没有发生物理流动，通常以对账的形式来实现“两地平衡”①；本案即属此类情形。本案中，控辩双方主要围绕非法经营数额认定标准等问题产生争议。

《最高人民法院、最高人民检察院关于办理非法从事资金支付结算业务、非法买卖外汇刑事案件适用法律若干问题的解释》（以下简称《解释》）第二条、第三条规定，非法买卖外汇的非法经营数额在500万元以上的应当认定为“情节严重”，以非法经营罪定罪处罚；关于非法经营数额的定义，却未在该解释中予以明确。具体到非法买卖外汇案件中，对非法经营数额的认定有以下三种不同意见：第一种意见认为，非法买卖外汇主要依赖汇率差价获利，买入外汇后卖出为一体行为，如仅买入未卖出、仅卖出未买入则无法称其为“经营”，故应当以实际买入后卖出所得人民币收入作为其非法经营数额；第二种意见认为，法律禁止非法买卖外汇，即无论是买还是卖均具有违法性，相关数额均应双边累加计算在非法经营数额之中；第三种意见认为，非法经营的经营标的为外汇，应当以买入后卖出的外汇本身对应换算的人民币价值作为非法经营数额。

笔者同意第二种意见。与一般的非法经营类犯罪不同的是，地下钱庄组织非法换汇的行为，无论是买还是卖，均无实物商品，均是货币之间的融通互换，实际上是一种金融行为，外币的买、卖从另一个角度看就是人民币的卖、买；非法换汇获利点即汇率产生的差价，依赖于低买高卖，无论是低买还是高卖，地下钱庄均在单次交易中赚取了收益；地下钱庄搭建买卖平台揽客的行为，客

---

① 姜永义、陈学勇、陈新旺：《〈关于办理非法从事资金支付结算业务、非法买卖外汇刑事案件适用法律若干问题的解释〉的理解与适用》，载《人民法院报》2020年2月27日，第5版。

观上吸引了大量不愿或无法通过官方渠道换汇的人员非法购销汇，外汇兑换实际处于非监管、无控制、无秩序流通状态。这种状态，一方面严重冲击了国家外汇管理制度本应起到的维护经济秩序和货币稳定的重要作用，另一方面更是为洗钱、上游犯罪融资，掩饰、隐瞒犯罪所得等犯罪的滋生留下无穷隐患。因此，在运营地下钱庄非法换汇的整体犯罪目的下①，无论是买入外汇还是卖出外汇，其每单次的交易均构成对刑法所保护的金融秩序法益的侵犯，其买入行为与卖出行为应当单独评价，非法经营数额理应为买、卖双边累加计算，这亦不超出刑法打击的非法“买卖”外汇的文字含义边界。具体而言，就卖出外汇行为，应当以其收取的人民币作为非法经营数额；就买入外汇行为，应当以其买入的外汇对应换算的人民币价值作为非法经营数额②。二者相加，构成实际非法经营数额，并以该数额作为出入罪及认定相关情节的标准之一。在买入外汇环节容易出现的一个问题是，犯罪团伙在业务开展初期可能并未低价买入外汇（直接从换汇人手中低价收购），而是以较高价格从特定组织手中大量买入外汇，以期先行获取大量外汇后运转盘活生意；而后期因换汇人需求的不平衡，仍有可能出现上述从第三方途径买汇补充资金池的行为。而上述买入行为本身可能并未获利。但是，无论是否低价收购，其买入外汇便是为了以更高价格卖出，其行为亦为团伙后续运转、持续经营奠定了基础，对相关买入行为仍应给予否定性评价，相关数额仍应计入非法经营数额。当然，上述数额的认定方式更多是在证据较为理想的状态下的认定方式，在司法实践中，非法买卖外汇案件往往涉及跨境司法协助与交接，基于双边法律制度、司法协助规范程度的不同，在证据固定、收集、移交方面往往存在一定局限性，公诉机关最终指控的

---

① 如仅是偶发性地单次非法购汇、售汇，则即便单次交易盈利，亦难言其存在营利目的，其行为可能构成行政法意义上的违法行为，但难以构成非法经营罪。

② 关于换算方式，《解释》第十一条规定，涉及外汇的犯罪数额，按照案发当日中国外汇交易中心或者中国人民银行授权机构公布的人民币对该货币的中间价折合成人民币计算。中国外汇交易中心或者中国人民银行授权机构未公布汇率中间价的境外货币，按照案发当日境内银行人民币对该货币的中间价折算成人民币，或者该货币在境内银行、国际外汇市场对美元汇率，与人民币对美元汇率中间价进行套算。

非法经营数额往往采用在案证据能够相互印证的数额，很多情况下要少于依照上述标准确定的数额。对此，法院审理范围以公诉机关指控范围为限，法院应当根据公诉机关指控情况结合在案证据依法进行审理。

在证据方面，认定非法经营数额的基础证据主要包括三大类：一是换汇人、其他证人、被告人的言词证据；二是换汇人提交的，以及从被告人处扣押的电子或书面的账本、账单、转账记录、刷卡记录、明细等证明资金流转情况的书证，以及现金或等价物等实物证据；三是手机鉴定报告中涉及资金流转的相关内容，以及根据上述所有证据进行鉴定形成的资金流向鉴定意见书等。在确保证据能力的前提下，以交叉印证的方式审查上述证据，在相互一致的范围内认定有关数额是犯罪数额认定的基本方法。

需要注意的是，证据认定不要求所有证据绝对的交叉印证；首先应当以主要客观证据、能够被基本印证的证据所示数额作为认定非法经营数额的基本依据。其次再根据其他证据及案件整体情况，扣除不能排除合理怀疑的部分（如有），在不枉不纵、存疑有利于被告人的原则下，准确认定非法经营数额。例如，在有组织的非法换汇案件中，非法换汇人（即地下钱庄客户）往往人数众多，将所有非法换汇人找到并将其言词加以固定，通常在司法实践中不具有可操作性；即便能够找到，非法换汇人所述换汇时间、数额、支付款项情况以及提交材料亦有可能与其他在案证据不一致，如仅按照能够核对一致的数额认定非法经营数额，则可能导致指控数额大大减少，最终可能导致放纵犯罪。在这种情况下，可以首先以刷卡记录、转账记录等客观性较强的证据为基本依据，在经言词证据印证相关途径为非法换汇主要途径的基础上，如经审查发现相关账户除用于非法买卖外汇外，存在为个人作其他私用或存在自我倒账冲高交易额等操作时，将相关不能排除合理怀疑的部分扣除，以剩余部分作为非法经营数额进行认定。总之，在证据的审查与认定中，应避免囿于绝对交叉印证的陷阱，弱化打击效果；亦应避免武断地以不实证据片面认定相关数额，使被告人蒙受不公；应恪守不枉不纵的基本立场，以通盘考量为基本方式，以更为严谨的技术性处理支撑认定结论。

本案中，公诉机关考虑了在案记账负责人杨某、郝某某所记录的表格数据，在发现其基数与会计鉴定相符但高于会计鉴定金额的情况下，依照有利于被告人的原则仅以POS机交易金额进行指控；审理法院在指控范围内根据相应的银行账户交易明细，将POS机交易中涉及与所绑定卡本身的金额再行剔除，以剩余金额作为徐某某团伙的犯罪金额，其认定并无不当。

编写人：北京市第三中级人民法院　池天慧

62

物业管理人员利用工作便利垄断业主装修的行为性质认定

——陆某、冯某某强迫交易案

【案件基本信息】

1. 裁判书字号

江苏省宿迁市中级人民法院（2022）苏13刑终141号刑事裁定书

2. 案由：强迫交易罪

【基本案情】

2019年4月，置业公司与以被告人陆某为实际负责人的物业管理公司签订《物业管理委托合同》，由该物业公司负责某小区的物业管理。2020年4月至9月，被告人陆某伙同被告人冯某某，利用其任小区物业负责人的便利条件，为了其与被告人冯某某的黄沙销售生意以及被告人冯某某的砸墙业务在小区内获得经营优势，以进行小区规范管理为名，安排物业工作人员，通过要求业主在装修过程中，外购黄沙必须袋装后用小推车送进小区、禁止其他人员携带砸墙工具进入小区，发现其他人员从事砸墙业务没收工具、对业主家停水停电等方式，迫使业主向被告人冯某某购买黄沙、选择其提供的砸墙服务。被告人冯某某在经营过程中，因不受物业上述管理规定的限制，在小区内形成了垄断经营地位，并在业主群中产生不良影响。被告人冯某某所售黄沙系被告人陆某提供，其负责销售及运输，分得黄沙款以 800 元/户（含工人工资）计，余款为被告人陆某所得；其从事砸墙业务获利与被告人陆某约定均分。查明两被告人强迫他人交易金额 14 万余元。

【案件焦点】

1. 陆某利用其担任某住宅小区物业负责人的身份，伙同冯某某通过控制、限制业主装修的方式在该小区内获得垄断经营地位，该行为（具体化）是否超出物业管理必要限度，有无对业主形成强制心理，能否达到暴力、威胁程度，是否以强迫交易罪论处；2. 本案中行为人强迫交易涉案金额达 14 万余元，是否构成强迫交易罪的“情节特别严重”。

【法院裁判要旨】

江苏省沭阳县人民法院经审理认为：被告人陆某、冯某某以威胁手段，强迫他人购买商品或接受服务，情节特别严重，其行为均构成强迫交易罪；被告人冯某某明知是违法犯罪所得，仍予以转移，情节严重，其行为已构成掩饰、隐瞒犯罪所得罪；被告人陆某为谋取不正当利益，给予国家工作人员财物，其行为已构成行贿罪。公诉机关指控被告人陆某、冯某某犯强迫交易罪的罪名正确，但部分事实有误，予以纠正；被告人陆某犯行贿罪、指控被告人冯某某犯掩饰、隐瞒犯罪所得罪的事实清楚，证据确实充分，指控罪名正确，予以支持。被告人陆某、冯某某分别犯数罪，应当数罪并罚。被告人陆某、冯某某共同实施故意犯罪，系共同犯罪。被告人陆某、冯某某归案后分别如实供述自己行贿、掩饰、隐瞒犯罪所得的事实，予以从轻处罚。案发后，被告人陆某取得被害人谅解，对被告人陆某予以从轻处罚。被告人陆某在被追诉前主动交代行贿行为，予以从轻处罚。被告人陆某在其行贿罪中系被索贿，对其从轻处罚。

江苏省沭阳县人民法院依照《中华人民共和国刑法》第二百二十六条、第三百一十二条第一款、第三百八十九条第一款、第三百九十条、第二十五条第一款、第六十七条第三款、第六十九条、第六十四条的规定，作出如下判决：

一、被告人陆某犯强迫交易罪，判处有期徒刑三年二个月，并处罚金人民币3万元；犯行贿罪，判处有期徒刑九个月，并处罚金人民币10万元，决定执行有期徒刑三年六个月，并处罚金人民币13万元；被告人冯某某犯强迫交易罪，判处有期徒刑三年，并处罚金人民币2万元；犯掩饰、隐瞒犯罪所得罪，判处有期徒刑三年，并处罚金人民币5万元，决定执行有期徒刑五年六个月，并处罚金人民币7万元；

二、责令被告人冯某某退出违法所得人民币3万元，上缴国库；

三、扣押于公安机关的手机、银行卡等物品，供犯罪所用的，由扣押机关予以没收，上缴国库。

一审宣判后，被告人陆某、冯某某提起上诉。江苏省宿迁市中级人民法院经审理裁定：

驳回上诉，维持原判。

【法官后语】

本案被告人陆某身为物业服务企业实际负责人，本身享有物业管理职能和权限，其对小区业主装修管理行为是否达到“暴力、威胁”程度？能否认定为“情节特别严重”？上述问题影响本案的定罪与量刑，系争议焦点，将从以下两个角度进行论证分析。

一、物业管理人员管理行为的“暴力、威胁”程度认定

物业服务企业按照物业服务合同的约定从事管理服务活动。根据《物业管理条例》第四十五条的规定，对物业管理区域内违反有关治安、环保、物业装饰装修和使用等方面法律、法规规定的行为，物业服务企业应当制止，并及时向有关行政管理部门报告。有关行政管理部门在接到物业服务企业的报告后，应当依法对违法行为予以制止或者依法处理。物业服务企业虽依法享有管理权，但该管理权的内在核心是服务，不等于公权力，亦不具有强制性，如滥用该管理权，则与物业服务宗旨相违背，甚至会构成违法犯罪。本案被告人陆某作为

物业服务企业的实际负责人，该物业服务企业负责小区的物业管理，可以对业主违反装修规定的行为予以制止。该管理行为应当面向所有业主统一标准、统一管理，但陆某与销售装修建材的冯某某合谋，对在冯某某处购买装修建材或者服务的业主采取较为宽松的管理方式，相反，对未在冯某某处购买装修建材或者服务的业主采取非常严苛的管理方式，甚至采取阻挠砸墙、停水停电等制止业主装修的手段。物业负责人陆某的行为已明显超出物业管理权限范围，其利用管理小区的便利达到强迫他人购买商品或接受服务的目的，以谋取个人利益，其行为已构成强迫交易罪。强迫交易罪的本质即违背他人意志，强迫他人与自己或者第三人交易，要求行为人采取暴力、威胁手段。

1. 对“暴力”的理解。暴力是指对被强迫人的人身或财产实行强制或打击，如拳打脚踢、强拉硬拽、捆绑殴打等迫使被害人不得不购买行为人商品或者服务的手段。与抢劫罪、强奸罪等侵犯人身权益的罪名相比，因侵犯客体不同，抢劫罪等的暴力程度要求达到危害身体健康或生命安全，如在强迫交易罪中行为人采用暴力手段致被害人重伤、死亡，则应以他罪定罪论处并与强迫交易罪数罪并罚。强迫交易罪主要侵犯的是交易相对方的合法权益以及商品交易市场秩序，该罪名对暴力程度的要求相对较轻。

2. 对“威胁”的理解。威胁是指对被害人实行精神强制，可以是言语威胁，也可以是动作威胁，如剥夺生命、身体伤害、毁坏财物、揭发隐私、损害名誉等手段，使被害人产生恐惧不敢做真实意思表示，而被迫与行为人进行交易。

行为人采取的手段不必然要求危及被害人的生命健康，足以使被害人产生恐惧心理从而选择与其进行交易即可，即达到强迫交易罪所规定的“暴力、威胁”程度。本案被告人陆某作为物业管理人员，以规范小区管理为名，要求业主装修时外购黄沙必须袋装，不得超载、抛撒等，禁止大型运沙车进小区，禁止其他人员在涉案小区从事砸墙业务，并通过对违反该规定的人员予以罚款或没收工具，对业主家停水停电等方式刁难业主，行为之恶劣已使得部分业主难以忍受选择报警处理，但多被调解处理。相反，被告人冯某某不受上述管理规定的限制，业主为顺利装修，只能选择在冯某某处购买黄沙和服务。陆某、冯某某的行为虽然没有对业主的生命健康造成危害，但阻挠砸墙、停水停电行为本身亦具有强制性、暴力性，加之在冯某某处购买商品和服务与在他人处购买所遭遇的物业管理差距巨大，足以令业主心理上产生恐惧并选择妥协，陆某的物业管理行为已明显达到“暴力、威胁”的程度，属强迫交易行为。

二、强迫交易罪中“情节特别严重”的理解适用

强迫交易罪属于情节犯，只有在强迫他人交易的行为达到“情节严重”时才能构成，而“情节特别严重”则是加重刑罚适用的条件。对于“情节特别严重”的界定标准，目前尚未有法律法规或司法解释作出具体规定，司法实务中对于“情节特别严重”的理解也尚无法统一。实务中，部分判决直接以执行罪刑法定原则为理由，不予认定“情节特别严重”，还有部分依据地方法院出台的量刑标准作出判决，另有一部分则是依靠法官的内心确信、自由心证认定“情节特别严重”。

在界定强迫交易罪中的“情节严重”与“情节特别严重”时不应超出强迫交易罪保护的法益范围。认定“情节特别严重”时应重点把握行为人强迫他人交易的强迫手段、强迫交易的次数或者人数以及强迫交易的价格等多种因素。本案行为人强迫23人完成交易，强迫交易金额达14万余元，是“情节严重”规定的强迫人数的23倍、强迫交易金额的14倍之多，可以认定为“情节特别严重”。

物业管理人员是小区业主为提高生活环境质量、保障居住安全而出资聘请的工作人员，本应坚持以人为本，实现优质服务，但本案被告人不仅没有正当行使反而滥用物业管理权，以行使所谓的物业管理权为幌子，禁止或限制业主的个人装修，强制业主迫不得已从其指定人员处购买黄沙、承接砸墙业务等，进而在小区内实现装修建材的垄断，强买强卖，严重损害了小区业主的合法权益。不仅严重扰乱社会主义市场经济秩序，还与社会主义核心价值观相悖。本案通过对“黑物业”的打击，对市场上存在的类似行为起到了警示教育作用，有效净化了市场环境，体现了司法机关维护人民群众合法权益的决心，切实提升了人民群众的满意度和安全感。

编写人：江苏省宿迁市中级人民法院　季艳　吴凡

图书在版编目（CIP）数据

中国法院2024年度案例．刑事案例．二／国家法官学院，最高人民法院司法案例研究院编．—北京：中国法制出版社，2024.5

ISBN 978-7-5216-4361-9

Ⅰ．①中… Ⅱ．①国… ②最… Ⅲ．①刑事犯罪-案例-汇编-中国 Ⅳ．①D920.5

中国国家版本馆CIP数据核字（2024）第054849号

策划编辑：李小草　韩璐玮（hanluwei666@163.com）
责任编辑：韩璐玮　　　　封面设计：李　宁

中国法院2024年度案例．刑事案例．二

ZHONGGUO FAYUAN 2024 NIANDU ANLI. XINGSHI ANLI. ER

编者/国家法官学院，最高人民法院司法案例研究院
经销/新华书店
印刷/三河市紫恒印装有限公司
开本/730毫米×1030毫米　16开　　　　印张/18.25　字数/220千
版次/2024年5月第1版　　　　2024年5月第1次印刷

中国法制出版社出版
书号ISBN 978-7-5216-4361-9　　　　定价：79.00元

北京市西城区西便门西里甲16号西便门办公区
邮政编码：100053　　　　传真：010-63141600
网址：http：//www.zgfzs.com　　　　**编辑部电话：010-63141792**
市场营销部电话：010-63141612　　　　**印务部电话：010-63141606**

（如有印装质量问题，请与本社印务部联系。）